车联未来

5G车联网
创新商业模式

吴冬升　主编

化学工业出版社
·北京·

内容简介

本书在介绍5G车联网总体情况、标准进展和产业发展情况的基础上，探讨了5G车联网在自动驾驶领域的商业模式，进一步分析了5G车联网如何赋能G端智慧交通、C端智慧出行、B端行业应用及融合业务场景。

在自动驾驶领域，5G车联网赋能Robotaxi、公交车、自动接驳车、环卫车、干线物流、末端物流、矿山自动驾驶、港口自动驾驶等场景，形成商业闭环；在G端智慧交通领域，5G车联网为城市交通和高速公路交通两大场景提供安全类、高效类、信息类、管理类等商业服务；在C端智慧出行领域，5G车联网赋能出行前、出行中和出行后，实现真正意义的MaaS；在B端行业应用领域，5G车联网赋能车险行业、移动支付行业、新能源汽车行业、互联网行业和电信运营商；在融合业务场景，5G车联网和地图业务、LBS位置业务、安全业务融合创新。

本书可作为汽车行业、交通行业、信息通信行业、互联网行业的管理人员、服务人员、资本金融人员的参考用书，也可作为高等院校车辆、互联网、通信专业及通信、金融相关培训班的教材。

图书在版编目（CIP）数据

车联未来：5G车联网创新商业模式/吴冬升主编. —北京：化学工业出版社，2022.8
ISBN 978-7-122-41399-4

Ⅰ.①车… Ⅱ.①吴… Ⅲ.①汽车-物联网-研究 Ⅳ.①U469-39

中国版本图书馆CIP数据核字（2022）第078919号

责任编辑：陈景薇
文字编辑：冯国庆
责任校对：赵懿桐
装帧设计：王晓宇

出版发行：化学工业出版社
（北京市东城区青年湖南街13号　邮政编码100011）
印　　刷：三河市航远印刷有限公司
装　　订：三河市宇新装订厂
710mm×1000mm　1/16　印张19$\frac{1}{4}$　字数358千字
2022年10月北京第1版第1次印刷

购书咨询：010-64518888
售后服务：010-64518899
网　　址：http://www.cip.com.cn

凡购买本书，如有缺损质量问题，本社销售中心负责调换。

定　　价：88.00元　　　　　　　　版权所有　违者必究

前言
PREFACE

我国车联网产业在政策强力推动、标准有序推进、产业快速落地的基础上，取得了良好发展。但我们同时清醒地看到，5G车联网作为新兴产业方向，在发展中依旧面临诸多挑战，尤其是在商业模式领域。

车联网业务面临用户需求不强烈、缺乏"杀手级"应用的挑战。随着车联网建设的不断深入，发现以技术为主导的车联网建设，与用户实际需求渐行渐远，导致不少车联网项目建成后城市居民无感知、无体验。基于这样的前提，"以人为本"的车联网建设开始成为产业界的普遍认知之一。

车联网业务还面临投资规模巨大和运营模式不清晰的挑战。巨额的投资存在回报不确定、需承担法律安全责任风险等问题。最终由谁来投资，是考验产业发展的关键因素之一。另外，我国道路基础设施投资、建设和运营主体具有多元化的特点。不同运营主体，都面临运营模式不清晰的挑战，即如何从使用方实现商业变现。

市面上已经有若干与车联网相关的专业技术书籍，但是还没有见到探讨5G车联网商业模式的书籍。面对亟须回答的车联网创新商业模式和商业落地问题，笔者尝试提出一些思路，供产业界、学术界等参考，主要观点如下。

无论是路端"覆盖率"，还是车端"渗透率"，都应该鼓励快速上量，产业规模效应将带来真正的边际效应。看似车联网基础设施投资规模巨大，实际上衍生出众多有商业价值的应用场景，从而在最小经济成本的情况下达到最大经济利润。

5G车联网可以赋能自动驾驶，一方面通过车路协同助力自动驾驶的技术实现；另一方面在成本优化、效率提升等方面助力自动驾驶本身的商业闭环。这里包括5G车联网赋能 Robotaxi（自动驾驶出租车）、公交车、自动接驳车、环卫车、干线物流、末端物流、矿山自动驾驶、港口自动驾驶等。

5G 车联网将为 2G（to G，面向政府用户）端的智慧交通和智慧城市管理者提供各种应用，带来相应的社会价值和经济价值。

5G 车联网将为 2C（to C，面向个人用户）端的车主、非机动车用户和行人等提供各种应用，例如智慧出行中的智慧停车、共享出行、多式联运等，带来相应的社会价值和经济价值。

5G 车联网将为 2B（to B，面向企业用户）端的车企（例如传统车企、造车新势力、自动驾驶初创公司等）/Tier1（一级供应商）、保险公司、金融公司、能源公司、互联网公司、行业大客户（例如运营商、公交公司、出行公司、出租车公司和物流公司等）提供各种应用，带来相应的社会价值和经济价值。

5G 车联网还将和高精度地图、高精度定位、安全等技术深度融合，一方面赋能自动驾驶；另一方面实现 2G 端、2C 端、2B 端的价值应用场景。

最后，各地 5G 车联网建设是否优良，需要有一套可行的评价指标。5G 车联网建设的核心评价指标主要有要素指标和价值指标两大类。要素指标是评价各地 5G 车联网建设具备的条件优劣；价值指标是评价该地 5G 车联网建设后带来的价值高低。

本书第 1 章是 5G 车联网概述，第 2 章阐述了 5G 车联网赋能自动驾驶，第 3 章阐述了 5G 车联网赋能智慧交通和智慧城市，第 4 章阐述了 5G 车联网赋能智慧出行，第 5 章阐述了 5G 车联网赋能行业应用，第 6 章阐述了 5G 车联网融合业务应用，第 7 章给出了 5G 车联网建设核心评价指标。

本书由吴冬升主编，参与编写的还有常孝亭、董志国、蔡刚强、开山、陈朝晖、陆平、刘斌、李大成、曾明、禾加页、田云鑫、韩晶昀，他们均在信息与通信技术领域有多年从业经验。期待本书能对 5G 车联网行业从业者有所裨益，并对 5G 车联网产业发展起到绵薄之力。

囿于笔者水平的限制，书中难免有不足之处，恳请广大读者谅解。

吴冬升

目录 contents

第1章 5G车联网概述 001

1.1　5G车联网发展趋势　002
1.2　5G车联网方案架构　013
1.3　5G车联网政策进展　014
1.4　5G车联网标准进展　021
1.5　5G车联网产业进展　033
1.6　5G车联网创新商业模式　053
参考文献　057

第2章 5G车联网赋能自动驾驶 059

2.1　自动驾驶产业情况　060
2.2　5G车联网赋能Robotaxi　076
2.3　5G车联网赋能公交车　088
2.4　5G车联网赋能自动接驳车　096
2.5　5G车联网赋能环卫车　102
2.6　5G车联网赋能干线物流　111
2.7　5G车联网赋能末端物流　121
2.8　5G车联网赋能矿山自动驾驶　130
2.9　5G车联网赋能港口自动驾驶　140
参考文献　148

第3章 5G车联网赋能智慧交通和智慧城市 151

3.1 智慧交通产业概述 152
3.2 5G车联网赋能城市智慧交通 167
3.3 5G车联网赋能高速智慧交通 176
3.4 智慧城市产业概述 188
3.5 5G车联网赋能智慧城市 193
参考文献 199

第4章 5G车联网赋能智慧出行 201

4.1 智慧出行产业情况 202
4.2 5G车联网赋能智慧出行 214
4.3 5G车联网赋能智慧出行商业价值 216
4.4 5G车联网赋能智慧出行典型应用之智慧停车 219
参考文献 223

第5章 5G车联网赋能行业应用 225

5.1 5G车联网赋能车险行业 226
5.2 5G车联网赋能移动支付行业 234
5.3 5G车联网赋能新能源汽车行业 239
5.4 5G车联网赋能互联网行业 246
5.5 5G车联网赋能电信运营商 253
参考文献 259

6.1　地图业务结合　262
6.2　LBS 位置业务结合　267
6.3　安全业务结合　275
参考文献　287

第 6 章
5G 车联网融合业务应用
261

7.1　现有的评价指标体系　290
7.2　5G 车联网建设核心评价指标　296
参考文献　300

第 7 章
5G 车联网建设核心评价指标
289

车联未来

5G车联网创新商业模式

第 1 章

5G 车联网概述

我国车联网产业在政策强力推动、标准有序推进、产业快速落地的基础上,取得了良好发展,在十大领域内持续发力[1]。

① 车联网规模建设时代来临,"两率提升"是关键。

② 5G+V2X(Vehicle to everything,车联万物)逐步落地,"量产"是关键。

③ 从安全类和效率类业务到协同类业务演进,"协同"是关键。

④ 车联网技术进一步验证和完善,"安全"是关键。

⑤ 车联网跨城市区域合作发展,"开放"是关键。

⑥ 车联网赋能自动驾驶典型场景落地,"商用车"是关键。

⑦ 车联网赋能智慧交通和智慧城市实现深度融合创新,"融合"是关键。

⑧ 车联网赋能智慧出行探索"杀手级"应用,"有效感知"是关键。

⑨ 车联网创新商业和运营模式探索,"闭环"是关键。

⑩ 车联网数据开放模式探索,"规则"是关键。

5G 车联网作为新兴产业方向,在商业模式上面临诸多挑战。本章提出了 5G 车联网商用路线总体框架。

1.1　5G车联网发展趋势

1.1.1　车联网规模建设时代来临，"两率提升"是关键

继无锡、天津、长沙之后，重庆在2021年1月获批第四个国家级车联网先导区。国家级车联网先导区的主要任务和目标包括在重点高速公路、城市道路上规模部署C-V2X网络，结合5G和智慧城市建设，完成重点区域交通设施车联网功能改造和核心系统能力提升，带动全路网规模部署，在此基础上实现车联网项目商用的成功落地。

规模化既包括路端建设面积和长度的"覆盖率"，从局部路口和特定路段，到城市区域级，直至城市全面覆盖；也包括车端装载量的"渗透率"，从各类商用车（客车、货车）和特种车辆等到乘用车进行安装，从后装到前装。

路端"覆盖率"： 城市道路和城际道路未来将迈入车联网规模化部署时代，围绕道路的通信、感知、计算、高精度定位、高精度地图等核心能力进行道路智慧化建设，一方面赋能智能交通转型升级，另一方面赋能自动驾驶产业和智慧出行产业。依托于"状态共享、意图共享、协同决策、协同调度"的网联自动驾驶是我国自动驾驶产业高速发展的必由之路。

车端"渗透率"： 前装5G+V2X量产车型陆续推出；后装C-V2X产品形态更加丰富，中国移动发布C-V2X高中低配三种形态后装车载终端方案，用于提升用户渗透率。低配车载终端以无线充电手机支架作为切入点，中配车载终端为行车记录仪，高配车载终端为智能后视镜。除了C-V2X后装产品外，在消费端直接通过APP（应用程序）、小程序、导航地图等体验车联网业务也是未来发展的必由之路。

路端"覆盖率"和车端"渗透率"两者相辅相成。

① 在商用车型中，如出租车、公交车、自动接驳车、环卫车、物流车、矿卡、港口车辆、机场车辆等，部署C-V2X车载终端，实现V2V（Vehicle to Vehicle，车与车通信）业务场景，如前向碰撞预警、盲区预警/变道辅助、车辆编队行驶等。

② 在特定商用场景先行先试，如在特定封闭园区和社区、矿山、港口、机场、停车场、高速公路路段、城市公交固定线路和公交站场等部署5G+V2X网络，实现I2V（Infrastructure to Vehicle，基础设施与车辆通信）业务场景，如闯红灯预警、绿波车速引导等。

③ 进一步在高速公路和城市交叉路口等场景规模部署5G+V2X网络。路端"覆盖率"的提升将带动车端"渗透率"的提升；而当车端"渗透率"达到30%临界值时，又会进一步拉动路端"覆盖率"的提升。

1.1.2　5G+V2X 逐步落地,"量产"是关键

未来车联网业务的主流方式是 5G 和 C-V2X 网络融合。其中 5G 网络可以提供大带宽和时延不敏感的业务,比如信息娱乐类业务、全局交通优化类业务;而 C-V2X 网络将提供时延敏感的安全类、局部交通效率类、协同驾驶类、自动驾驶类业务。

已有数款搭载 C-V2X 的车型投入量产或发布商用量产计划,包括一汽红旗 E-HS9、上汽通用别克 GL8 Avenir、上汽奥迪 A7L 和 A6L、广汽埃安 AION V、福特全新探险者、福特锐界 PLUS、福特野马 Mach-E、上汽 Marvel R、华人运通 HiPhi X、蔚来 ET7、智己 L7、长城 WEY、第三代哈弗 H6 等车型。它们分别搭载了前向碰撞预警(FCW)、盲区提醒/变道预警(BSW/LCW)、交叉路口碰撞预警(ICW)、紧急制动警告、车辆失控预警、异常车辆提醒、限速预警、闯红灯预警、道路危险状况提示和绿波车速引导等一系列第一阶段应用场景。

从产业链角度,推出支持 5G+V2X 双模同时运行的芯片,车载终端可以同时工作在 5G 蜂窝网络和 C-V2X 直连通信两种模式,车辆能同时享受 5G 信息娱乐类业务、全局交通优化类业务和 C-V2X 安全类、局部交通效率类、协同驾驶类、自动驾驶类业务。

(1)福特

2020 年 12 月,福特中国宣布在两款国产车型——福特全新探险者以及中大型高端性能 SUV 锐界 PLUS 中,率先搭载基于 C-V2X 技术的福特车路协同系统。通过车辆、智能基础设施以及城市云控平台之间的互联,该系统为车主及时推送前方的红绿灯信息和倒数计时、绿波车速、闯红灯预警、绿灯起步提醒、交通信息播报等信息,帮助车主预判风险,从而提升行车安全性和通行效率。

针对福特车路协同系统的人机交互界面,福特也做了优化,比如系统与智行信息娱乐系统 SYNC+ 相结合,在地图导航模式下显示行驶路线的同时以声音和图像的形式直观告知车主前方红绿灯状态、道路基础设施等信息;即使车机中控屏不在导航界面,仍会有明显的浮窗弹出,以声音和图像形式及时告知车主。车主还可根据个人驾驶习惯进行灵敏度调整、声音提醒开启/关闭等个性化设置。

(2)广汽

2020 年 12 月,广汽 AION V 量产 5G 车型正式下线交付。AION V 开启了"好玩"的世界,比如搭载一键遥控泊车系统、全球最新一代 AR 实景导航、最新一代飞鱼 2.0 自然语音系统。2021 年,广汽推出第二款 5G 车型 AION Y,车主可以通过车内语音控制拍摄视频,然后通过 5G 秒传视频发布,使 AION Y 化身工作室、直播间、

KTV，令AION Y成为年轻人的"智能娱乐大客厅"。

（3）上汽

2020年12月，上汽MARVEL R获得SRRC（State Radio Regulation Committee，国家无线电管理委员会）认证，通过车载车规级5G+C-V2X终端产品认证。如在行驶中，MARVEL R可超前获得道路环境、红绿灯变化等信息，完成车速引导、5G智能路口通过辅助，让汽车具备"预知能力"。

（4）长城

2020年12月，长城汽车第三代哈弗H6搭载5G车载无线终端，提供行车数据采集、行驶安全保障、车辆故障监控、车辆远程控制（开闭锁、空调控制、车窗控制、发动机启停）、驾驶行为分析、无线热点分享等服务。首先，整车可以完成更加庞大的数据处理与数据交互，实现更高级别的自动驾驶；其次，在自动驾驶场景下，5G可以为高精度地图发布提供通道，提升高精度地图整体实时性和准确性；最后，产生高精度3D地图信息，提高车载导航功能，车辆检测、记录和共享有关道路颠簸、坑洼、危险弯道等障碍物的路况信息，进而建立网络化危险地图系统，提升智能出行安全性。

（5）奥迪

2021年10月，奥迪在2021世界物联网博览会期间展示在公开道路下13个使用场景内融合C-V2X信号的L4自动驾驶。基于C-V2X实现的功能包括感知驾驶员视线外的行人及车辆并自动减速，为紧急车辆自动变道让行，以及动态V2I（Vehicle to Infrastructure，车辆与基础设施通信）交通信号灯功能等。作为全球首个实现量产车型与智能交通信号灯连接的汽车品牌，奥迪在C-V2X领域再次实现全新里程碑。

自奥迪A7L及奥迪A6L开始，奥迪量产车型配备了5G通信模块并新增三个C-V2X功能，其中包括奥迪交通信号灯信息系统（Traffic Light Information，TLI）、奥迪危险信息提示（Local Hazard Information，LHI）以及危险信息警告（Local Hazard Warning，LHW）功能。

1.1.3　从安全类和效率类业务到协同类业务演进，"协同"是关键

协同体现在环境感知环节、计算决策环节和控制执行环节。

① 在环境感知环节进行协同，支持车辆获得比单车智能感知更多的信息，例如超视距感知或解决容易受恶劣环境影响等问题。

② 在计算决策环节进行协同，增加车与车、车与路之间的系统性决策，例如优先车辆通行管理、交叉路口通行控制等情况。

③ 在控制执行环节进行协同，对车辆驾驶行为进行干预，例如远程遥控车辆脱

困等。

C-V2X可以提供的业务场景在《合作式智能运输系统 车用通信系统 应用层及应用数据交互标准》DAY-Ⅰ和DAY-Ⅱ中给出。DAY-Ⅰ应用场景，是基于车车、车路间的状态共享，通过自身的算法进行判断来提前削减冲突或获知交通信息。而DAY-Ⅱ应用场景，则升级为车、路、人之间的状态和意图共享，并实现了主体之间的引导和协作，真正体现了"协同"理念。DAY-Ⅱ与DAY-Ⅰ相比，更加强调协同类业务，例如协作式变道、协作式车辆汇入、协作式交叉路口通行、协作式优先车辆通行、协作式车辆编队管理等。

协作式优先车辆通行是指智能交通系统调度交通资源，针对优先车辆采取提前预留车道、封闭道路或切换信号灯等方式，为优先车辆提供安全高效到达目的地的绿色通道。优先车辆包括警车、消防车、救护车、工程抢险车、事故勘查车等，未来也可以基于该场景提供差异化行车服务。

C-V2X标准演进路径比较清晰，LTE-V2X（R14，R15）可以支持安全出行类业务和局部交通效率类业务，NR-V2X（R16，R17）可以支持自动驾驶类业务。需要厘清的是LTE-V2X会向NR-V2X平滑演进，双方为互补关系而并非替代关系。

1.1.4 车联网技术进一步验证和完善，"安全"是关键

2020年11月，《智能网联汽车技术路线图2.0》中将技术架构划分为"三横两纵"，如图1-1所示。"三横"指车辆关键技术、信息交互关键技术与基础支撑关键技术。"两纵"指支撑智能网联汽车发展的车载平台与基础设施。基础设施包括交通设施、通信网络、大数据平台、定位基站等，将逐步向数字化、智能化、网联化和软件化方向升级，支撑智能网联汽车发展[2]。

智能网联汽车面临的安全挑战主要有以下四个方面原因[3]。

① 自动驾驶和智能网联功能本身的设计漏洞，即一些特定的场景在设计时可能没有考虑到，自动驾驶和智能网联汽车所要面临的环境太过复杂，设计漏洞很难完全避免。

② 自动驾驶和智能网联功能实现不能完全符合设计。造成这些错误的原因包括软件错误以及随机硬件错误等。

③ 驾驶员或乘客可能会发生的误操作（针对L2级及L3级的系统）。

④ 人为的恶意行为（Security）。

针对以上四方面安全挑战，一系列的安全标准用来解决这些安全问题。在汽车电子领域，ISO 26262重点解决功能安全问题，即前文中的第②个原因，由软件错误和随机硬件错误所造成的安全问题。ISO 26262中给出了详尽的方法论，在保证功能

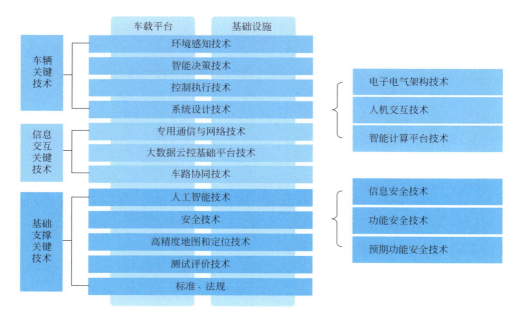

图1-1 智能网联汽车"三横两纵"关键技术架构

安全风险足够低的前提下兼顾开发成本,这套方法论也适用于自动驾驶或是ADAS(Advanced Driving Assistance System,高级驾驶辅助系统)中的功能安全问题。

ISO/PAS 21448重点解决预期功能安全(Safety of The Intended Functionality,SOTIF)问题,即第①个原因和第③个原因所造成的安全问题。

第④个原因与网络安全有关,相关国际标准包括ISO和SAE合作制定的ISO/SAE 21434、3GPP TS 33.185等。

功能安全ISO 26262标准和预期功能安全(SOTIF)最终解决的问题,将涉及汽车供应链的所有部分。SOTIF是在自动驾驶技术发展背景下出现的,也是自动驾驶从L2级到L3级跨越的必然需求。

车联网终端需要实现系统隔离机制,以芯片/硬件/固件安全为基础,采用硬件隔离和安全域隔离方式,将具有高安全要求特征的核心驾驶系统和驾驶辅助应用,与具有低安全要求特征的车载娱乐系统和娱乐应用进行隔离,以保护敏感数据和操作。车联网车规级安全芯片应满足车联网安全需求的验签性能和SM2算法需求。

为了防止数据在车联网内部和外部遭受攻击者非法窃听、篡改、伪造等威胁,车联网系统采用密码技术对数据在传输、存储、使用过程中进行加密保护;建立基于公钥基础设施(PKI)的车联网通信安全身份认证机制,为各类C-V2X通信设备和系统颁发数字证书,综合采用安全证书、数字签名、匿名化等技术手段保障OBU

（On Board Unit，车载单元）、RSU（Road Side Unit，路侧单元）等C-V2X通信节点的身份合法性、通信消息完整性和隐私保护。

1.1.5 车联网跨城市区域合作发展，"开放"是关键

各地正在积极推进智能网联自动驾驶产业发展，从政策层面予以保驾护航。据不完全统计，全国有30多个省市出台了智能网联汽车测试管理规范或实施细则，其中北京、上海、天津、重庆、江苏、浙江、湖南、河南、广东、海南等出台了省（直辖市）级法规。

政策方面允许"可载人/载货""去安全员""可收费"是三个关键开放步骤。2020年10月，中共中央办公厅和国务院办公厅印发《深圳建设中国特色社会主义先行示范区综合改革试点实施方案（2020～2025年）》，支持深圳扩宽经济特区立法空间，在新兴领域加强立法探索，依法制定经济特区法规规章。2021年1月，深圳支持在无人驾驶等领域开展立法先行先试，市人大常委会将该立法列入2021年立法计划中。

另外，除了城市自动驾驶测试政策外，还需要开放城际高速公路自动驾驶测试政策。2020年11月，北京市在《北京市自动驾驶车辆道路测试管理实施细则（试行）》基础上进行修改完善，增加了高速公路测试申请章节，明确了高速公路测试定义和高速公路测试关键性要求。

跨城市区域合作方面，2019年9月，上海、江苏、浙江、安徽出台了跨省市的《长江三角洲区域智能网联汽车道路测试互认合作协议》；北京与天津、河北共同签署《京津冀区域智能网联汽车道路测试互认合作协议》；在2019世界智能网联汽车大会期间，16家测试区（场）共同签署了《智能网联汽车测试示范区（场）共享互认倡议》；2020年7月，国务院办公厅发布《关于进一步优化营商环境更好服务市场主体的实施意见》，指出统一智能网联汽车自动驾驶功能测试标准，推动实现封闭场地测试结果全国通用互认，督促封闭场地向社会公开测试服务项目及收费标准，简化测试通知书申领及异地换发手续，对测试通知书到期但车辆状态未改变的无须重复测试，直接延长期限；2020年10月，长沙、株洲、湘潭、岳阳共同签署了《城市级大规模智能网联汽车道路测试及示范应用共建倡议书》。

跨城市智能网联汽车产业发展的合作力度将进一步加强，开放的态度和政策是达成这一目标的前提条件。

1.1.6 车联网赋能自动驾驶典型场景落地，"商用车"是关键

车联网赋能自动驾驶主要体现在载人和载货两大领域。在城市载人场景下，

Robotaxi（自动驾驶出租车）、公交、最后一公里自动接驳、封闭园区（港口、机场、旅游景点、学校等）自动巡游等是自动驾驶的典型场景。在载货场景下，干线物流、支线物流、末端物流、封闭园区（矿区、港口、机场等）物流、环卫等是自动驾驶的典型场景。

车联网将和车辆本身更深入地结合。

① 车联网业务和车辆CAN（Controller Area Network，控制器局域网络）总线信息融合。例如，车辆开启紧急双闪的信息，可以通过CAN总线传给车载终端OBU，与其他车辆之间实现信息交互。

② 车联网业务作为辅助驾驶和自动驾驶的输入源之一，与车辆多传感器融合的输入源一起，供自动驾驶车辆决策和控制使用。例如，红绿灯信号机信息通过RSU推送给车载终端OBU，可以作为自动驾驶重要的输入源之一，和车辆摄像头识别的红绿灯信息进行融合决策，供自动驾驶车辆控制使用。

对于单车智能自动驾驶来说，车联网可以从多方位赋能。

① 红绿灯信息推送。

② 超视距信息推送。

③ "鬼探头"等典型场景应对。

④ 提供安全冗余。

⑤ 降低单车智能成本等。

商用车会优先采用车联网技术，主要解决四个层面的问题：安全问题、效率问题、成本问题、舒适问题。

① 全球每年有约125万人死于交通事故，商用车由于其自身特点，是重大伤害的施加者和被伤害者，需要车联网技术帮助减少交通事故。

② 结合智慧交通和智慧物流，实现人、车、货的智能管理，通过车联网技术选择最佳运行路线，提升运输效率，降低能耗。

③ 我国有1400万辆中远途运输以及城际运输货运卡车，还有近3000万辆主要活跃在城市内用于运输、快递外卖配送的面包车、三轮车以及两轮的电动车、摩托车，其中人力和燃油成本占总成本的比重较大，而通过车联网技术可以降低运营成本。

④ 通过车联网技术提升商用车舒适性，提供娱乐活动，帮助驾驶员减轻疲劳。

1.1.7　车联网赋能智慧交通和智慧城市实现深度融合创新,"融合"是关键

我国交通体系关注便捷、安全、绿色出行三大发展主题。新型智慧交通体系综合感知、通信、计算、控制等技术,基于标准化通信协议,实现物理空间与信息空间中包括"人、车、路、环境"四要素的相互映射,解决系统性的资源优化与配置问题。

车联网将赋能城市智慧交通和高速智慧交通。面向城市智慧交通,车联网和智慧交通在微观、中观和宏观三个层面进行深度融合创新。

在 ITS(Intelligence Transportation System,智能交通系统)微观层面,车端 OBU 能实时上传位置数据、车辆数据等,为交通微观数据采集提供更加可靠的数据源,并为智能交通领域的交通路况、交通流预测提供更加可靠的数据源。在城市交叉路口等典型场景进行智慧化部署,从而可以将环境信息(各类交通标识标牌、信号灯、停车场车位信息等)、微观交通运行情况、附近的交通事件(交通事故、故障车辆、道路施工、路面抛撒物、临时占道等)及时通过 C-V2X 下发给车辆。

在 ITS 中观层面,由于可以及时获取大量联网数据,并通过 C-V2X 区域平台支撑,车辆本身及交通管理部门都可以获得及时的区域交通态势信息。结合交通态势分析判断,再与传统的集成化 ITS 控制手段结合,可以更加有效地进行区域交通调度,提升区域交通效率。

在 ITS 宏观(城市或者大区)层面,随着道路智慧化改造逐渐完善、车载终端渗透率不断提升、分级云控平台逐渐部署,车辆等交通参与者、道路感知、环境信息、交通事件等各种信息将汇聚于云控平台。云控平台能实时感知动态信息、决策控制信息、数据分析信息等各种信息,并具有计算与决策支持、仿真、动态地图等各种服务能力。云控平台会将信息提供给 ITS 平台及系统,同时,ITS 的交通信号控制、交通事件等信息也会提供给云控平台。两者的融合应用,将能实现全局交通运行监控、交通运行优化、交通管理等。

面向高速智慧交通,车联网和智慧交通在基本应用及创新应用两个层面进行深度融合创新。可以实现实时交通信息监测系统、多网融合通信系统、云控平台、伴随式信息服务系统、车道级交通控制系统、收费站智慧化系统、服务区智能化系统、桥隧安全提升系统、自由流收费系统、基础配套系统(设施)等基本应用,以及准全天候通行、全寿命周期智能养护、物流卡车编队行驶、治理拥堵、自动驾驶支持等创新应用。

我国智慧城市体系关注发展模式、数据应用、技术演进。新型智慧城市重视顶层设计、趋向以人为本的建设理念;以大数据运营为核心的理念和实施方法也越来

越普遍；行业智能化开始出现，同时5G、物联网、云计算、边缘计算、区块链等多种技术融合应用，技术生态越来越丰富。

智慧城市基础设施和智能网联汽车协同发展，将打造车城网整体架构，提供车联网应用、交通应用、视频应用和物联网应用；探索建设城市智能化道路，支持车路协同发展；支持5G、自动驾驶、车路协同、人工智能等新技术、新产业在城市开展多场景应用；创新体制机制，鼓励多主体参与建设和运营。

1.1.8 车联网赋能智慧出行探索"杀手级"应用，"有效感知"是关键

"出行即服务"（Mobility as a Service，MaaS）改善出行者体验。出行前，匹配出行供需，一次性规划个性出行方式和出行路径方案；出行中，对交通实时状态进行预测分析，实现错峰出行诱导，并聚焦各种交通资源，实现各种出行方式的无缝衔接；出行后，实现停车诱导，并整合多元支付，实现"一票制"出行。

而车联网业务面临用户需求不强烈、缺乏"杀手级"应用挑战。车联网能为用户提供的业务，开始主要包括信息服务类业务，比如定位管理、基于用户行为的保险业务以及面向B端的车队管理等。当前又回归到出行需求上，为用户解决安全问题和效率问题。但这些安全类和效率类业务，用户刚性需求不清晰，用户为这些服务的付费意愿不强。

如何让车联网业务在C端被用户有效感知并愿意为此付费是核心问题之一。车联网赋能智慧出行，探索出可被用户有效感知并为此付费的"杀手级"应用，是一条可行的解决思路。

当然，用户"有效感知"是前提条件。V2X车载终端"渗透率"提升依旧是关键。一方面，通过车载前后装终端提升"渗透率"，《智能网联汽车技术路线图2.0》中提出，PA（部分自动驾驶）、CA（有条件自动驾驶）智能网联汽车渗透率持续增加，2025年将达50%，2030年将超过70%；C-V2X终端的新车装配率2025年将达50%，2030年基本普及。另一方面，通过互联网化手段提升"渗透率"，利用移动互联网C端广泛触达优势，让车联网业务能被广大用户百分之百有效感知，例如用户直接通过小程序、APP、导航地图等体验车联网业务。

无感支付是智慧出行领域能让用户有良好感知的应用场景之一。利用车联网，可以提供道路收费服务。车辆行进到城市道路或高速公路的收费区域时，车辆接收路侧发布的收费信息，并通过车路交互完成缴费业务，包括开放式收费（如过路桥收费、拥堵收费）、区域式收费（如高速公路路段收费、停车场收费）。收费站点部署RSU，连接后台收费系统，车辆安装OBU，当车辆进入收费区域，完成相互身份

认证后，自动执行无感支付操作[4]。

自主代客泊车（Autonomous Valet Parking，AVP）是在智慧出行领域能让用户有良好感知的应用场景之一，可部分解决找车位难、找车难问题，减少停车和取车的无效时间。城市停车资源供给不足是停车场景的一大痛点，另外寻找停车泊位、不合理出入口设置等问题还会导致停车场周边道路拥堵。

因此，网联自动驾驶和智慧停车协同，提供自动泊车辅助系统（Auto Parking Asist，APA）（L2级）、远程遥控泊车辅助系统（Remote Parking Asist，RPA）（L3级）、自主代客泊车（Autonomous Valet Parking，AVP）（L4级），可以无缝连接动态交通和静态交通[5]。

车联网和AVP结合，可以提供场站路径引导等众多服务。在场站内部区域（如停车场、高速公路服务站、加油站等），RSU通过I2V方式，向进入的车辆提供站点地图信息、车位信息、服务信息等，同时为车辆提供路径引导。

1.1.9 车联网创新商业和运营模式探索，"闭环"是关键

车联网商业模式涉及使用方、投资方、规划方、设备方、建设方和运营方，如图1-2所示。

其中使用方主要包括2G（to G，面向政府用户）端的智慧交通和智慧城市管理

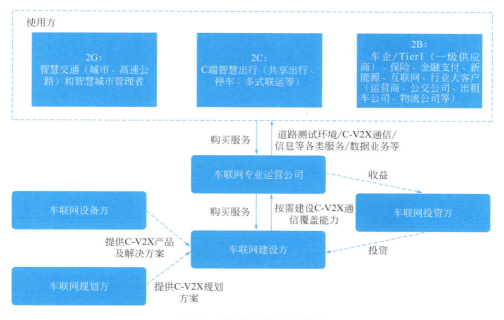

图1-2　车联网闭环商业模式

者,如城市和城际的公安、交警、交通、工信、住建、发改等各个委办局;2C(to C,面向个人用户)端的车主、非机动车用户和行人等;2B(to B,面向企业用户)端的车企(例如传统车企、造车新势力、自动驾驶初创公司等)/Tier1(一级供应商)、保险公司、金融公司、能源公司、互联网公司、行业大客户(例如运营商、公交公司、出租车公司和物流公司等)。

使用方向车联网专业运营公司购买服务,而运营方可以提供给使用方的业务包括道路测试环境、C-V2X通信、信息等各类服务、数据业务等。

建设方将按规划方设计方案去按需采购设备商的产品和解决方案,并按需建设C-V2X通信覆盖,包括路侧基础设施部署和车载终端部署。同时,运营方向建设方购买服务。

投资方一方面给车联网建设方投资;另一方面从运营方获得收益。

我国道路基础设施投资、建设和运营主体具有多元化的特点,需要积极探索车联网创新商业和运营模式,形成商业闭环是关键。

1.1.10 车联网数据开放模式探索,"规则"是关键

厘清车联网涉及的数据所有权、使用权、经营权问题,将有可能探索出新的市场空间。重点是解决好车联网数据共享规则、数据应用规则和数据监督规则,最终的目标是让车端、路侧和平台产生的海量数据,能够产生价值。

数据共享规则方面,界定清楚车联网中的哪些数据可以对外共享,哪些数据值得对外共享,并且界定清楚从智能网联云控平台、传统交通系统、智慧城市交通平台、互联网平台中可以获取哪些数据。以交通信息共享服务为核心,连通道路基础设施和车辆,对交通环境信息做整合,建立统一信息交换标准,消除交通信息孤岛。

数据应用规则方面,加强智能汽车复杂使用场景的大数据应用,重点在数据增值、出行服务、金融保险等领域,培育新商业模式,优先在封闭区域探索开展智能汽车出行服务。

例如可以积极探索商用车数据运营。

① 围绕商用车自身的设计、研发、制造、销售、服务、物流等各环节的数据运营工作。

② 围绕商用车生态的汽车金融、汽车保险、汽车租赁、车队管理、汽车电商、维修保养、汽车加油、洗车美容、二手车等各领域的数据运营工作。

③ 围绕商用车使用的导航定位、视频影音、视频通信、社交聊天、在线支付等的数据运营工作。

数据监督规则方面,需要建立覆盖智能汽车数据全生命周期的安全管理机制,

明确相关主体的数据安全保护责任和具体要求；实行重要数据分类分级管理，确保用户信息、车辆信息、测绘地理信息等数据安全可控；完善数据安全管理制度，加强监督检查，开展数据风险、数据出境安全等评估。

1.2　5G车联网方案架构

5G车联网方案架构包括车载终端、路侧设备、通信网络、应用平台4个层级[6]，如图1-3所示。

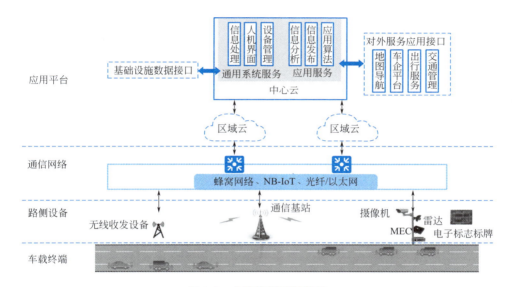

图1-3　车路协同系统架构

① 车载终端包括但不限于OBU、T-Box（Telematics-Box，远程信息处理盒子）、辅助驾驶终端、自动驾驶终端、营运车辆智能终端、导航终端等终端单元或设备。

② 路侧设备可分为以下几类。

路侧计算设备：部署在道路沿线，配合其他系统完成交通信息处理与决策的计算设备，包括MEC（Multi-access Edge Computing，多接入边缘计算）、数据处理单元等。

路侧通信设备：与车载终端进行无线通信的设备，包括支持V2I通信的RSU、支持V2N的通信基站等。

路侧感知设备：交通环境和道路交通状态的感知设备，包括摄像机、毫米波雷达、激光雷达等；桥梁、隧道、边坡等基础设施的运行状态和安全的感知设备，包括光纤传感器、RFID（Radio Frequency Identification，射频识别技术）标签等检测能见度、温度、湿度、风、路面湿滑状态等气象信息的环境监控设施。以上这些感知设备得到的信息,可通过基础设施数据接口发送给车路协同系统。

电子标志标线:数字化路侧标志牌、情报板,以及可不受冰雪、雨水、尘土影响的车道标志设备等。

③ 通信网络主要包括光纤、以太网等有线网络,LTE-V2X、NR-V2X、4G/5G蜂窝网、物联网NB-IoT等无线通信网络。

④ 应用平台汇聚道路的交通状态信息、车辆状态信息、路侧设备状态信息,并提供道路交通运营管理、运维和车路协同业务服务。根据路网规模和管理需求,应用平台可采用中心云和区域云两级设置,或者只设置一个中心云平台。中心云平台接入所有路侧设备和车载终端的数据并进行集中处理。区域云主要实现本地车路协同调度和时延敏感业务的处理。

应用平台采集所属路段的车载终端和路侧设备的上传数据,并可接收第三方提供的数据,主要数据类型包括但不限于表1-1的内容。

表1-1 应用平台的主要数据类型

数据类型	内容
基础设施数据	桥梁、隧道、边坡、合流、分流、坡道、弯道等信息
气象环境数据	能见度、大气温湿度、风速、风向、降水、团雾、路面温度、路面湿滑状态、结冰积雪、地质灾害等信息
机电设施数据	各种机电设施设备分布、运行状态等信息
道路养护数据	道路管控和施工养护作业的区段、时间、封道等信息
移动互联数据	手机信令、导航信息等外部第三方数据信息,如附近一定范围内的服务区、加油站、充电桩、公交站、停车场等
稽查执法数据	车辆超限、异常行驶、违法等信息
车辆状态数据	车辆位置、速度、加速度、方位角等信息
公路收费数据	出入站点、车型、车辆载荷等信息
监控设备数据	路面、隧道、洞口环境亮度、消防水池水位(压力等)、异常事件(灾害、事故)、护栏等附属设施性能监测数据
交通状态数据	断面交通量、车型、车速、拥堵状态、视频图像、交通事件等信息
地图数据	道路网数据、车道线、交通标志等导航信息
车路协同数据	RSI(参考安全消息)、RSM(响应服务消息)、BSM(基本安全消息)、MAP(地图)消息、RSU统计数据等

1.3 5G车联网政策进展

2011年科学技术部(以下简称科技部)就将"智能车路协同关键技术研究"列

入863计划重要课题,近年来智能网联相关政策频发,具体如表1-2所示。

表1-2 智能网联相关政策

政策	部委	时间
《智能网联汽车道路测试管理规范(试行)》	工业和信息化部(以下简称工信部)、公安部、交通运输部	2018年4月
《自动驾驶封闭测试场地建设技术指南(暂行)》	交通运输部	2018年5月
《自动驾驶车辆封闭场地测试技术要求(暂行)》	交通运输部	2018年5月
《车联网(智能网联汽车)产业发展行动计划》	工信部	2018年12月
《数字交通发展规划纲要》	交通运输部	2019年7月
《交通强国建设纲要》	中国共产党中央委员会(以下简称中共中央)、国务院	2019年9月
《推进综合交通运输大数据发展行动纲要(2020~2025年)》	交通运输部	2019年12月
《智能汽车创新发展战略》	国家发展和改革委员会(以下简称发改委)、公安部、交通运输部、工信部、科技部、财政部、自然资源部、住房和城乡建设部(以下简称住建部)、商务部、国家市场监督管理总局、中共中央网络安全和信息化委员会办公室	2020年2月
《汽车驾驶自动化分级》	工信部	2020年3月
《关于推动5G加快发展的通知》	工信部	2020年3月
《公路工程适应自动驾驶附属设施总体技术规范(征求意见稿)》	交通运输部	2020年4月
《交通运输部关于推动交通运输领域新型基础设施建设的指导意见》	交通运输部	2020年8月
《新能源汽车产业发展规划(2021~2035年)》	国务院办公厅	2020年11月
《道路运输条例(修订草案征求意见稿)》	交通运输部	2020年11月
《中国交通的可持续性发展》	国务院新闻办公室	2020年12月
《关于促进道路交通自动驾驶技术发展和应用的指导意见》	交通运输部	2020年12月
《国家综合立体交通网规划纲要》	中共中央、国务院	2021年2月
《加快培育新型消费实施方案》	发改委、工信部、财政部、人力资源和社会保障部、商务部、文化和旅游部、中国人民银行、国家市场监督管理总局、国家邮政局等28个部门和单位	2021年3月

续表

政策	部委	时间
《道路交通安全法（修订建议稿）》	公安部	2021年4月
《智能网联汽车生产企业及产品准入管理指南（试行）（征求意见稿）》	工信部	2021年4月
《住房和城乡建设部 工业和信息化部关于确定智慧城市基础设施与智能网联汽车协同发展第一批试点城市的通知》	住建部、工信部	2021年5月
《网络安全产业高质量发展三年行动计划（2021～2023年）（征求意见稿）》	工信部	2021年7月
《5G应用"扬帆"行动计划（2021～2023年）》	工信部、中共中央网络安全和信息化委员会办公室、发改委、教育部、财政部、住建部、文化和旅游部、国家卫生健康委员会（以下简称卫健委）、国务院国有资产监督管理委员会、国家能源局	2021年7月
《智能网联汽车道路测试与示范应用管理规范（试行）》	工信部、公安部、交通运输部	2021年7月
《工业和信息化部关于加强智能网联汽车生产企业及产品准入管理的意见》	工信部	2021年8月
《关于加强车联网网络安全和数据安全工作的通知》	工信部	2021年9月
《关于加强车联网卡实名登记管理的通知》	工信部	2021年9月
《交通运输领域新型基础设施建设行动方案（2021～2025年）》	交通运输部	2021年9月
《"十四五"信息通信行业发展规划》	工信部	2021年11月
《住房和城乡建设部 工业和信息化部关于确定智慧城市基础设施与智能网联汽车协同发展第二批试点城市的通知》	住建部、工信部	2021年12月

2020年2月，11个国家部委联合出台《智能汽车创新发展战略》，推进车联网产业发展，具体表现如下。

① 智能网联汽车成为汽车产业应对严峻挑战的突破口之一。

② 汽车电子产业发展获得智能、网联、安全新契机。

③ 车路协同核心之一的智慧道路将呈现爆发式建设。

④ 汽车产业新商业模式和数据开放模式成为重要方向。

2020年3月，工信部发布《汽车驾驶自动化分级》推荐性国家标准报批公示。同月，工信部印发《关于推动5G加快发展的通知》，明确提到"促进'5G+车联网'协同发展，推动将车联网纳入国家新型信息基础设施建设工程，促进LTE-V2X规模部署。建设国家级车联网先导区，丰富应用场景，探索完善商业模式。结合5G商用部署，引导重点地区提前规划，加强跨部门协同，推动5G、LTE-V2X纳入智慧城市、智能交通建设的重要通信标准和协议。开展5G-V2X标准研制及研发验证。"

2020年4月，交通运输部发布《公路工程适应自动驾驶附属设施总体技术规范（征求意见稿）》，这是国家层面首次出台与自动驾驶相关的公路技术规范。

2020年8月，交通运输部发布《交通运输部关于推动交通运输领域新型基础设施建设的指导意见》，先进信息技术深度赋能交通基础设施，精准感知、精确分析、精细管理和精心服务能力全面提升，成为加快建设交通强国的有力支撑。协同建设车联网，推动重点地区、重点路段应用车用无线通信技术，支持车路协同、自动驾驶等。

2020年11月，国务院办公厅印发《新能源汽车产业发展规划（2021～2035年）》，提出到2025年，高度自动驾驶汽车实现限定区域和特定场景商业化应用；力争经过15年的持续努力，高度自动驾驶汽车实现规模化应用。同月，交通运输部发布《道路运输条例（修订草案征求意见稿）》，积极推进大数据、信息技术、自动驾驶等技术在道路运输领域的发展和应用，加强电子证照的推广应用。

2020年12月，国务院新闻办公室发布《中国交通的可持续性发展》白皮书，推进"互联网+"交通发展，充分运用5G通信、大数据、人工智能等新兴技术，交通运输基础设施和装备领域智能化不断取得突破，出台自动驾驶道路测试管理规范和封闭测试场地建设指南。同月，交通运输部制定《关于促进道路交通自动驾驶技术发展和应用的指导意见》，坚持鼓励创新、多元发展、试点先行、确保安全的原则，促进道路交通自动驾驶技术发展和应用；统筹科研资源，围绕自动驾驶在行业应用的关键技术开展攻关；结合交通强国建设试点工作，指导地方组织实施一批自动驾驶先导应用示范工程。

2021年2月，中共中央、国务院印发《国家综合立体交通网规划纲要》，推动智能网联汽车与智慧城市协同发展，建设城市道路、建筑、公共设施融合感知体系，打造基于城市信息模型平台，集城市动态和静态数据于一体的智慧出行平台。

2021年3月，发改委同有关部门和单位印发《加快培育新型消费实施方案》，协同发展智慧城市与智能网联汽车，打造智慧出行平台"车城网"。开展车联网电信业务商用试验，加快全国优势地区车联网先导区建设，探索车联网（智能网联汽车）产业发展和规模部署。加快制定相关应用标准和管理办法，有序推动无人配送、无人驾驶在产业园区等特殊场景落地和示范。

2021年4月，公安部起草了《道路交通安全法（修订建议稿）》，向社会公开征求意见，明确具有自动驾驶功能的汽车进行道路测试和通行的相关要求，以及违法和事故责任分担规定。

2021年5月，住建部、工信部印发《住房和城乡建设部 工业和信息化部关于确定智慧城市基础设施与智能网联汽车协同发展第一批试点城市的通知》。按照《住房和城乡建设部办公厅 工业和信息化部办公厅关于组织开展智慧城市基础设施与智能网联汽车协同发展试点工作的通知》（建办城函〔2020〕594号）有关工作安排，确定北京、上海、广州、武汉、长沙、无锡6个城市为智慧城市基础设施与智能网联汽车协同发展第一批试点城市。2021年12月，两部委印发《住房和城乡建设部 工业和信息化部关于确定智慧城市基础设施与智能网联汽车协同发展第二批试点城市的通知》，确定重庆、深圳、厦门、南京、济南、成都、合肥、沧州、芜湖、淄博10个城市为智慧城市基础设施与智能网联汽车协同发展第二批试点城市。

2021年7月，工信部起草了《网络安全产业高质量发展三年行动计划（2021～2023年）（征求意见稿）》，提到强化车联网安全能力建设，针对网联汽车及其网络关键设备，推进轻量化身份认证、车载安全网关、车载防火墙、入侵检测等关键技术及产品应用，强化纵深防御技术能力建设。针对V2X通信，推进基于PKI的安全认证与审计技术，加快车联网身份认证和安全信任体系建设。针对车联网平台及应用，建设安全运营中心，推进一体化云安全防护、数据合规保护与安全检测、监测和应急处置等技术产品落地。推动网络安全技术在OTA（Over-The-Air，空中下载）技术升级、远程监控、自动驾驶、车路协同等重点场景的应用部署。

2021年7月，工信部等十部门联合印发《5G应用"扬帆"行动计划（2021～2023年）》，在行业融合应用深化行动中明确提到"5G+车联网"。强化汽车、通信、交通等行业的协同，加强政府、行业组织和企业间联系，共同建立完备的5G与车联网测试评估体系，保障应用的端到端互联互通。提炼可规模化推广、具备商业化闭环的典型应用场景，提升用户接受程度。加快提升C-V2X通信模块的车载渗透率和路侧部署。加快探索商业模式和应用场景，支持创建国家级车联网先导区，推动车联网基础设施与5G网络协同规划建设，选择重点城市典型区域、合适路段以及高速公路重点路段等，加快"5G+车联网"部署，推广C-V2X技术在园区、机场、港区、矿山等区域的创新应用。建立跨行业、跨区域互信互认的车联网安全通信体系。

2021年7月，工信部、公安部、交通运输部联合印发的《智能网联汽车道路测试与示范应用管理规范（试行）》替代了2018年4月的管理规范，其中的道路测试，是指在公路（包括高速公路）、城市道路、区域范围内等用于社会机动车通行的各类道路指定的路段进行的智能网联汽车自动驾驶功能测试活动；示范应用，是指在公路（包括高速公路）、城市道路、区域范围内等用于社会机动车通行的各类道路指定的路段进行的具有试点、试行效果的智能网联汽车载人载物运行活动；测试区（场），是指在固定区域设置的具有封闭物理界限及智能网联汽车自动驾驶功能测试所需道路、网联等设施及环境条件的场地。

2021年8月，为加强智能网联汽车生产企业及产品准入管理，维护公民生命、财产安全和公共安全，促进智能网联汽车产业健康可持续发展，工信部发布《工业和信息化部关于加强智能网联汽车生产企业及产品准入管理的意见》，明确提出要加强数据和网络安全管理、规范软件在线升级、加强产品管理。

2021年9月，工信部印发《关于加强车联网网络安全和数据安全工作的通知》，在网络安全和数据安全基本要求，加强智能网联汽车安全防护，加强车联网网络安全防护，加强车联网服务平台安全防护，加强数据安全保护，健全安全标准体系六个方面做出部署。

2021年9月，工信部印发《关于加强车联网卡实名登记管理的通知》，启动车联网卡实名登记工作。从夯实管理职责、强化实名登记、加强个人信息保护、组织监督检查等方面提出了12项工作举措，进一步规范细化车联网卡实名登记要求。

2021年9月，交通运输部印发《交通运输领域新型基础设施建设行动方案（2021～2025年）》。立足京津冀、长三角、粤港澳大湾区、成渝双城经济圈和海南自贸港等重点区域发展战略，依托京哈、京港澳、杭绍甬、沈海、沪昆、成渝、海南环岛等国家高速公路重点路段，以及京雄高速、济青中线等城际快速通道开展智慧公路建设，提升路网运行管理水平，降低事故发生率，缓解交通拥堵，提升通行效率。

2021年11月，工信部印发《"十四五"信息通信行业发展规划》，提出重点高速公路、城市道路实现蜂窝车联网（C-V2X）规模覆盖。加快车联网部署应用，加强基于C-V2X的车联网基础设施部署的顶层设计，"条块结合"推进高速公路车联网升级改造和国家级车联网先导区建设。协同发展智慧城市基础设施与智能网联汽车，积极开展城市试点，推动多场景应用。推动C-V2X与5G网络、智慧交通、智慧城市等统筹建设，加快在主要城市道路的规模化部署，探索在部分高速公路路段试点应用。推动车联网关键技术研发及测试验证，探索车联网运营主体和商业模式创新。协同汽车、交通等行业，推广车联网应用，加速车联网终端用户渗透。加快建立车联网网络安全保障体系，扎实推进车联网卡实名登记管理，建立完善车联网卡安全管理技术手段，健全车联网网络安全防护、检查、通报、处置等制度，建设车联网产品安全漏洞专业库，推动建设车联网身份认证和安全信任能力，加快构建车联网安全态势感知技术平台，增强车联网安全保障能力。

除了国家部委相关政策之外，各地纷纷出台的"十四五"相关规划中也提到发展智能网联汽车产业，如表1-3所示。

表1-3 智能网联地方政策

省级行政区	政策	内容	时间
北京市	《北京市"十四五"时期高精尖产业发展规划》《北京市关于加快建设全球数字经济标杆城市的实施方案》《北京市智能网联汽车政策先行区总体实施方案》	2025年智能网联汽车产值突破7000亿元，智能网联汽车（L2级以上）渗透率达到80%。"十四五"时期完成1000公里智能网联道路建设，率先成为道路智能网联领先城市	2021年8月，2021年7月，2021年4月
上海市	《上海市先进制造业发展"十四五"规划》《上海市智能网联汽车示范应用场景拓展工作实施方案（2021～2023年）》	2025年智能网联汽车总体技术水平和应用规模达到国际领先，实现特定场景的商业化运营。力争实现参与企业超10家，示范应用智能网联汽车超100辆，覆盖道路范围超1000公里，年出行服务超10万单次，年末端配送超5万单次，年货运量超20万TEU（Twenty-foot Equivalent Unit，标准集装箱，是集装箱运量统计单位）。实施7项示范应用场景拓展重点任务；打造3个"新标杆"，包括打造智能出租新标杆、打造智能公交新标杆、打造智慧物流新标杆；培育2个"新业态"，包括培育无人零售新业态、培育无人配送新业态；探索2个"新模式"，包括探索观光接驳新模式、探索无人清扫新模式	2021年7月，2021年11月
广东省	《广东省制造业高质量发展"十四五"规划》	以广州、深圳、惠州、东莞、韶关、肇庆等城市为依托，加快布局发展智能网联汽车	2021年7月
江苏省	《江苏省"十四五"新型基础设施建设规划》	"十四五"时期车联网覆盖道路从770公里扩大到2000公里	2021年8月
山东省	《山东省"十四五"综合交通运输发展规划》《山东省"十四五"战略性新兴产业发展规划》	加快以智能设施、车路协同、船岸协同等技术为特征的"智慧高速""智慧港口"两个试点工程建设。建设城市道路、建筑、公共设施融合感知体系，打造基于城市信息模型、融合城市动态和静态数据于一体的"车城网"平台	2021年7月
湖南省	《湖南省"十四五"战略性新兴产业发展规划》	支持长株潭城市群等重点区域在公交车、公务车等公共服务领域率先推广应用新能源及智能网联汽车	2021年8月

续表

省级行政区	政策	内容	时间
安徽省	《安徽省新能源汽车产业发展行动计划（2021~2023年）》	支持合肥、芜湖、安庆、宣城等地建设智慧城市基础设施与智能网联汽车协同发展试点城市、智能网联汽车测试区	2021年6月
重庆市	《打造全国一流新能源和智能网联汽车应用场景三年行动计划（2021~2023年）》	全市新建车路协同道路长度超过1000公里，改造路口数量超过1200个，智慧高速公路建设超过500公里	2021年6月
广西壮族自治区	《数字广西发展"十四五"规划》	以广西（柳州）车联网先导区建设项目为依托，争取国家级车联网先导区落地。推动基于5G的车联网（5G-V2X）示范建设，普及20个以上自动驾驶试点，在港口、景区、园区、校园等区域开展封闭区间无人驾驶示范工程，推进"柳州智能网联汽车示范区"车路协同项目试点	2021年12月
河南省	《河南省加快新能源汽车产业发展实施方案》	支持郑州市创建国家级车联网先导区。鼓励在公交、环卫、物流、出租等领域和大型矿山、机场等封闭场所开展智能网联自动驾驶汽车示范应用	2021年11月
湖北省	《湖北省数字经济发展"十四五"规划》	加快升级武汉国家新能源与智能网联汽车测试示范区和国家智能网联汽车质量监督检验中心（湖北）	2021年11月
云南省	《云南省新能源汽车产业发展规划（2021~2025年）》	加快现代化V2X通信技术的研发应用。培育并引进新一代车用无线通信网络（5G-V2X）系统开发及设备生产企业，同时加快基础设施升级改造，协同推进LTE-V2X、5G等通信网络部署与交通管理信息化进程	2021年11月
海南省	《海南省信息基础设施建设"十四五"规划》	支持琼海市申报建设国家级车联网先导区。在琼海市、江东新区和环岛高速公路探索建设车路协同网络，提升LTE-V2X网络覆盖，试点建设部署5G+V2X网络，满足车联网大规模应用	2021年12月

1.4 5G车联网标准进展

2021年3月，工信部、交通运输部和国家标准化管理委员会联合印发《国家车联网产业标准体系建设指南（智能交通相关）》，国家车联网产业标准体系完成了各板块拼图。

国家车联网产业标准体系主要包括以下内容。

① 工信部联科［2017］332号《国家车联网产业标准体系建设指南（智能网联汽车）》。

② 工信部联科［2018］109号《〈国家车联网产业标准体系建设指南〉系列文件》，涵盖《国家车联网产业标准体系建设指南（总体要求）》《国家车联网产业标准体系建设指南（信息通信）》《国家车联网产业标准体系建设指南（电子产品与服务）》。

③ 工信部联科［2020］61号《国家车联网产业标准体系建设指南（车辆智能管理）》。

④ 工信部联科［2021］23号《国家车联网产业标准体系建设指南（智能交通相关）》。

1.4.1 总体要求

国家车联网产业标准体系建设结构如图1-4所示。

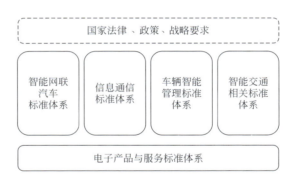

图1-4　国家车联网产业标准体系建设结构

1.4.2 智能网联汽车标准体系

到2020年，初步建立了能够支撑驾驶辅助及低级别自动驾驶的智能网联汽车标准体系。制定30项以上智能网联汽车重点标准，涵盖功能安全、信息安全、人机界面等通用技术以及信息感知与交互、决策预警、辅助控制等核心功能相关的技术要求和试验方法，促进智能化产品的全面普及与网联化技术的逐步应用。

到2025年，系统形成能够支撑高级别自动驾驶的智能网联汽车标准体系。制定100项以上智能网联汽车标准，涵盖智能化自动控制、网联化协同决策技术以及典型场景下自动驾驶功能与性能相关的技术要求和评价方法，促进智能网联汽车"智能化+网联化"融合发展,以及技术和产品的全面推广普及。

智能网联汽车标准体系结构如图1-5所示。

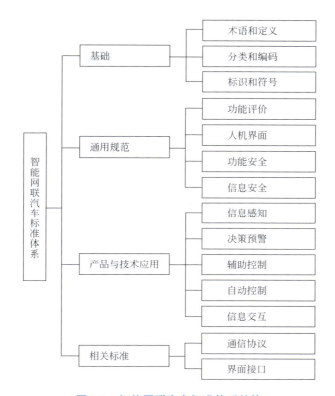

图1-5 智能网联汽车标准体系结构

智能网联汽车技术逻辑的两条主线是"信息感知"和"决策控制",其发展的核心是由系统进行信息感知、决策预警和智能控制,逐渐替代驾驶员的驾驶任务,并最终完全自主执行全部驾驶任务。智能网联汽车技术逻辑结构如图1-6所示。

智能网联汽车产品物理结构如图1-7所示。车辆控制系统、车载终端、交通设施、外接设备等按照不同的用途,通过不同的网络通道、软件或平台对采集或接收到的信息进行传输、处理和执行,从而实现不同的功能或应用。

① **功能与应用层**根据产品形态、功能类型和应用场景,分为车载信息类、先进驾驶辅助类、自动驾驶类、协同控制类等,涵盖与智能网联汽车相关各类产品所应具备的基本功能。

② **软件和平台层**主要涵盖车载计算平台和操作系统等基础平台产品,以及资讯、娱乐、导航和诊断等应用软件产品,共同为智能网联汽车相关功能的实现提供平台

图1-6　智能网联汽车技术逻辑结构

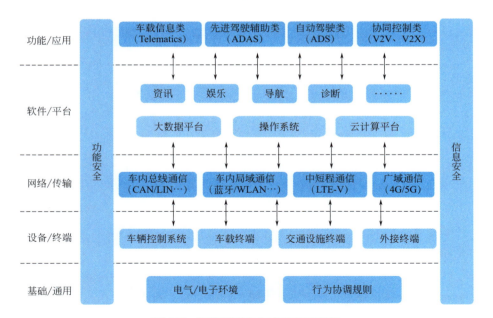

图1-7　智能网联汽车产品物理结构

级、系统级和应用级的服务。

③ **网络和传输层**根据通信的不同应用范围，分为车内总线通信、车内局域通信、中短程通信、广域通信，是信息传递的"管道"。

④ **设备和终端层**按照不同的功能或用途，分为车辆控制系统、车载终端、交通设施终端、外接设备等，各类设备和终端是车辆与外界进行信息交互的载体，同时也作为人机交互界面，成为连接"人"和"系统"的载体。

⑤ **基础和通用层**涵盖电气/电子环境以及行为协调规则。安装在智能网联汽车上的设备、终端或系统需要利用汽车电源，在满足汽车特有的电气、电子环境要求下实现其功能；设备、终端或系统间的信息交互和行为协调也应在统一的规则下进行。

此外，产品物理结构中还包括**功能安全**和**信息安全**两个重要组成部分，两者作为智能网联汽车各类产品和应用需要普遍满足的基本条件，贯穿于整个产品物理结构之中，是智能网联汽车各类产品和应用实现安全、稳定、有序运行的可靠保障。

1.4.3 信息通信标准体系

车联网产业信息通信标准体系以车、路、人、云的信息交互和相互间安全、有序、高效协同为目标，"十三五"期间重点研究制定天线技术、通信设备电磁兼容性等基础技术体系，制定基于LTE-V2X的无线通信网络建设及关键技术标准体系，探索5G技术在车联网产业领域的应用，关注效率出行类、信息娱乐类、通信服务类平台的标准化研究制定工作，制定、完善通信安全相关标准等，如图1-8所示。

车联网信息通信标准体系分为感知层（端）、网络层（管）和应用层（云）三个层次，并以共性基础技术和信息通信安全技术为支撑，如图1-9所示。

共性基础技术主要解决车联网产业涉及的共性问题，并提供有效评估手段，主要包括天线和通信设备电磁兼容性等技术。

① **"端"**是具有无线通信能力的车载终端和各种基础设施终端，可以实现车辆与其他车辆和云平台之间的信息收发以及车辆和交通状态信息的共享，包括车载无线通信终端、路侧通信设施以及个人便携式通信终端等。

② **"管"**是利用V2X、蜂窝网络等通信技术，实现车与车、车与路、车与平台、车与人等的全方位网络连接和信息交互。

③ **"云"**是综合信息和服务平台，主要包括业务平台、数据平台和支撑平台，面向各种车联网产业的应用以及应用支撑系统，提供多样化的车联网产业公共服务和行业应用。

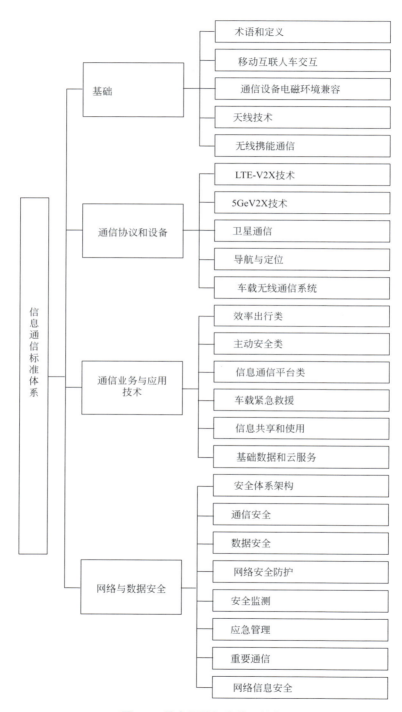

图1-8　信息通信标准体系结构

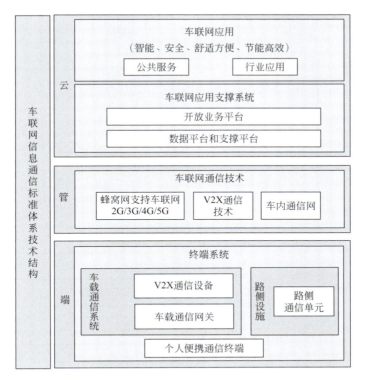

图1-9 车联网信息通信标准体系技术结构

1.4.4 电子产品与服务标准体系

重点聚焦汽车电子产品、车载信息系统、移动设备的技术要求和测试标准、服务平台标准、汽车电子设备安全类标准等。针对车联网涉及的关键电子产品进行规范，促进车联网产业发展，提供交通安全保障，如图1-10所示。

车联网基础产品和终端是实现车联网的实体，通过基础产品和终端采集并获取车辆的智能信息，感知并处理行车状态与环境，实现交通信息、导航服务、娱乐信息、安全行驶、在线商务、排放信息、远程控制、道路救援、灾害救援、车辆配置、检验维修等方面的车载信息服务。电子产品与服务标准体系技术结构如图1-11所示。

基础产品标准包括车规级功率器件、车规级集成电路、车规级传感器、高性能计算芯片等；终端标准指车载计算机、导航设备、信息娱乐终端等；软件标准包括车载操作系统、算法软件、应用软件等。

网络设备类标准主要包括固定设备和移动设备两个领域的标准。固定设备主要指路边单元、云平台设备等。移动设备主要指各类车载设备和手持移动设备，主要包括新型总线、车载电子设备、手持分析仪等。

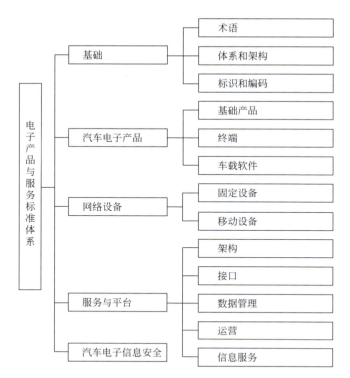

图1-10 电子产品与服务标准体系结构

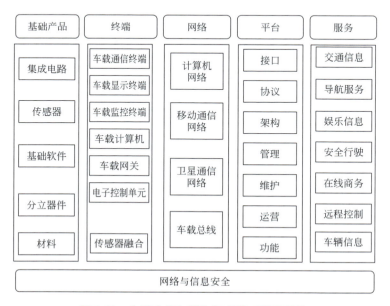

图1-11 电子产品与服务标准体系技术结构

车载服务平台标准包括平台的架构、接口、数据管理、运营以及信息服务五个方面的标准。

汽车电子信息安全类标准指汽车电子产品的入侵检测防护、访问控制、安全通信、安全态势感知等相关技术标准，包括车载系统安全、车载终端安全、车载信息与服务安全、应用软件和服务运营平台安全、车载操作系统在线升级安全等标准。

1.4.5 车辆智能管理标准体系

2020年4月，工信部、公安部和国家标准化管理委员会联合印发《国家车联网产业标准体系建设指南（车辆智能管理）》，以推动车联网技术在公安交通管理领域应用、保障车联网智能网联汽车运行安全为核心，提出智能网联汽车登记管理、身份认证与安全、道路运行管理及车辆协同管控与服务等领域国家、行业标准，如图1-12所示。

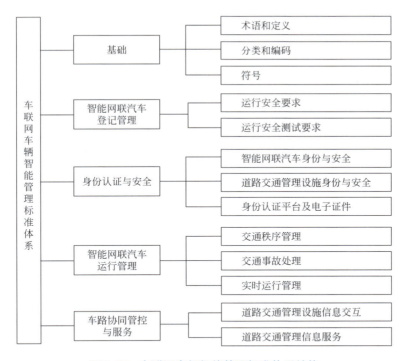

图 1-12　车联网车辆智能管理标准体系结构

到2022年底，完成基础性技术研究，制定（修订）智能网联汽车登记管理、身份认证与安全等领域重点标准20项以上，为开展车联网环境下的智能网联汽车道路测试、车联网城市级验证示范等工作提供支撑；到2025年，系统形成能够支撑车联网环境下车辆智能管理的标准体系，制定（修订）道路交通运行管理、车路协同管控与服务等业务领域重点标准60项以上。

车辆智能管理标准体系建设架构主要包括登记管理、身份认证与安全、运行管理及车辆协同管控与服务等部分，如图1-13所示。其中身份认证与安全主要包括智能网联汽车身份与安全、道路交通管理设施身份与安全、身份认证平台与电子证件3类标准。

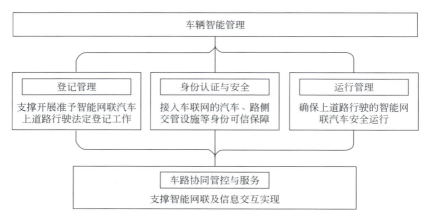

图1-13　车辆智能管理标准体系建设架构

① **智能网联汽车身份与安全**：使用可信的数字身份标识智能网联汽车真实身份，主要包括智能网联汽车数字身份编码规范、智能网联汽车数字身份通用技术规范等标准。

② **道路交通管理设施身份与安全**：车联网环境下，需要安装专用识读设备，读取或写入智能网联汽车相关身份信息；接入车联网的道路交通管理设施需加注数字身份，设施与设施、设施与系统之间需进行身份互认。主要包括道路交通管理设施数字身份通用技术规范、机动车电子证件识读设备通用技术规范等标准。

③ **身份认证平台及电子证件**：身份认证平台主要提供身份注册、身份认证、身份注销等身份管理服务，提供密钥分发管理及证书管理功能。身份认证平台包含智能网联汽车电子证件发行管理系统，用于管理电子证件发行；提供电子证件相关应用服务，主要包括机动车身份认证系统技术要求、机动车身份认证系统服务接口规范、密钥分发管理系统技术要求等标准。

1.4.6　智能交通相关标准体系

2021年3月17日，工信部、交通运输部和国家标准化管理委员会联合印发了《国家车联网产业标准体系建设指南（智能交通相关）》，主要针对智能交通通用规范核心技术及关键应用，构建包括智能交通基础标准、服务标准、技术标准、产品标准等在内的标准体系，指导车联网产业智能交通领域的相关标准制定（修订），充分发挥标准在车联网产业关键技术、核心产品和功能应用的引领作用，如图1-14所示。

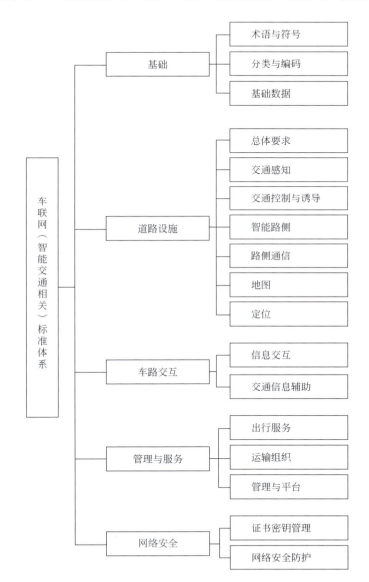

图1-14　车联网（智能交通相关）标准体系结构

到2022年底，制定（修订）智能交通基础设施、交通信息辅助等领域智能交通急需标准20项以上，初步构建起支撑车联网应用和产业发展的标准体系；到2025

年，制定（修订）智能管理和服务、车路协同等领域智能交通关键标准20项以上，系统形成能够支撑车联网应用、满足交通运输管理和服务需求的标准体系。

智能交通标准体系技术架构从智能交通基本构成要素出发，考虑车联网环境下人、车、路的协调配合，主要包括以下三个方面，如图1-15所示。

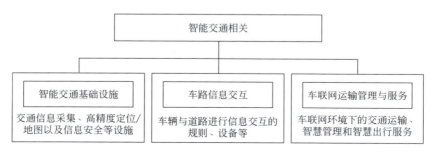

图 1-15　智能交通标准体系技术结构

① **智能交通基础设施**：重点是基于道路的交通信息感知、与车辆协同配合的智能化路侧系统。路侧系统向车辆发送高精度地理信息、定位辅助信息、交通规则信息、交通环境信息、基础设施信息、实时交通状态、危险预警提示等，车辆可实现精确定位，及时掌握路段层面信息，扩展感知范围。同时，路侧系统可实现路口、互通区、匝道区及路段范围内的协同控制，提高车辆在交叉路口、合流区、分流区、互通桥区、关键路段的运行安全和效率。此外，路侧系统将路段层面的交通状态、交通环境、交通事件等信息反馈至管控中心，提高全局感知能力。

② **车路信息交互**：重点是交通参与者与路侧基础设施的信息交互，将人、车与智能交通基础联系起来，内容包括路侧通信系统、车路信息交互规则等。此外，车辆还向路侧系统和管控中心反馈其运行信息、异常状态等，提高系统的感知精度和响应速度。

③ **车联网运输管理与服务**：侧重路网层面宏观信息感知与服务。信息中心将路网交通状态、路网交通环境、交通控制及调度、应急处理等信息发送至路侧系统，路侧系统根据需要，将信息转发至车辆。对全局性的地理数据、气象、事件等信息，信息中心可通过通信网络，直接发送到车辆。

1.4.7　车联网标准未来方向

2020年4月，工信部发布《2020年智能网联汽车标准化工作要点》，实现《国家车联网产业标准体系建设指南（智能网联汽车）》第一阶段建设目标，面向无人接驳、无人物流等新型产业模式及港口、园区、停车场等特定场景的应用示范需求完成所需技术标准的立项研究。未来加快推进各类急需关键标准出台。

统筹开展基础通用类标准制定。做好汽车驾驶自动化分级标准宣贯，完成智能网联汽车术语和定义标准立项及智能泊车功能分级标准预研；根据车用操作系统标准体系规划，完成基础通用标准预研并形成标准草案；梳理智能网联汽车信息分类与代码、数据结构及传输格式、车载计算平台、高性能信息处理单元、车载高速网络等标准需求，并适时启动立项。

加快推进汽车智能化标准制定。完成驾驶员注意力监控系统、商用车车道保持辅助系统等标准制定；加快汽车全景影像监测系统、汽车夜视系统、智能网联汽车自动驾驶系统通用技术要求，自动驾驶功能场地测试方法等标准的立项；开展抬头显示系统、组合驾驶辅助系统、自动驾驶仿真和实际道路测试方法、自动驾驶人机交互系统等标准预研并申请立项；在牵头起草自动驾驶测试场景国际标准的同时，启动我国相关标准的制定工作。

协同推动汽车网联化标准制定。完成基于LTE-V2X直连通信的车载信息交互系统、汽车信息安全通用技术要求、车载信息交互系统信息安全等标准的审查与报批；推进汽车诊断接口、风险评估、应急响应等相关标准的立项；完成智能网联汽车与移动终端信息交互功能、基于网联通信的安全预警系统等标准预研，启动智能网联汽车数字证书、车用密码等关键信息安全保障标准需求研究；开展《道路车辆　信息安全工程》（ISO 21434）和《道路车辆　网联车辆方法论》（ISO 20077）系列国际标准转化工作。

加强行业协同和标准联合研究。在车路协同、高精度地图和定位、云平台、试验场地等跨行业交叉领域，强化与相关产业标准化技术委员会的协同，促进与相关团体标准组织的对接，鼓励通过联合开展标准需求调研、跨行业联合开展标准研究等方式，持续优化和完善各类标准化的有效供给，满足智能网联汽车前瞻技术研发、跨行业协同创新及应用模式探索等需求。

1.5　5G车联网产业进展

5G车联网产业发展主要体现在互联互通测试取得进一步进展，从"四跨"测试发展到"新四跨"测试；城市级智能网联示范区向广度和深度两个方向发展；传统汽车测试场纷纷增加智能网联测试功能；车路协同是未来智慧高速建设的核心内容之一。

1.5.1 "新四跨"测试

由中国信息通信研究院、国汽（北京）智能网联汽车研究院有限公司、上海淞泓智能汽车科技有限公司共同承办的2020 C-V2X"新四跨"暨大规模先导应用示范活动在上海国际汽车城封闭测试场、上海汽车博览公园及周边开放测试道路开展。

"新四跨"参与企业从2019年的63家增加到2020年的超过100家，并且引入高精度地图和高精度定位相关企业，进一步推动了产业化进程。同时，还进行了非常有意义的大规模性能和功能测试，让车联网产品和技术支持商用更加可信、可靠。

该活动共有37家国内外整车企业、12家芯片模组企业、52家终端企业、21家CA平台和安全企业、4家图商及5家定位服务提供商共同参与。对比2019年，增幅比较大的是信息安全类企业，这主要是车联网行业对网络安全有着强烈需求。

各厂家CA系统均遵循中国通信标准化协会（CCSA）组织相关行业和企业制定的YD/T标准《基于LTE的车联网无线通信技术 安全证书管理系统技术要求》进行开发，规范了C-V2X安全证书管理系统架构和安全证书交互流程等技术要求，可以实现伪冒防御、篡改防御、隐私保护、重放防御。

"新四跨"指的是跨"芯片模组+终端+车企+安全+高精度地图和高精度定位"。引入高精度地图和高精度定位，是实现辅助驾驶和自动驾驶的必要条件，传统汽车才有可能在高精度地图覆盖的高速公路和城市道路上实现"脱手脱脚"甚至"脱脑"的智能驾驶。

考虑地理信息合规性因素，采用车企、图商、车载终端组队的形式申请偏转插件，"新四跨"路侧和车端广播消息（BSM、MAP、RSI、RSM）中涉及的高精度地图和高精度定位均采用先进行位置坐标偏转，然后再按数据传输加密的形式进行，并配合V2V、V2I场景加密方案的实施。在终端方面，要求车载终端采用高精度定位，自行配置高精度定位模块。

位置信息偏转方面，车载终端厂商按照要求申请偏转插件，实现位置信息从WGS84坐标系（地球坐标系，包含GPS芯片或者北斗芯片获取的经纬度）到GCJ02坐标系（火星坐标系，由中国国家测绘局制定，要求在我国使用的地图产品上必须是加密后的坐标）的转换。路侧消息所涉及的位置信息采用从偏转后的高精度地图上取点的方式来实现位置信息的偏转。

位置信息数据传输加密方面，路侧及车端消息（BSM、MAP、RSI、RSM）中偏转后的位置信息采用国产密码SM4算法和FPE保留格式加密模式，保障编码符合

ASN.1 要求。

除此之外，"新四跨"特别增加了大规模测试环节，即验证相关产品在大规模车辆密集通信场景下，性能和功能均能保持正常。未来真实的交通环境中，支持智能网联的车辆，将会和周边大量（几十辆甚至几百辆）同样支持智能网联的车辆，以及路侧基础设施之间进行通信。

通过 C-V2X 大规模测试系统，包括 180 台背景车 OBU 与一台 RSU 设备，共同构成大规模终端测试环境。测试系统开启安全证书机制，搭载硬件安全芯片，支持应用层拥塞控制，能够模拟真实道路环境下的大规模车辆密集通信场景。

测试车辆需要通过通信性能测试项目与功能测试项目，涉及车车间、车路间、直行道路、交叉路口等多种场景下的 C-V2X 通信性能和应用场景功能的测试。

其中通信性能测试，是由测试系统发送 BSM、RSM、RSI、SPAT、MAP 五种消息，对被测车辆进行测试，并支持导出丢包率、时延等关键通信指标的测试结果；应用功能测试包括车车间前向碰撞预警、盲区预警、交叉路口碰撞预警、车路间红绿灯调度、弱势交通参与者预警等。

以"直线道路通信性能测试-被测单元间"为例，在一条 300 米长的直线道路沿路两侧铺设 OBU 来模拟背景车辆，每 5 米铺设一组。被测车辆有两辆，两车相向行驶，初始距离为 200 米，车速均为 40 公里/时。以时间为自变量，绘制两车在接收消息时的丢包率、时延等参数随时间的变化图。

以"十字路口通信性能测试-被测单元间"为例，沿交叉路口不同方向道路，每 5 米铺设一组 OBU 来模拟车辆。两车位于十字路口相邻两个方向的道路上，两车车速为 20 公里/时、40 公里/时、60 公里/时，初始位置距路口 150 米，分别沿道路向路口行驶，车 A 在路口停止，车 B 则直行通过路口。以两车相对距离为自变量，绘制被测车辆在接收消息时的丢包率、时延等参数与距离的关系图。

"新四跨"演示了 16 种业务场景，其中包括"聪明"的车相关的前向碰撞预警、盲区预警、路段透视（See Through）/故障车辆提醒、紧急车辆避让、左转辅助；"智慧"的路相关的车内标牌（全路段禁停预警、前方行人提醒、前方学校提醒、向右急转弯预警、禁止鸣笛预警、前方加油站提醒）、红绿灯信息推送/绿波通行、弱势交通参与者提醒；安全机制验证场景相关的伪造红绿灯防御、伪造紧急车辆防御、异常行为检测[7]。

1.5.2 城市级智能网联示范区

我国正积极开展城市级智能网联示范区建设，部委级、城市级和企业级智能网联测试示范区已超过 80 个。

工信部、交通运输部、住建部、发改委等均在积极推进城市级智能网联测试示范区工作。工信部授权国家级测试示范区10家和先导区4家，交通运输部授权4家，工信部与交通运输部联合授权3家，住建部授权6家，工信部与住建部联合授权6家；发改委推进上海基于智能汽车云控基础平台的"车路网云一体化"综合示范建设项目；2021年7月，工信部科技司公布"2021年产业技术基础公共服务平台——建设5G+车联网先导应用环境构建及场景试验验证公共服务平台项目中标候选人"共3家，如表1-4所示。

表1-4　部委推进的城市级智能网联测试示范区汇总

部委推进	省级行政区	城市	名称
工信部	吉林	长春	国家智能网联汽车应用（北方）示范区
	北京、河北	北京、河北各地市	国家智能汽车与智慧交通（京冀）示范区
	上海	上海	国家智能网联汽车（上海）试点示范区
	江苏	无锡	国家智能交通综合测试基地（无锡）
	浙江	杭州、嘉兴	浙江5G车联网应用示范区
	湖北	武汉	国家智能网联汽车（武汉）测试示范区
	湖南	长沙	国家智能网联汽车（长沙）测试区
	广东	广州	广州智能网联汽车与智慧交通应用示范区
	四川	成都	中德合作智能网联汽车车联网四川试验基地
	重庆	重庆	国家智能汽车集成系统实验区（i-VISTA）
	江苏	无锡	江苏（无锡）国家级车联网先导区
	天津	天津	天津（西青）国家级车联网先导区
	湖南	长沙	湖南（长沙）国家级车联网先导区
	重庆	重庆	重庆（两江新区）国家级车联网先导区
交通运输部	北京	北京	北京通州国家运营车辆自动驾驶与车路协同测试基地
	重庆	重庆	重庆车检院自动驾驶测试应用示范基地
	陕西	西安	长安大学车联网与智能汽车试验场
	北京	北京	国家智能汽车与智慧交通（京冀）示范区亦庄基地
工信部和交通运输部联合	江苏	泰兴	自动驾驶封闭场地测试基地（泰兴）
	上海	上海	上海临港智能网联汽车综合测试示范区
	湖北	襄阳	襄阳市智能网联汽车道路测试封闭试验场

续表

部委推进	省级行政区	城市	名称
住建部	浙江	宁波	宁波城市智慧汽车基础设施和机制建设试点
	福建	泉州	泉州城市智慧汽车基础设施和机制建设试点
	福建	莆田	莆田城市智慧汽车基础设施和机制建设试点
	湖北	武汉	武汉城市智慧汽车基础设施和机制建设试点
	浙江	德清	德清城市智慧汽车基础设施和机制建设试点
	广东	广州	广州城市智慧汽车基础设施和机制建设试点
工信部和住建部联合	北京	北京	北京智慧城市基础设施与智能网联汽车协同发展试点
	上海	上海	上海智慧城市基础设施与智能网联汽车协同发展试点
	广东	广州	广州智慧城市基础设施与智能网联汽车协同发展试点
	湖北	武汉	武汉智慧城市基础设施与智能网联汽车协同发展试点
	湖南	长沙	长沙智慧城市基础设施与智能网联汽车协同发展试点
	江苏	无锡	无锡智慧城市基础设施与智能网联汽车协同发展试点
发改委	上海	上海	上海基于智能汽车云控基础平台的"车路网云一体化"综合示范
工信部科技司	广西	柳州	广西柳州市东城投资开发集团有限公司、中国移动通信集团广西有限公司、广西壮族自治区公众信息产业有限公司、上汽通用五菱汽车股份有限公司、东风柳州汽车有限公司、广西柳工机械股份有限公司、广西汽车集团有限公司、信通院车联网创新中心（成都）有限公司、重庆邮电大学、中汽研软件测评（天津）有限公司联合体
	广东	广州	广州汽车集团股份有限公司、国汽（北京）智能网联汽车研究院有限公司、广东省智能网联汽车创新中心有限公司、科学城（广州）投资集团有限公司、广州花都汽车城发展有限公司、广州市智慧城市投资运营有限公司、广州信息投资有限公司、中国移动通信集团广东有限公司、高新兴科技集团股份有限公司、北京四维图新科技股份有限公司、佳都科技集团股份有限公司、威凯检测技术有限公司、广州市公共交通集团有限公司、广州沃芽科技有限公司联合体
	广东	深圳	深圳市城市交通规划设计研究中心股份有限公司、中国电子技术标准化研究院、北京理工大学、深圳市特区建设发展集团有限公司、华为技术有限公司、比亚迪汽车工业有限公司、深圳巴士集团股份有限公司、深圳市智慧城市通信有限公司、中移（上海）信息通信科技有限公司、深圳市发掘科技有限公司联合体

除了部委推进的城市级智能网联测试示范区外，据不完全统计，还有超过40个城市级及企业级测试示范点，遍布我国华东、华中、华北、东北、华南、西南、西北地区，初步形成由封闭测试场、半开放道路和开放道路组成的智能网联汽车外场测试验证体系，如表1-5所示。

表1-5 城市级智能网联测试示范区汇总

区域	省级行政区	城市	名称
华东	上海	上海	国家智能网联汽车（上海）试点示范区*：封闭测试区（F-Zone）、研发科研区（T-Zone）和科普体验区（E-Zone）
		上海	上海临港智能网联汽车综合测试示范区*
		上海	上海基于智能汽车云控基础平台的"车路网云一体化"综合示范*
		上海	上海智慧城市基础设施与智能网联汽车协同发展试点*
		上海	奉贤区自动驾驶汽车测试示范区
	江苏	无锡	国家智能交通综合测试基地（无锡）*
		无锡	无锡智慧城市基础设施与智能网联汽车协同发展试点*
		南京	南京秦淮区、建邺区、溧水区、江宁区智能网联开放测试区
		苏州	苏州工业园区、相城区智能网联汽车公共测试道路
		常熟	常熟中国智能车综合技术研发与测试中心
		南通	南通崇川车联网产业示范园区
		常州	国家智能交通测试及应用推广基地（常州）
		泰兴	自动驾驶封闭场地测试基地（泰兴）*
		盐城	中汽中心盐城汽车试验场、盐城经济技术开发区
	浙江	杭州、嘉兴	浙江5G车联网应用示范区*（杭州云栖小镇和嘉兴桐乡乌镇）
		杭州	杭州余杭区未来科技城、萧山区5G智能网联车路协同系统
		宁波	宁波城市智慧汽车基础设施和机制建设试点*
		宁波	宁波杭州湾新区智能汽车产业平台
		嘉兴	嘉兴嘉善产业新城智能网联汽车测试场
		德清	德清城市智慧汽车基础设施和机制建设试点*
	安徽	合肥	智能网联汽车塘西河公园5G示范运行线、滨湖国家森林公园、包河区政府园区
		芜湖	芜湖奇瑞汽车V2X示范场地、芜湖市高新区智能网联汽车示范区
		池州	新能源与智能网联汽车综合测试研发基地（池州）

续表

区域	省级行政区	城市	名称
华东	福建	福州	福州市长乐区5G+滨海新城车路协同示范应用、琅岐车路协同项目
		平潭	福州市平潭县无人驾驶汽车测试基地
		罗源	福州市罗源县5G车路协同自动驾驶联合实验基地
		厦门	厦门BRT 5G公交站系统
		漳州	无人驾驶汽车社会实验室（厦门湾漳州开发区）
		泉州	泉州城市智慧汽车基础设施和机制建设试点*
		莆田	莆田城市智慧汽车基础设施和机制建设试点*
	山东	青岛	即墨智能网联汽车测试基地
		青岛	海信车路协同测试基地（崂山研发中心）
	江西	各地市	南昌市、上饶市、赣州市、九江市、鹰潭市、新余市、景德镇市和赣江新区等地开展智能网联汽车试点
华中	湖南	长沙	国家智能网联汽车（长沙）测试区*
		长沙	长沙智慧城市基础设施与智能网联汽车协同发展试点*
	湖北	武汉	国家智能网联汽车（武汉）测试示范区*、武汉城市智慧汽车基础设施和机制建设试点*、武汉智慧城市基础设施与智能网联汽车协同发展试点*
		襄阳	襄阳市智能网联汽车道路测试封闭试验场*
	河南	郑州	郑州航空港实验区智能网联示范区、郑州市郑东新区智慧岛5G公交、郑州市郑东新区龙湖区无人驾驶公交系统工程、郑州宇通客车股份有限公司基于5G的车路协同车联网大规模验证与应用项目
		许昌	许昌芙蓉湖5G自动驾驶示范区
		鹤壁	鹤壁5G智能网联试验区
华北	北京、河北	北京、河北各地市	国家智能汽车与智慧交通（京冀）示范区*：北京市经济技术开发区5G车联网创新示范区、北京市海淀区中关村自动驾驶创新示范区、北京市顺义区智能网联汽车创新生态示范区、北京市房山区5G自动驾驶示范区、北京市石景山区首钢冬奥示范区、河北省保定徐水长城智能网联测试示范区、河北省雄安新区市民服务中心交通先行示范区、河北省沧州市区级全域自动驾驶可载人测试路网等
		北京	北京通州国家运营车辆自动驾驶与车路协同测试基地*
		北京	北京智慧城市基础设施与智能网联汽车协同发展试点*

续表

区域	省级行政区	城市	名称
华北	天津	天津	天津（西青）国家级车联网先导区*
	天津	天津	东丽区、滨海新区的智能网联汽车特色应用示范，天津港智慧港口无人驾驶集装箱卡车应用，天津南站轨道交通与道路交通联动智能化应用，海河教育园区智慧公交产教研示范平台
	山西	阳泉	山西省交通强国建设试点自动驾驶车路协同示范区
东北	吉林	长春	国家智能网联汽车应用（北方）示范区*
	吉林	长春	一汽-大众汽车农安试验场
	辽宁	沈阳	中德（沈阳）高端装备制造产业园基于5G的车路协同车联网大规模验证与应用
	辽宁	沈阳	沈阳汽车城基于5G的车路协同车联网大规模验证与应用工程（一期）
	辽宁	盘锦	辽宁省的北汽盘锦无人驾驶汽车运营项目
华南	广东	广州	广州智能网联汽车与智慧交通应用示范区*、广州城市智慧汽车基础设施和机制建设试点*、广州智慧城市基础设施与智能网联汽车协同发展试点*
	广东	深圳	深圳智能网联交通测试示范区
	广东	惠州	惠州智能网联示范区
	广东	肇庆	肇庆自动驾驶城市路测示范区
	广西	柳州	柳州智能网联汽车示范区
	海南	博鳌	博鳌乐城智能网联汽车示范项目
	海南	琼海	琼海汽车试验场智能网联示范项目
西南	重庆	重庆	国家智能汽车集成系统实验区（i-VISTA）*：城市模拟道路测试评价及试验示范区（北部新区中国汽研礼嘉园区）、重庆西部汽车试验场（垫江县黄沙镇）、两江新区智能汽车与智能交通开放道路试验区、5G自动驾驶开放道路场景示范运营基地（渝北区仙桃国际大数据谷）
	重庆	重庆	中国汽研智能网联汽车试验基地（大足基地）
	重庆	重庆	重庆车检院自动驾驶测试应用示范基地*
	重庆	重庆	重庆永川车路协同测试示范区
	四川	成都	中德合作智能网联汽车车联网四川试验基地*
	四川	成都	高新区中国（成都）5G未来城自动驾驶车路协同规模化示范应用
	四川	德阳	德阳Dicity智能网联汽车测试与示范运营基地
	贵州	贵阳	贵阳市智能网联汽车开放道路测试区域

续表

区域	省级行政区	城市	名称
西北	陕西	西安	长安大学车联网与智能汽车试验场*
		西安	西安市国际港务区第十四届全运会"5G无人驾驶示范线路"试点
	宁夏	银川	中国银川智能网联汽车测试与示范运营基地

注：*表示的是由部委推进的城市级智能网联测试示范区。

城市级智能网联示范区建设内容主要包括"仿真实验+封闭测试场+半开放道路+开放道路"四级架构。

① **仿真实验**方面，通过建设计算机虚拟环境仿真测试、环境感知传感器仿真测试、导航定位系统仿真测试、V2X通信系统仿真测试等，模拟"虚拟"交通测试环境，构建出自然驾驶场景、法规场景、事故场景数据库，为智能交通和自动驾驶汽车技术迭代提供支撑。仿真实验相比真实测试环境，可以提供无限可能性。例如基于高精度地图和模拟仿真技术可以数字化建模构建测试区的地理全貌，再配合ADAS、V2X、信息娱乐、动力系统、车身等集成系统构建的仿真环境，可以进行安全高效的智能网联汽车研发、测试评价、系统认证等各方面工作。

② **封闭测试场**方面，在传统汽车试验场基础上改造实现，或者新建。交通运输部2018年7月发布《自动驾驶封闭场地建设技术指南（暂行）》规定，封闭测试场地应至少含有直线道路、弯道路段、道路出入口、坡道路段等测试道路；应至少设置人行横道、减速丘、道路限速、道路施工、停车让行、减速让行和锥形交通路标等交通控制设施，有条件的场地可设置可变情报板、可变限速板、潮汐车道等控制设施；应至少含有一处双向十字形交叉路口或双向丁字形路口、一处环岛；应能提供控制车辆、假人、模拟隧道、惯性导航、车载定位设备、摄像头等测试工具以及非机动车隔离栏等设施；应具备全覆盖、低时延的路侧通信设备，无线通信设备应支持802.11p、LTE-V2X、5G、Wi-Fi中至少一种协议，有线通信设备应具备光端机接口和RJ45接口。按照封闭测试场的测试能力，可分为三个层次：L1级和L2级自动驾驶的ADAS测试；L3级及以上等级自动驾驶的测试；车车通信，车路协同系统和装备的测试。

③ **半开放道路**方面，主要是在城市的机场、港口、工业园区、旅游景区等相对封闭的半开放路段，加装V2X、红绿灯、智慧路灯、智慧站台、充电桩等设施，从而实现单车自动驾驶、自主泊车、自适应巡航、车辆紧急制动、自动循迹行驶、自动避障等，以及网联编队行驶、路口信号灯交互、道路标牌识别交互、盲区检测、

交叉车辆碰撞预警、弱势行人保护、道路危险状况预警等各种场景。半开放道路由于交通运行环境相对简单，是除了专门建设的封闭测试场外，优先选择进行智能网联示范建设的区域。

④ **开放道路**方面，工信部、公安部、交通运输部在2018年4月印发《智能网联汽车道路测试管理规范（试行）》，规定了测试主体、测试驾驶人及测试车辆，测试申请及审核流程，测试管理，交通违法和事故处理等内容。比较重要的是，在开放道路上进行智能网联汽车道路测试，需要具备如下几个条件：测试主体在封闭道路、场地等特定区域进行过实车测试，具备进行道路测试的条件；测试主体向公安机关交通管理部门申领试验用机动车的临时行驶车号牌；测试驾驶人应始终处于测试车辆的驾驶座位上、始终监控车辆运行状态及周围环境，随时准备接管车辆。

城市级智能网联示范区建设路径一般是"小规模试点示范-规模试点示范-局部区域全覆盖-全城覆盖"四个阶段。

① **城市智能网联小规模试点示范**，一般是在城市中选取几公里开放道路、若干个交叉路口等，开展车联网通信技术验证，并进行少量应用场景测试。

② **城市智能网联规模试点示范**，一般是在较大范围进行道路智能化和网联化建设，改造几百个交叉路口路侧管控及通信设施，并进行平台建设。面向普通用户提供覆盖V2I/V2V/V2P/V2N的交通红绿灯信息推送、交通事件提醒、主动安全预警、周边交通状况实时获取等更加丰富的应用场景信息服务；面向公交车、急救车、消防车等社会服务车辆，提供优先通行等服务场景；面向不同类型的自动驾驶车辆提供车路协同服务。

③ **城市智能网联局部区域全覆盖**，一般是实现城市局部区域的智能网联全面覆盖，对区域内交叉路口、环岛、立交桥、隧道、公交站场、主辅路等各种场景，部署路侧管控及通信设施，提供基于V2X的各类增强服务场景。车载智能网联终端渗透率达到30%以上，基本完成基于"人-车-路-网-云-图"协同的城市智慧交通体系建设。

④ **城市智能网联全城覆盖**，终极目标是实现全城全区域覆盖，车载智能网联终端渗透率达到50%以上，并引导保险、金融、出行、能源等社会资本投入，提升出行服务水平和赋能自动驾驶。

提升出行服务水平方面，通过车路协同为驾驶者提供更加精准、实时、主动的车道级路况信息，动态实时获取前方路况、道路施工情况，在出行之前或者过程中第一时间获取可变车道、潮汐车道、可变限速等各类动态信息。

赋能自动驾驶方面，通过推送红绿灯信息起到车速引导作用，作为自动驾驶的一种辅助性支撑信息；路侧斑马线上的摄像头检测到有行人，即时推送信息至车辆，使车辆提前做出避让决策；提前获取交通事故等事件信息，选择最佳通行路线；路口盲区会车/变道时，发送预警信息，为车辆自动驾驶提供支撑。

总体来看，城市级智能网联示范区向广度和深度两个方向发展，广度上越来越多的城市参与到智能网联产业的打造和发展中，深度上按照建设内容和建设路径的不同阶段进行拓展[8]。

1.5.3 智能网联封闭测试场[9]

封闭测试场既包括传统汽车试验场，也包括在各种试验道路基础上增加智能化和网联化功能的智能网联汽车封闭测试场。与传统汽车试验场测试不同，智能网联汽车封闭测试场的测试重点是考核车辆对交通环境的感知及应对能力，是面向车-车、车-路、车-人等耦合系统的测试。

传统汽车试验场是整车道路试验的场所，重现汽车使用过程中遇到的各种道路条件。主要任务是鉴定汽车产品质量、研发认证新产品、提供路谱采集条件、研究汽车法规标准等，针对汽车动力传动性、疲劳耐久、振动噪声、操纵稳定性等方面进行测试，考核车辆与道路之间的相互作用力[10]。理论上，新车在试验场耐久试验道上行驶8000公里，相当于在国家公路上行驶10万公里。

智能网联封闭测试场或自动驾驶汽车测试场按照不同的测试场景，可以分为 T1～T5 五个级别。

① T1 为最基础的笔直道路，只有红绿灯等简单交通设置。
② T2 为简单城市场景，可让自动驾驶车辆实现右转。
③ T3 为常见城市场景，有城市平面立交桥。
④ T4 为复杂城市场景，有隧道、林荫道等设置。
⑤ T5 为特殊城市场景，可实现雨雾、湿滑路面等复杂交通和天气环境。

据不完全统计，全国有超过50个封闭测试场（已建成和待建设），其中有30多个具备智能网联汽车测试能力，如表1-6所示。

表1-6 封闭测试场汇总

区域	省级行政区	城市	名称	所属单位
华东	上海	上海	上海大众安亭试车场	上海大众
			国家智能网联汽车（上海）试点示范区封闭道路测试区*	上海国际汽车城（集团）有限公司
			上海临港智能网联汽车综合测试示范区*	上海临港智能网联汽车研究中心有限公司

续表

区域	省级行政区	城市	名称	所属单位
华东	江苏	南京	高淳区福特测试中心	福特
		无锡	国家智能交通综合测试基地（无锡）*	公安部交通管理科学研究所
		常熟	中国智能车综合技术研发与测试中心*	中国科学院自动化研究所、西安交通大学、长安大学、青岛智能产业技术研究院
		常熟	丰田汽车中国研发中心	丰田
		东海	博世东海夏季测试场	博世
		泰兴	自动驾驶封闭场地测试基地（泰兴）*	国家ITS中心智能驾驶及智能交通产业研究院
		盐城	中国汽车技术研究中心盐城汽车试验场*	中国汽车技术研究中心
	浙江	宁波	吉利汽车试验场	吉利与沃尔沃
		嘉兴	嘉善智能网联汽车产业园5G封闭测试场*	嘉善产业新城
		杭州	杭州云栖小镇测试场	阿里云
		嘉兴	嘉兴桐乡封闭测试场*	中电海康集团有限公司
		德清	智能网联汽车封闭测试场*	德清车百高新智能汽车示范区运营有限公司
	安徽	定远	中国定远汽车试验场	中共中央军委装备发展部
		广德	广德试车场	上海通用汽车有限公司
	福建	福州	平潭无人驾驶汽车测试基地*	平潭综合实验区管委会
	山东	济南	齐鲁交通智能网联高速公路测试基地	齐鲁交通发展集团
		东营	华东（东营）智能网联汽车试验场	中国一汽、赛轮集团
		青岛	即墨智能网联汽车测试基地*	一汽大众西侧零部件园区管委会
华中	湖南	长沙	湘江新区智能系统测试区*	湖南湘江新区未来智能科技发展有限公司
	湖北	武汉	智能网联汽车封闭测试场*	武汉智慧生态建设投资有限公司、武汉新兴汽车产业发展有限公司
		襄阳	襄阳汽车试验场/襄阳市智能网联汽车道路测试封闭试验场*	东风汽车工程研究院

续表

区域	省级行政区	城市	名称	所属单位
华北	北京	北京	交通运输部公路交通试验场/北京通州国家运营车辆自动驾驶与车路协同测试基地*	交通运输部公路科学研究所
		北京	亦庄测试基地*	北京智能车联产业创新中心
		北京	海淀测试基地*	北京智能车联产业创新中心
		北京	顺义北小营镇无人驾驶封闭测试场*	北京顺创智能网联科技发展有限公司
	河北	保定	徐水长城汽车综合试验场*	长城汽车
	天津	天津	西青区王稳庄镇封闭测试场*	国家智能网联汽车质量监督检验中心（天津）
	内蒙古	呼伦贝尔	中国汽车技术研究中心呼伦贝尔冬季汽车试验场	中国汽车技术研究中心
	内蒙古	呼伦贝尔	博世（呼伦贝尔）汽车测试技术中心	博世
	内蒙古	满洲里	满洲里冬季试验场	上汽
东北	吉林	长春	国家智能网联汽车应用（北方）示范区净月测试场*	启明信息技术股份有限公司
		长春	一汽-大众汽车农安试验场	一汽-大众
	辽宁	大连	东风日产大连试车场	东风日产
	黑龙江	黑河	黑河红河谷汽车测试中心	黑龙江红河谷股份有限公司
华南	广东	广州	增城区广州本田汽车试验场	广汽本田
		广州	番禺区广汽智能网联汽车封闭测试场*	广汽
		广州	南沙区庆盛智能网联汽车封闭测试场*	广州南沙开发区管委会、广东省交通集团有限公司、交通运输部公路科学研究院
		广州	花都区智能网联汽车封闭测试场*	东风日产
		广州	中国汽车技术研究中心华南基地*	中国汽车技术研究中心
		广州	增城区工信部电子五所测试场*	工信部电子五所

续表

区域	省级行政区	城市	名称	所属单位
华南	广东	韶关	南方（韶关）智能网联新能源汽车试验检测中心*	广汽
		肇庆	肇庆高新区测试基地	工信部电子五所（赛宝实验室）
		深圳	比亚迪汽车试验场	比亚迪
		汕尾	比亚迪陆河试车场	比亚迪
		深圳	坪山智能网联汽车封闭测试场*	深圳市未来智能网联交通系统产业创新中心
	海南	琼海	海南琼海汽车试验场*	一汽集团
西南	重庆	重庆	城市模拟道路测试评价及试验示范区*	中国汽研
		重庆	重庆西部汽车试验场	长安汽车
		重庆	中国汽研智能网联汽车试验基地（大足基地）*	中国汽研
		重庆	重庆机动车强检试验场/重庆车检院自动驾驶测试应用示范基地*	重庆车辆检测研究院
	四川	成都	中德合作智能网联汽车车联网四川试验基地*	成都市龙泉驿区管委会
		德阳	德阳Dicity智能网联汽车测试与示范运营基地*	中国汽车技术研究中心、中国人工智能学会及密歇根大学
西北	新疆	乌鲁木齐	上海大众新疆试车场	上海大众
	陕西	西安	长安大学车联网与智能汽车试验场*	长安大学
	宁夏	银川	中国银川智能网联汽车测试与示范运营基地*	中国汽车技术研究中心

注：*表示的是具备智能网联汽车测试能力的封闭测试场。

交通运输部认定4个智能网联封闭测试场，分别是北京通州国家运营车辆自动驾驶与车路协同测试基地、重庆车检院自动驾驶测试应用示范基地、长安大学车联网与智能汽车试验场、国家智能汽车与智慧交通（京冀）示范区亦庄基地；工信部和交通运输部联合认定3个智能网联封闭测试场，分别是自动驾驶封闭场地测试基地（泰兴）、上海临港智能网联汽车综合测试示范区、襄阳市智能网联汽车道路测试封闭试验场。

（1）北京通州国家运营车辆自动驾驶与车路协同测试基地

公路交通综合试验场总占地面积3600亩（1亩≈666.67平方米，下同），定位为自动驾驶和车路协同的产品研发及系统测试平台、标准制定（修订）的研究平台、新技术示范应用、成果转化的基地。公路交通综合试验场的试验道路总长达30余公里，拥有面向自动驾驶测试的智能驾驶试验路、动态广场、高速环道、长直线性能试验路、标准坡道和干操控路等试验道路。建成自动驾驶研究与测试相关方向实验室5个，相关设备共110余台（套）。

在车路协同技术测试中，主要针对营运车辆V2X应用场景测试，为交通行业标准《营运车辆服务车路交互信息集》的制定提供场地测试验证服务，应用场景包含安全、效率、信息服务三大类18个场景。同时对营运车辆进行队列行驶试验，研究队列驾驶技术的可行性、驾驶模式以及节能效果、安全性等[11]。

（2）重庆车检院自动驾驶测试应用示范基地

重庆车检院自动驾驶测试应用示范基地位于高新区金凤镇，占地约500亩，总投资近6亿元，拥有隧道、雨雾路段、公交车站、学校区域、应急避险车道、高速公路服务区等交通场景，具备模拟城市道路、高速公路、多车道等场景下的L1～L4级自动驾驶，以及基于5G-V2X的车-车、车-路、车-人等协同通信测试评价能力。

基地是在重庆机动车强检试验场的基础上，通过智能化改建而成，部署了12座具备专用短程通信、高精度定位、环境感知等功能的复合路侧基础设施及路侧终端、车载终端与智能监控系统。基地建设了48种以道路为基础的自动驾驶与车路协同测试应用场景，其中网联协同类场景28个，自动驾驶类20个，包含安全类、效率类、服务类、通信能力类、车辆性能类、驾驶行为类、异常处理能力类、退出机制类以及操作类[12]。

（3）长安大学车联网与智能汽车试验场

长安大学车联网与智能汽车试验场是在原长安大学渭水校区汽车综合性能试验场（全国高校唯一的A级汽车性能试验场）基础上，进行电子化、信息化、智能化改造完成的。占地423亩，建有全长2.4公里的汽车高速环形跑道、1.1公里直线试车道、1.3万平方米的操纵稳定性试验广场、汽车驾驶训练场。

试验场集成了LTE、LTE-V、DSRC、Wi-Fi、EUHT五种无线网络，构建了较为完备的车联网通信体系。同时研发并配备了无人车、智能网联汽车、无人车室内测试机电一体化系统、半实物仿真测试平台、交通信号控制系统、视频监控系统、UWB定位系统、龙门架、模拟隧道、地感线圈、ETC系统、光纤网络、高性能服务器等各种测试装备，完成了部分试验道路的智能化。可满足行人避撞、自行车避撞、紧急停车避撞、红绿灯自动识别、自动穿行隧道、车-路信息交互、车-车交互、侧向超车、远程视频监控、穿行 S 形路障、各种城市/高速/乡村公路应用场景下的车联网与智能汽车测试需求[13]。

（4）国家智能汽车与智慧交通（京冀）示范区亦庄基地

国家智能汽车与智慧交通（京冀）示范区亦庄基地，占地面积 650 亩，位于兴亦路及京福路交叉路口旁，基地覆盖高速、城市、乡村道路环境，除了常见的测试场景外，还包含隧道、雨雾、模拟光照、湿滑路面、收费站、服务区、铁路道口等场景，全面支持北京市 12 米以下自动驾驶车辆能力评估 T1～T5 的全场景测试[14]。

（5）自动驾驶封闭场地测试基地（泰兴）

自动驾驶封闭场地测试基地（泰兴）总体规划 2500 亩，一期投资 6 亿元，占地 600 亩。基地建设依托交通运输行业智能商用车领域唯一国家级检测中心——国家智能商用车质量监督检验中心，满足交通运输部营运车辆安全达标检测标准相关要求，并符合《营运车辆自动紧急制动系统性能要求和测试规程》（JT/T 1242—2019）对测试场地的要求。

同时，基地面向自动驾驶及车路协同关键技术，构建软/硬件在环仿真测试、整车在环仿真测试、封闭场景测试、半开放道路测试、开放道路测试五大研究测试验证平台，打造全要素、全流程、全生命周期产品研究验证评价体系，覆盖单车智能、网联智能、道路智能等相关领域，开展研发测试、法规认证、监督检验全链条检测[15]。

（6）上海临港智能网联汽车综合测试示范区

上海临港智能网联汽车封闭测试示范区建设分为两期。一期利用临港科技城园区 3.2 平方公里内 4.7 公里道路及 D08-02 地块构建封闭测试道路和核心测试广场，部署 9 个交叉路口路侧管控及通信设施。二期以核心测试广场为连接向临港科技园区 4 平方公里区域拓展，测试道路长度拓展 5～10 公里，包括高速公路、城市道路、长度为 500 米的模拟隧道（卫星及通信信号屏蔽，夜光及低光环境）、长度为 500 米可控降雨模拟道路等。

依托临港的区位优势，示范区能够满足自动驾驶集卡车、乘用车、公交车等不同类型车辆的多方位测试需求，为车企提供集"港口与机场、产业区与城市生活区、高速公路与城市道路、乡村道路"于一体的测试与示范运营场景[16]。

（7）襄阳市智能网联汽车道路测试封闭试验场

襄阳市智能网联汽车封闭测试路段，位于达安汽车检测中心有限公司内部，四期试车场项目规划征地 1629 亩，总投资 24 亿元，建设工程包括智能车路协同能力建设、专用短程通信网络、高精度定位基站、路测传感等路侧设备建设，关键车路协同场景验证、无人驾驶关键场景验证等。测试内容包括行人及交通标志的识别响应、联网通信、自动泊车、一键召车等场景[17]。

1.5.4 智慧高速公路车路协同示范

智慧高速公路是我国高速公路建设的热点之一，车路协同又是未来智慧高速公路建设的核心内容之一。高速公路运行环境相对简单、主体权责清晰、路侧机电设施齐全，具备开展车路协同创新示范的良好条件。全国有超6000公里的高速公路已经或将要在其部分路段开展车路协同创新示范工作，如表1-7所示。

表1-7 智慧高速公路和车路协同示范

省级行政区	公路	里程	关键时间点
北京、河北	延崇高速	116公里，其中北京段33.2公里	·2018年12月开放，开展车路协同智能驾驶演示 ·2019年12月L4级自动驾驶和队列跟驰测试 ·2021年8月延崇高速（河北段）延伸工程通车
	大兴新机场高速	27公里	2019年7月开放
	京雄高速	97公里，其中北京段27公里	·2019年8月，京雄高速一期工程开工建设 ·2021年5月底，河北段正式通车
	荣乌高速新线	72.8公里	2021年5月底正式通车
	京德高速	一期87公里	·2021年5月底一期正式通车 ·2021年9月二期开工建设
北京、天津、河北、山东、江苏、上海	G2京沪高速	1218公里	·计划于2022年下半年完成验收 ·截至2021年4月，江苏段扩建工程正在进行，山东段已经完成双向八车道改造
天津	津石高速	233.5公里	2020年12月开通
吉林	珲乌高速	885公里	·2019年建设完成新一代国家交通控制网和智慧公路示范项目，2020年将示范成果在全省高速公路推广 ·2020年12月项目完成交付，进入试运行阶段
	国道丹阿线（G331）	9301公里	·2020年11月，交通运输部第二批交通强国试点单位的"试点方案" ·通过1～2年完成智慧提升工程需求分析、可研方案和初步设计；通过3～5年，完成智慧工程重点路段实施
江苏	新一代国家交通控制网（常州）试点工程	1平方公里半开放测试场和3平方公里开放测试场	·2018年作为交通运输部试点启动 ·2021年1月验收，是交通运输部新一代国家交通控制网全国首个正式建成并通过验收的试点工程

续表

省级行政区	公路	里程	关键时间点
江苏	通锡高速南通方向	4.1公里	2019年1月，公安部交通管理科学研究所建成专门用于自动驾驶测试的封闭高速公路环境，位于通锡高速（S19）南通方向
	S342无锡段	97.7公里	·2018年5月无锡S342省道智慧公路示范项目启动建设 ·2020年12月无锡S342智慧公路（试点示范项目）顺利通过交工验收
	G524常熟段	19.6公里	·2018年2月《G524通常汽渡至常熟三环段改扩建工程绿色公路创建实施方案》通过评审 ·2021年7月G524常熟段（通港快速路）智慧公路科技示范工程通过省交通厅成果验收和鉴定
	沪宁高速无锡硕放至东桥路段	3.25公里	2019年6月成功应用应急车道主动管控、连续式港湾车道、匝道智能管控系统等
	五峰山过江通道公路接线工程	33公里	·2019年4月五峰山过江通道接线工程"未来高速"示范项目实施方案通过审查 ·2021年6月五峰山长江大桥南北公路接线建成通车
浙江	杭绍甬高速	161公里	打造成一条"智能、快速、绿色、安全"高速公路，于2022年杭州亚运会之前通车
	沪杭甬高速	248公里	沪杭甬高速智慧化提升改造于2019年初开工建设，于2020年全面完工
	杭州绕城西复线高速	152公里	·2018年1月开工建设 ·2020年12月已正式通车
	杭绍台高速公路绍兴金华段	115.4公里	·2016年正式动工，2020年建成通车 ·2020年6月，杭绍台高速公路绍兴金华段先行段试通车
福建	基于大数据路网综合管理的智慧高速公路示范工程项目	—	汇聚全路网数据，打造高速公路"智慧大脑"，实现高速路网管理决策、执行控制、公众服务的智慧化，构建两大中心、四个智慧应用、一条示范路
江西	宁定高速	254公里	2017年12月开放
	昌九高速	138公里	2019年7月无人驾驶编队行驶测试
河南	机西高速	106公里	·2019年11月河南省新一代国家交通控制网和智慧公路试点工程（机西高速公路）施工招标 ·2019年12月份开工建设，2020年7月建设完工，2021年1月通过交工验收，2021年9月经竣工验收专家组评定项目通过竣工验收

续表

省级行政区	公路	里程	关键时间点
广东	南沙大桥（原虎门二桥）	12.89公里	2019年4月2日正式通车
	广乐高速	302.6公里	构建了28公里试点路段的三维实景高精度地图模型、140公里路段的二维车道级高精度地图模型
	深圳外环高速	深圳段51公里，东莞段17公里	2020年12月底，深圳段一期工程与东莞段通车
湖南	湖南省5G智慧高速公路	93公里，长沙绕城高速西北段、西南段63公里，长益北线高速30公里	·2019年9月正式启用 ·2020年8月长益北线高速正式通车，意味着长沙建成中国首条支持车路协同自动驾驶的智慧高速
湖北	鄂州机场高速公路	13.1公里	·2020年7月开工建设 ·2021年底与机场同步建成
山东	山东省智能网联高速公路	26公里	2019年8月智能网联高速公路测试基地项目正式封闭测试运营
	山东省济潍高速	162.5公里	2020年开工建设
	京台高速（泰枣段）	189.5公里	·2020年，京台高速泰枣段改扩建项目被列为山东省智慧高速试点项目 ·2021年9月29日正式通车
	滨莱高速改扩建	72.8公里	2019年8月通车
	济青中线	210公里	济青中线高速公路作为山东交通强国智慧高速试点项目，预计2022年底开通
山西	五盂高速	15公里	2019年1月，22辆搭载百度"阿波罗（Apollo）"平台的自动驾驶数据采集及测试车辆在五盂高速阳泉段开展封闭测试及科研工作
海南	海南省环岛旅游公路	1009公里	2019年开工建设
云南	昭阳西环	28.8公里	在2021年底实现通车
四川	四川省都汶高速龙池连接线	2.6公里	2020年9月正式投用
	四川省成都绕城高速	85公里	2019年建设一期"智慧眼"视频智能分析系统
	S4202成都第二绕城高速	6公里	2020年底开工

续表

省级行政区	公路	里程	关键时间点
四川	成宜高速	157公里	2020年底正式通车，分阶段（3～5年）建设成宜数字高速
	成绵（扩容）高速	128公里	预计2023年完工
重庆	G5021石渝高速（丰涪段）	双向128公里	·2019年4月启动 ·2020年初项目正式实施 ·2020年9月下旬正式发布
广西	广西南宁沙井至吴圩公路	25.8公里	2021年9月正式通车
贵州	贵安复线		贵州交通强国试点，预计通过1～2年时间完成贵安复线智慧高速建设方案
安徽	宁芜智慧高速公路（皖苏界至芜湖枢纽段）	49公里	2020年11月开工，计划建设工期为3年
陕西	西安外环高速公路南段	70.2公里	2018年底开工，2021年高新段达到通车条件，全线计划2022年建成通车

高速公路车路协同创新示范建设内容分布在车端、路端和云端，实现"感知、通信、计算"三大功能。

（1）感知层面

感知层面包括车端多传感器融合感知和路端全域感知。车端多传感器融合感知主要包括摄像头、毫米波雷达、激光雷达、超声波雷达等设备。路端全域感知包括以下设备和设施。

① 以摄像头、毫米波雷达、激光雷达、各类环境传感器等实现的信息采集设备（交通流检测设备、交通事件检测设备、气象监测设备等）。

② 交通信号灯、交通标识标线标牌等智能交通设施。

③ 视频、压力、位移、振动、水位传感器等的基础设施监测设施。

其中，基本路段按照1公里一个的密度在道路两侧分别布设交通流感知设备，特殊位置适当加密，全面感知交通运行状态；基本路段按照约200米一个的密度在路段两侧分别布设交通事件检测设备高清固定摄像机；以10公里左右间距布设全要素气象检测器，并在易出现团雾、结冰路段布设能见度检测器和路面状态检测器。

（2）通信层面

通信层面包括以下项目。

① 4G公网、5G公网、有线光纤网络，尤其是随着5G网络商用化进程的加速，5G网络部署逐步完善。

② C-V2X专网，包括已经具备商用能力的LTE-V2X网络和标准逐步完善的NR-V2X网络。

③ 物联网络，既包括广域低功耗的NB-IoT和LoRA，也包括各类RFID天线设备。

④ 除此之外，还包括支持高精度定位的基准站。

C-V2X RSU设备在基本路段按照200米一个的密度在道路两侧分别布设，发布交通事件信息和交通环境信息等。

（3）计算层面

计算层面包括车载计算单元、路侧边缘计算单元、云计算单元，分别部署在车辆、路侧/区域机房、数据中心。3个层面的计算能力需要进行有效协同，共同支撑车路协同所需的计算资源。

路侧边缘计算单元需要具备多设备连接能力，接入RSU、OBU、智能化交通设施（交通信号灯、标识、标线、标牌、护栏等）、摄像头、毫米波雷达、激光雷达、各类环境感知设备的信息，同时向上连接云平台；需要具备多传感器融合处理能力，比如摄像头+激光雷达+毫米波雷达融合分析算法；还需要具备ITS相关协议处理能力，比如针对交叉路口防碰撞预警业务，在车辆经过交叉路口时，路侧边缘计算单元通过对车辆位置、速度及轨迹分析研判，分析出可能存在的碰撞风险，通过RSU传输到车辆OBU，起到预警作用。

云计算单元需要实现云控功能，具备接入高速公路全线交通数据的能力，同时应能够接入公安、消防、气象等多源外部数据；具备对海量数据进行存储和复杂任务计算处理能力、统一的运行监测和综合管理能力，以及为用户提供信息服务的能力；具备对高速分合流区域、交通事件多发路段以及全线不同层级交通运行精准管理和控制能力。可实现决策支持、车路协同管理、运行监测与预警、综合分析、协调联动、应急指挥调度、综合交通诱导等应用[18]。

1.6　5G车联网创新商业模式

商业模式是一种包含一系列要素及其关系的概念性工具，用以阐明某个特定实体的商业逻辑。它描述了公司所能为客户提供的价值以及公司的内部结构、合作伙伴网络和关系资本等用以实现这一价值并产生可持续盈利收入的要素。

5G车联网作为新兴产业方向，在商业模式上面临诸多挑战。

（1）车联网业务面临用户需求不强烈、缺乏"杀手级"应用挑战

任何一个产业的发展，最终还是要放在"以人为本"这个落脚点。"以人为本"的车联网应用建设，就是要从实际需求出发，以"为民、便民、惠民"为导向，打造可感知、可体验的各类车联网应用。

另外，随着车联网建设的不断深入，发现以技术主导的车联网建设，与用户实际需求渐行渐远，导致不少车联网项目建成后城市居民无感知、无体验。基于这样的前提，"以人为本"的车联网建设开始成为产业界的普遍认知之一。

2C端的车主、非机动车用户和行人等，通过车联网V2V、V2I、V2P（Vehicle to Pedestrian，车与人之间）、V2N（Vehicle to Network，车与网络之间）等享受信息服务类、安全类、效率类、协同类、自动驾驶类业务。用户要有意愿为自己享受到的车联网业务付费，或者愿意为其中部分车联网业务付费。

除了2C端用户外，还有2B端的车企（例如传统车企、造车新势力、自动驾驶初创公司等）/Tier1、保险公司、金融公司、能源公司、互联网公司、行业大客户（例如运营商、公交公司、出租车公司和物流公司等），也可能对相关的车联网业务产生付费意愿。

2G端的智慧交通和智慧城市管理者，包括城市和城际的公安、交警、交通、工信、住建、发改等各个委办局，也可以采用购买服务方式，获得相关车联网业务服务。

（2）车联网业务投资规模巨大，运营模式不清晰

截至2020年底，全国公路通车总里程达519.81万公里，其中高速公路通车里程16.10万公里，居世界第一。以每公里智能化改造费用100万元保守测算，仅高速公路智能化改造投入即高达1610多亿元。

如果需要覆盖全国高速公路和城市道路，尤其是城市交叉路口等典型场景，车联网基础建设投资预计在3000亿元以上。如此巨额的投资存在回报不确定、需承担法律安全责任风险等问题。最终由谁来投资，是考验产业发展的关键因素之一。

另外，我国道路基础设施投资、建设和运营主体具有多元特点。一般城市道路的智能化基础设施由公安、交通等部门负责投资、建设和运营；国省干线、农村公路的智能化基础设施由交通局负责投资、建设和运营；高速公路的智能化基础设施由省交投集团和地市交投公司分别负责投资、建设和运营，涉及高速交通违法的智能化基础设施由高速交警或委托交投集团采购。业主多元化，直接造成了车联网路侧基础设施投资、建设和运营主体不确定及碎片化特点。

车联网存在几种不同类型的运营主体，包括政府独资或合资的企业、高速公路服务商、通信运营商或者铁塔公司等。不同的运营主体均有各自的优劣势。

政府独资或者联合投资的企业，可以更好地协调相关政府部门进行路侧基础设施建设，并实现数据开放，但是企业本身往往没有车联网网络建设和运维经验；高速公路服务商，可以快速落实高速公路的路侧基础设施建设，并实现数据开放，但是同样一般不具备车联网网络建设和运维经验；通信运营商或者铁塔公司有网络建设、运维和工程经验，但是需要去协调相关政府部门进行路侧基础设施建设和数据开放。这几类运营主体，都面临运营模式不清晰的挑战，即如何从使用方实现商业变现。

在5G车联网商业模式面临诸多挑战的前提下，5G车联网商用路线存在如下核心要点。

① 路端"覆盖率"主要依托于国家新基建和新城建，建议以政府投资为主。在我国道路建设中突出智慧化要素，尤其是以车路协同为典型代表的智慧化建设。

② 车端"渗透率"的前装依托于车企5G+V2X量产车型能够真正上量，后装一方面依靠各类商用车（客车、货车）和特种车辆的5G+V2X装载率上量，另一方面依靠多种触达方式来提升乘用车的后装车联网比率。

③ 无论是路端"覆盖率"，还是车端"渗透率"，都应该鼓励快速上量，产业规模效应将带来真正的边际效应。看似车联网基础设施投资规模巨大，实际上衍生出众多有商业价值的应用场景，从而在很小的经济成本情况下达到很大的经济利润。

④ 5G车联网可以赋能自动驾驶，一方面通过车路协同助力自动驾驶的技术实现；另一方面在成本优化、效率提升等方面助力自动驾驶本身的商业闭环。这里包括5G车联网赋能Robotaxi、自动接驳车、公交车、环卫车、干线物流车、末端物流车、矿卡、港口车辆、机场车辆等。

⑤ 5G车联网将为2G端的智慧交通和智慧城市管理者提供各种应用，带来相应的社会价值和经济价值。

⑥ 5G车联网将为2C端的车主、非机动车用户和行人等提供各种应用，例如智慧出行中的智慧停车、共享出行、多式联运等，带来相应的社会价值和经济价值。

⑦ 5G车联网将为2B端的车企（例如传统车企、造车新势力、自动驾驶初创公司等）/Tier1、保险公司、金融公司、能源公司、互联网公司、行业大客户（例如运营商、公交公司、出行公司、出租车公司和物流公司等）提供各种应用，带来相应的社会价值和经济价值。

⑧ 5G车联网将和高精度地图、定位、安全等技术深度融合，一方面赋能自动驾

驶；另一方面实现2G端、2C端、2B端的价值应用场景。

5G车联网创新商业模式总体框架如图1-16所示。

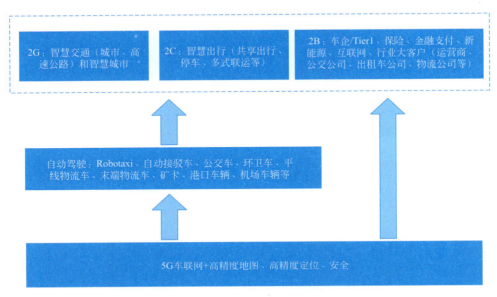

图1-16　5G车联网创新商业模式总体框架

参考文献

[1] 吴冬升. 2021车联网产业十大趋势 [J]. 智能网联汽车, 2021, 01: 62-69.
[2] 中国智能网联汽车产业创新联盟. 智能网联汽车技术路线图2.0 [R]. 2020, 11.
[3] 全德华人机电工程学会等. 欧洲汽车行业现状与发展趋势 [R]. 2020.
[4] 中国智能交通产业联盟. 合作式智能运输系统车用通信系统应用层及应用数据交互标准（第二阶段）[S]. 2020, 11.
[5] 中国电动汽车百人会. 自动驾驶应用场景与商业化路径（2020）[R]. 2020.
[6] 中国智能交通产业联盟. 智慧高速公路车路协同系统框架及要求 [R]. 2020, 12.
[7] 吴冬升. 从"新四跨"测试看车联网产业发展现状和趋势 [J]. 通信世界, 2020（31）: 23-25.
[8] 吴冬升. 城市级智能网联示范区最新进展和挑战 [J]. 智能网联汽车, 2020, 7: 52-57.
[9] 吴冬升. 智能网联封闭测试场发展现状和挑战 [J]. 通信世界, 2020（21）: 31-34.
[10] 左任婧, 陈君毅. 内外智能网联汽车试验场的发展现状 [J]. 北京汽车, 2018, 2（1）: 7-11.
[11] 侯德藻. 车路协同与自动驾驶封闭测试场地测试 [R]. 2019世界交通运输大会（WTC）, 2019, 6.
[12] 九龙报. 重庆车检院获"交通运输部认定自动驾驶封闭场地测试基地（重庆）"授权资质 [N]. 2018, 8.
[13] 中国交通报. 带你了解自动驾驶封闭场地测试基地 [N]. 2018, 9.
[14] 北京经济技术开发区新闻中心. 北京首个T5级别自动驾驶封闭测试场正式开放，就在开发区 [N]. 2019, 6.
[15] 智能驾驶及智能交通产业研究院. 江苏唯一获得两部委联合认定的自动驾驶封闭场地测试基地 [N]. 2019, 9.
[16] 新华网. 上海临港智能网联汽车综合测试示范区开园 [N]. 2019, 8.
[17] 湖北日报. 襄阳启动智能网联汽车道路测试 [N]. 2018, 12.
[18] 吴冬升. 车路协同创新示范赋能智慧高速 [J]. 智能网联汽车, 2020, 5: 31-35.

车联未来

5G车联网创新商业模式

第 2 章

5G 车联网赋能自动驾驶

自动驾驶产业发展方兴未艾,在分析自动驾驶产业链情况、各地道路测试和示范情况的基础上,探讨自动驾驶分级、低速自动驾驶和协同自动驾驶的内涵。

本章深入介绍 5G 车联网赋能 Robotaxi、公交车、自动接驳车、环卫车、干线物流车、末端物流车、矿卡、港口自动驾驶的解决方案、商业价值和典型案例。

2.1 自动驾驶产业情况

2.1.1 自动驾驶产业概述

自动驾驶汽车是指搭载先进的车载传感器、控制器、执行器等装置，并融合现代通信与网络技术，实现车与X（人、车、路、云端等）智能信息交换、共享，具备复杂环境感知、智能决策、协同控制等功能，实现安全、高效、舒适、节能行驶，并最终实现替代人来操作的新一代汽车。自动驾驶汽车通常也被称为智能汽车、智能网联汽车等。

与人类驾驶员相比，自动驾驶汽车具有安全、便利、省时三个特点[1]。

安全： 对周围环境感知更加精准而全面，以此做出正确判断。

便利： 解放人类的双手、双脚、双眼及大脑，使车变为"第三生活空间"。

省时： 分析各类数据，规划最优行车线，避免交通拥堵。

自动驾驶产业链包括整车制造、技术支撑、软件系统、硬件设备，如图2-1所示[2]。

图2-1 自动驾驶产业链图谱

（1）传统车企和造车新势力

整车制造方面，传统车企（乘用车、商用车、专用车）和造车新势力更愿意将已掌握的技术先应用在现有产品中，通过迭代升级，为用户创造价值，并增强自身产品科技感属性。以下几个系统都是常见的L2级自动驾驶功能。

车道保持辅助（Lane Keeping Assist，LKA）系统可以在车道偏离预警系统（Lane Departure Warning System，LDWS）的基础上对转向系统进行控制，辅助车辆保持在本车道内行驶。如果车辆接近识别到的标识线并可能脱离行驶车道，那么会通过方向盘的震动或者是声音来提醒驾驶员注意，并轻微转动方向盘修正行驶方向，使车辆处于正确的车道上。若检测到方向盘长时间无人主动干预，则发出报警，用于提醒驾驶人员。

自动泊车辅助（Auto Parking Assist，APA）系统是利用车载传感器，例如超声波雷达或摄像头，识别有效的泊车空间，并通过控制单元控制车辆进行泊车的系统，是一种可以使汽车以正确的方式停靠泊车位或驶出泊车位的一种驾驶辅助系统，由超声波传感器系统、中央控制系统、执行系统等组成。

自适应巡航（Adaptive Cruise Control，ACC）系统一旦发现当前行驶车道的前方有其他前行车辆时，将根据本车与前车之间的相对距离及相对速度等信息，通过控制汽车的油门和刹车对车辆进行纵向速度控制，使本车与前车保持合适的安全间距。采用该系统降低了驾驶员的工作负担，大大提高了汽车的主动安全性，扩大了巡航行驶的范围。

自动紧急刹车（Autonomous Emergency Braking，AEB）系统广义上包括碰撞预警系统和紧急制动系统两个方面。主要通过毫米波雷达、激光雷达、单/双目摄像机、红外探测器等传感器对车前方环境实时探测，通过获取的数据计算出可能会发生的碰撞危险情况。首先碰撞预警系统会发出预警，提醒驾驶员注意，当提醒无效时，辅助刹车系统会启动，直至汽车完全刹停。

传统车企更偏向于自动驾驶渐进式路线，不再一味追求直接实现L4/L5级自动驾驶，未来几年将重点研发部分L3级自动驾驶功能，如高速公路领航（High Way Pilot，HWP）、交通拥堵领航（Traffic Jam Pilot，TJP）、自动代客泊车（Automated Valet Parking，AVP）等，力求早日实现部分功能的量产，以此作为新车卖点。

交通拥堵领航（Traffic Jam Pilot，TJP）是指在拥堵的高速公路或城市快速路上驾驶员可以放开双手和双脚，同时注意力可在较长时间内从驾驶环境中转移，做一些诸如看手机、接电话、看风景等活动，该系统最高工作速度为40～60公里/时。TJP通常会受到诸多限制，比如必须在结构上清晰分离（有明确划线）的单一车道上开启，不允许巡航中变更车道，不允许在建设中的路段、建设工地附近开启，仅允许在日间开启，仅允许在有前车的情况下开启，最高速度不得超过60公里/时，不允许在雨雪天开启，仅允许在零摄氏度以上的气温下开启等。

高速公路领航（High Way Pilot，HWP）是指在高速公路上完全让用户"脱脚""脱手"和"脱眼"，该系统的工作速度为0～130公里/时。HWP通常也会受到一些限制，例如必须在有明确划线的车道上开启，可以在前方无车时开启，允许变道，允许在工地路段开启，允许在夜间开启，允许在一定程度内的雨雪天开启。

自动代客泊车（Automated Valet Parking，AVP）是指自动驾驶系统代替车主完成从停车场特定区域（如出入口、电梯间）到目标停车位的行驶与泊车任务。AVP除了要实现泊入车库的功能外，还需要解决从驾驶员下车点低速（小于20公里/时）行驶至库位旁的问题。

（2）L4级自动驾驶公司

开放道路环境复杂，仍有较多自动驾驶"长尾问题"待解决，需要较长时间周期才能真正实现商业化。限定场景则因驾驶范围的限制，减少了异常情况发生，同时由于车速普遍不快、环境相对可控等，也使得自动驾驶实现难度降低，将在未来较短时间周期内率先实现商业化，例如矿区、港口、机场、校园、景区、工业园区、停车场等。

在自动驾驶的诸多应用场景中，开放道路无疑是最难的一个。该场景具有以下三个特点。

① 无地理约束限制，进入该区域的行人和车辆种类数量多，行为类型更为丰富，且相对来说不可控，因此易发生边角案例（Corner Case），对自动驾驶汽车技术要求高。

② 车辆速度快，紧急情况出现时的制动难度大，安全性降低。

③ 该场景下车辆多为乘用车和商用车，配有驾驶位，当前阶段仍无法去掉安全员的角色。由于涉及生命安全，自动驾驶车辆需加装多种高性能传感器，其整体成本因此上升，量产难度大。

城市道路与高速公路是两个最常见的开放道路场景，前者的典型案例是自动驾驶出租车（Robotaxi），后者的典型案例是干线物流自动驾驶卡车。

按照场景从完全封闭到完全开放、从低速到高速，可以直观看出自动驾驶技术实现的难易度。技术难度大的场景，可能的市场空间反而更大，如图2-2所示[3]。

商用车方面，以港口场景为例，因为所处场景为半封闭式，自动驾驶不需要处理红绿灯识别、行人混行、崎岖道路等问题，但仍需解决与车辆的混行、雨雪天气等难题。此外，港口场景涉及集装箱运输，因此对停车要求极高，需要达到厘米级的停车精度，还要与起重机进行交互。

以最后一公里配送为例，以快递、外卖的场景为主，虽然速度较慢，安全性要求相对低，但是由于行驶路径涉及大量的非机动车道/人行道/内部道路，需要解决较多的行人、不规范车辆的干扰。另外，最后一公里配送还需要解决门对门的配送问题。

综合市场规模及技术难度，港口场景从技术角度来说最容易落地，但相对规模较小。跨城长途物流是商用车领域最大的市场。此外，最后一公里物流是市场规模和技术难度都适中的一个市场。

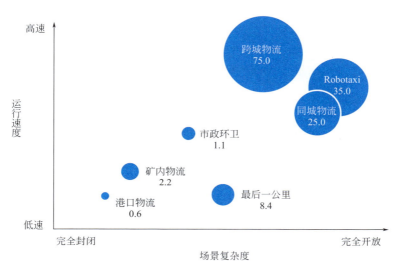

图 2-2　自动驾驶落地场景比较（单位：百亿元）

2.1.2　各地道路测试和示范情况

按照工信部、公安部、交通运输部在 2021 年 7 月印发的《智能网联汽车道路测试与示范应用管理规范（试行）》，道路测试是指在公路（包括高速公路）、城市道路、区域范围内等用于社会机动车通行的各类道路指定的路段进行的智能网联汽车自动驾驶功能测试活动；示范应用是指在公路（包括高速公路）、城市道路、区域范围内等用于社会机动车通行的各类道路指定的路段进行的具有试点、试行效果的智能网联汽车载人载物运行活动；道路测试车辆、示范应用车辆是指申请用于道路测试、示范应用的智能网联汽车，包括乘用车、商用车和专用作业车，不包括低速汽车、摩托车。

我国各个部委和各省市均纷纷出台相关道路测试及示范管理规范。据不完全统计，全国有 30 多个省市出台了智能网联汽车测试及示范管理规范或实施细则，其中北京、上海、天津、重庆、江苏、浙江、湖南、河南、广东、海南、甘肃等出台了省（直辖市）级法规。上海、江苏、浙江、安徽出台了跨省市的《长江三角洲区域智能网联汽车道路测试互认合作协议》，具体如表 2-1 所示。

表 2-1　各地自动驾驶测试及示范政策汇总

部委/区域	级别/城市	法规	时间
工信部、公安部、交通运输部	国家级	《智能网联汽车道路测试管理规范（试行）》	2018年4月
交通运输部	国家级	《关于促进道路交通自动驾驶技术发展和应用的指导意见》	2020年12月
工信部、交通运输部、国家标准化管理委员会	国家级	《国家车联网产业标准体系建设指南（智能交通相关）》	2021年2月
公安部	国家级	《道路交通安全法（修订建议稿）》	2021年4月
工信部	国家级	《智能网联汽车生产企业及产品准入管理指南（试行）（征求意见稿）》	2021年4月
国家互联网信息办公室	国家级	《汽车数据安全管理若干规定（征求意见稿）》	2021年5月
工信部、公安部、交通运输部	国家级	《智能网联汽车道路测试与示范应用管理规范（试行）》	2021年7月
工信部	国家级	《关于加强智能网联汽车生产企业及产品准入管理的意见》	2021年8月
工信部	国家级	《关于加强车联网网络安全和数据安全工作的通知》	2021年9月
中国智能网联汽车产业创新联盟等	行业级	《智能网联汽车自动驾驶功能测试规程（试行）》	2018年8月
中国汽车工业协会	行业级	《智能网联汽车自动驾驶功能测试技术规范》	2019年10月
中国汽车工程学会	行业级	《智能网联汽车测试场设计技术要求》	2020年4月
上海、江苏、浙江、安徽	区域级	《长江三角洲区域智能网联汽车道路测试互认合作协议》	2019年9月
华东	上海 / 上海	《上海市智能网联汽车道路测试管理办法（试行）》	2018年2月
华东	上海 / 上海	《上海市智能网联汽车测试与示范实施办法》	2021年10月
华东	江苏 / 省级	《江苏省智能网联汽车道路测试管理细则（试行）》	2018年9月
华东	江苏 / 省级	《关于做好智能网联汽车公共测试道路管理有关工作的通知》	2019年4月
华东	江苏 / 南京	《南京市智能网联汽车道路测试管理细则（试行）》	2019年11月
华东	江苏 / 苏州	《关于苏州智能网联汽车公共测试道路的公告》	2019年11月
华东	江苏 / 无锡	《无锡市智能网联汽车道路测试与示范应用管理实施细则（试行）》	2021年9月
华东	江苏 / 常州	《常州市智能网联汽车道路测试与示范应用管理实施细则（试行）》	2021年11月

续表

部委/区域		级别/城市	法规	时间
华东	浙江	省级	《浙江省自动驾驶汽车道路测试管理办法（试行）》	2018年8月
		杭州	《杭州市智能网联车辆道路测试管理实施细则（试行）》	2018年8月
		杭州	《杭州市智能网联车辆道路测试与示范应用管理实施细则（试行）》	2021年6月
		嘉兴	《嘉兴市智能网联汽车道路测试管理办法实施细则（试行）》	2019年12月
		湖州	《湖州市自动驾驶汽车道路测试管理实施细则（试行）》	2019年4月
		德清	《德清县关于支持开展自动驾驶测试服务的七条意见》	2019年6月
	安徽	合肥	《合肥市智能网联汽车道路测试管理规范实施细则（试行）》	2019年7月
		合肥	《合肥市智能网联汽车道路测试管理实施细则（试行）》	2020年8月
	福建	平潭	《平潭综合实验区无人驾驶汽车道路测试管理办法（试行）》	2018年3月
		莆田	《莆田市智能网联汽车道路测试管理办法（试行）》	2019年8月
	山东	济南	《济南市智能网联汽车道路测试管理办法（试行）》	2018年7月
		济南	《济南市智能网联汽车道路测试与示范应用管理办法（试行）》	2021年9月
		青岛	《青岛市智能网联汽车道路测试与示范应用管理实施细则（试行）》	2020年10月
华中	湖南	省级	《湖南省智能网联汽车道路测试管理实施细则（试行）》	2019年11月
		长沙	《长沙市智能网联汽车道路测试管理实施细则（试行）》	2018年4月
		长沙	《长沙市智能网联汽车道路测试管理实施细则（试行）V2.0》	2019年7月
		长沙	《长沙市智能网联汽车道路测试管理实施细则（试行）V3.0》	2020年7月
	湖北	武汉	《武汉市智能网联汽车道路测试管理实施细则（试行）》	2018年11月
		襄阳	《襄阳市智能网联汽车道路测试管理实施细则（试行）》	2018年12月
	河南	省级	《河南省智能网联汽车道路测试管理办法（试行）》	2018年11月
		省级	《河南省智能网联汽车道路测试与示范管理办法（试行）》	2021年9月

续表

部委/区域	级别/城市		法规	时间
华北	北京	北京	《北京市关于加快推进自动驾驶车辆道路测试有关工作的指导意见（试行）》	2018年8月修订
		北京	《北京市自动驾驶车辆道路测试能力评估内容与方法（试行）》	2018年2月
		北京	《北京市自动驾驶车辆封闭测试场地技术要求（试行）》	2018年2月
		北京	《北京市自动驾驶车辆测试道路管理办法（试行）》	2019年6月
		北京	《北京市自动驾驶车辆模拟仿真测试平台技术要求》	2020年1月
		北京	《北京市自动驾驶车辆道路测试管理实施细则（试行）》	2020年11月修订
		北京	《北京市智能网联汽车政策先行区总体实施方案》	2021年4月
		北京	《无人配送车管理实施细则（试行版）》	2021年5月
		北京	《北京市智能网联汽车政策先行区高速公路及快速路道路测试及示范应用管理实施细则（试行）》	2021年7月
	河北	沧州	《沧州市智能网联汽车道路测试管理办法（试行）》	2019年9月
		沧州	《沧州市智能网联汽车道路测试和示范运营管理办法（试行）》	2020年12月
		保定	《保定市人民政府关于做好自动驾驶车辆道路测试工作的指导意见》	2018年1月
		保定	《保定市自动驾驶车辆道路测试管理实施细则》	2018年12月
		雄安	《雄安新区智能网联汽车道路测试与示范应用管理规范（试行）》	2021年8月
	山西	阳泉	《阳泉市智能网联汽车道路测试管理办法》	2020年9月
	天津	天津	《天津市智能网联汽车道路测试管理办法》	2018年7月
东北	吉林	长春	《长春市智能网联汽车道路测试管理办法》	2018年4月
	辽宁	大连	《大连市智能网联汽车道路测试管理实施细则（试行）》	2020年12月
华南	广东	省级	《广东省智能网联汽车道路测试管理规范实施细则（试行）》	2018年12月
		广州	《关于智能网联汽车道路测试有关工作的指导意见》	2018年12月
		广州	《广州市南沙区关于智能网联汽车道路测试有关工作的指导意见（试行）》	2018年4月
		广州	《南沙区智能网联汽车道路测试实施细则（试行）征求意见稿》	2021年5月
		广州	《广州市花都区智能网联汽车道路测试实施细则（公开征求意见稿）》	2021年5月

续表

部委/区域		级别/城市	法规	时间
华南	广东	广州	《关于逐步分区域先行先试不同混行环境下智能网联汽车（自动驾驶）应用示范运营政策的意见》《在不同混行环境下开展智能网联汽车（自动驾驶）应用示范运营的工作方案》	2021年7月
		深圳	《深圳市关于规范智能驾驶车辆道路测试有关工作的指导意见（征求意见稿）》	2018年3月
		深圳	《深圳市关于贯彻落实〈智能网联汽车道路测试管理规范（试行）〉的实施意见》	2018年5月
		深圳	《深圳市智能网联汽车道路测试开放道路技术要求（试行）》	2018年10月
		深圳	《深圳经济特区智能网联汽车管理条例（草案修改二稿）》	2021年8月
		肇庆	《关于加快推进肇庆市自动驾驶车辆道路测试有关工作的指导意见》	2018年4月
		肇庆	《肇庆市自动驾驶车辆道路测试管理实施细则（试行）》	2021年5月
	广西	柳州	《柳州市智能网联汽车道路测试管理实施细则（试行）》	2019年2月
		柳州	《柳州市智能网联汽车道路测试与示范应用管理实施细则（征求意见稿）》	2021年3月
		柳州	《柳州市高速场景智能网联汽车封闭场地测试规程（征求意见稿）》	2021年3月
	海南	省级	《海南省智能网联汽车道路测试实施细则（试行）（公开征求意见稿）》	2019年1月
西南	重庆	重庆	《重庆市自动驾驶道路测试管理实施细则（试行）》	2018年3月
		重庆	《自动驾驶开放道路准入测试方案》	2018年5月
		重庆	《自动驾驶道路测试远程监控与管理系统技术规范》	2018年5月
		重庆	《重庆市自动驾驶道路测试管理办法（征求意见稿）》	2020年5月
	四川	成都	《成都市智能网联汽车道路测试与示范应用管理规范实施细则（试行）（征求意见稿）》	2021年9月
西北	陕西	西安	《西安市规范自动驾驶车辆测试指导意见（试行）》	2019年2月
		西安	《西安市自动驾驶车辆道路测试实施细则（试行）》	2019年2月
	宁夏	银川	《银川市智能网联汽车道路测试和示范应用管理实施细则（试行）》	2020年3月
	甘肃	省级	《甘肃省智能网联汽车道路测试与示范应用管理实施细则（试行）》	2021年11月

2.1.3 自动驾驶分级

国际及主要汽车产业国家和地区的标准法规组织广泛开展汽车驾驶自动化分级的研究。美国高速公路安全管理局（NHTSA）在2013年率先提出将汽车驾驶自动化分为无自动化、特定功能自动化、组合功能自动化、有条件自动化和完全自动化共5个等级；德国联邦交通研究所（BASt）通过研究，将汽车驾驶自动化分为仅驾驶员、辅助驾驶、部分自动驾驶、高度自动驾驶以及完全自动驾驶共5个等级；国际自动机工程师学会（SAE International）发布的《驾驶自动化分级》（SAE J3016）标准提出了L0～L5级分类法，将汽车驾驶自动化分为从无驾驶自动化（L0级）直至完全驾驶自动化（L5级）在内的6个等级；国际标准化组织（ISO）与SAE组成国际标准联合起草组，制定《道路机动车辆驾驶自动化系统相关术语的分级和定义》（ISO 22736）；联合国世界车辆法规协调论坛（UN/WP.29）于2019年专门就驾驶自动化分级的法规制定原则展开讨论，确定了区分驾驶辅助和自动驾驶相关国际技术法规的方案。

其中，《驾驶自动化分级》（SAE J3016）是国际上影响最大、应用最广泛的分级标准，截至目前已发布4个版本：2014年1月16日版首次提出L0～L5级分类框架和原则；2016年9月30日版主要增加设计运行范围（ODD）定义并具体说明动态驾驶任务（DDT）等内容；2018年6月15日版和2021年4月30日版主要完善术语描述并对标准使用中的常见问题进行解释说明。驾驶自动规划等级划分如表2-2所示。

《驾驶自动化分级》（SAE J3016）2021年版进一步明确L3级和L4级之间的区别，包括后备用户的角色，L3级自动后备的可能性，在L4级时对车内用户发出警报的可能性。

引入两个不同的远程支持功能的术语和定义——远程协助和远程驾驶，以及执行这些功能的用户——远程助手和远程驾驶员。例如，ADS专用车辆超越乱停放在车道前方的车辆，在这种情况下，需要ADS专用车辆穿过双黄线进入对向车辆的车道；车辆会向运营中心发出处于困境的信号，运营中心人员使用车辆摄像头和与车辆的转向及制动控制无线连接的操纵杆装置远程驾驶车辆，以完成超车操作。或者，通过发送指令来远程协助车辆自行完成超车操作。第一个例子构成远程驾驶，表示该ADS专用车辆为L3级；第二个例子构成远程协助，表示该ADS专用车辆为L4级。

L1级和L2级驾驶自动化系统命名为驾驶员支持系统（Driver Support Systems），与L3～L5级所用术语自动驾驶系统（Automated Driving Systems）相对应。

《驾驶自动化分级》（SAE J3016）2021年版对车辆类型的定义进行了分组：普通车辆（Conventional Vehicle）、双模车辆（Dual-mode Vehicle）和自动驾驶系统专用车辆（ADS-dedicated Vehicle）[4]。

表2-2 驾驶自动规划等级划分

等级		名称	定义描述	动态驾驶任务（DDT）		DDT后备	操作设计域（ODD）	备注
				持续横向或纵向车辆运动控制	目标和事件检测与响应（OEDR）			
L0		无驾驶自动化	驾驶员执行全部DDT（即使有主动安全系统进行强化）	驾驶员	驾驶员	驾驶员	无	驾驶员执行部分或全部动态驾驶任务（DDT）
L1	驾驶员支持	驾驶辅助	由驾驶自动化系统持续执行特定操作设计域（ODD）的DDT子任务：横向或纵向运动控制操作（但两者不同时），驾驶员完成其余的DDT	驾驶员和系统	驾驶员	驾驶员	有限制	
L2		部分驾驶自动化	由驾驶自动化系统持续执行特定操作设计域（ODD）的DDT子任务：横向或纵向运动控制操作，驾驶员完成OEDR子任务和监控驾驶自动化系统	系统	驾驶员	驾驶员	有限制	
L3	自动驾驶	有条件驾驶自动化	由ADS持续执行特定操作设计域（ODD）的整个DDT，DDT后备就绪用户能够接收ADS发出的干预请求，以及其他车辆系统中与DDT执行相关的系统故障，并将做适当响应	系统	系统	后备就绪用户（应急支援中成为驾驶员）	有限制	ADS（"系统"）执行整个动态驾驶任务（DDT）（启用过程中）
L4		高度驾驶自动化	由ADS持续执行特定操作设计域（ODD）的整个DDT及DDT后备，不期望用户干预	系统	系统	系统	有限制	
L5		完全驾驶自动化	由ADS持续无条件（即无具体ODD）执行整个DDT及DDT后备，不期望用户干预	系统	系统	系统	无限制	

操作设计域（Operational Design Domain，ODD）是指特定驾驶自动化系统或为其功能专门设计的运行条件，包括但不限于环境、地理和时间限制、交通流量及道路特征等。简单来说，ODD就是要定义好在哪些工况下能够自动驾驶，脱离了这些工况，自动驾驶就不能保证工作。任何一辆自动驾驶车辆，都必须有限定的工况，而这个工况可以很宽泛，也可以很精准，并决定了自动驾驶车辆能胜任什么样的场景。

动态驾驶任务（Dynamic Driving Task，DDT）是指在道路交通中运行车辆所需的所有实时运行和策略功能，不包括行程安排和目的地及航路点选择等战略功能。

动态驾驶任务后备（Dynamic Driving Task fallback，DDT fallback）是指在发生系统性失效（出现导致系统不工作的故障）或者出现超过系统原有运行设计范围之外的情况下，给出的最小化风险解决路径。

目标和事件检测与响应（Object and Event Detection and Response，OEDR）是DDT的子任务，包括监控驾驶环境（检测，识别和分类对象及事件，并准备按需要做出响应），并对这些对象和事件执行适当的响应（即根据需要完成DDT和/或DDT后备）。

2021年8月20日，由工信部提出、全国汽车标准化技术委员会归口的《汽车驾驶自动化分级》（GB/T 40429—2021）推荐性国家标准由国家市场监督管理总局、国家标准化管理委员会批准发布，于2022年3月1日起实施。

基于以下6个要素对驾驶自动化等级进行划分。

① 是否持续执行动态驾驶任务中的目标和事件探测与响应。
② 是否持续执行动态驾驶任务中的车辆横向或纵向运动控制。
③ 是否同时持续执行动态驾驶任务中的车辆横向或纵向运动控制。
④ 是否持续执行全部动态驾驶任务。
⑤ 是否自动执行最低风险策略。
⑥ 是否存在设计运行范围限制。

在汽车驾驶自动化的6个等级之中，0～2级为驾驶辅助，系统辅助人类执行动态驾驶任务，驾驶主体仍为驾驶员；3～5级为自动驾驶，系统在设计运行条件下代替人类执行动态驾驶任务，当功能激活时，驾驶主体是系统。驾驶自动化等级与划分要素的关系如表2-3所示。各级名称及定义如下。

0级驾驶自动化（应急辅助，Emergency Assistance）系统不能持续执行动态驾驶任务中的车辆横向或纵向运动控制，但具备持续执行动态驾驶任务中的部

表2-3　驾驶自动化等级与划分要素的关系

分级	名称	持续的车辆横向或纵向运动控制	目标和事件探测与响应	动态驾驶任务后援	设计运行范围
0级	应急辅助	驾驶员	驾驶员及系统	驾驶员	有限制
1级	部分驾驶辅助	驾驶员及系统	驾驶员及系统	驾驶员	有限制
2级	组合驾驶辅助	系统	驾驶员及系统	驾驶员	有限制
3级	有条件自动驾驶	系统	系统	动态驾驶任务后援用户（执行接管后成为驾驶员）	有限制
4级	高度自动驾驶	系统	系统	系统	有限制
5级	完全自动驾驶	系统	系统	系统	无限制

分目标和事件探测与响应的能力。

1级驾驶自动化（部分驾驶辅助，Partial Driver Assistance）系统在其设计运行条件下持续地执行动态驾驶任务中的车辆横向或纵向运动控制，且具备与所执行的车辆横向或纵向运动控制相适应的部分目标和事件探测与响应的能力。

2级驾驶自动化（组合驾驶辅助，Combined Driver Assistance）系统在其设计运行条件下持续地执行动态驾驶任务中的车辆横向或纵向运动控制，且具备与所执行的车辆横向或纵向运动控制相适应的部分目标和事件探测与响应的能力。

3级驾驶自动化（有条件自动驾驶，Conditionally Automated Driving）系统在其设计运行条件下持续地执行全部动态驾驶任务。

4级驾驶自动化（高度自动驾驶，Highly Automated Driving）系统在其设计运行条件下持续地执行全部动态驾驶任务并自动执行最低风险策略。

5级驾驶自动化（完全自动驾驶，Fully Automated Driving）系统在任何可行驶条件下持续地执行全部动态驾驶任务并自动执行最低风险策略。

《汽车驾驶自动化分级》（GB/T 40429—2021）和《驾驶自动化分级》（SAE J3016）2021年版的区别主要体现在以下几方面。

① SAE J3016在驾驶自动化分级中纳入"无自动化"并定义为L0级，存在逻辑上的争议；同时，其纳入L0级范畴的前方碰撞预警（FCW）、自动紧急制动（AEB）、车道偏离预警（LDW）等均具有一定"自动化"属性且多应用于安全应急场景。GB/T 40429—2021将0级命名为"应急辅助"并要求其至少有目标或事件探测能力，可兼具非持续性控制。我国标准将上述功能纳入0级并命名为"应急辅助"，既符合实际技术，又解决了分级逻辑上的争议问题。

② SAE J3016将L2级命名为"部分驾驶自动化",但划归"驾驶辅助"范畴,容易造成理解和认知上的混淆。GB/T 40429—2021将2级命名由"部分驾驶自动化"修改规范为"组合驾驶辅助"。我国标准从级别名称上就明确强调2级驾驶自动化属于"驾驶辅助"范畴,划清与自动驾驶的界限,避免产生误解与误用,同时,准确对应了2级驾驶自动化功能兼具横纵向组合控制的特征。

③ GB/T 40429—2021提出设计运行条件(ODC)的概念,将设计运行范围(ODD)、驾乘人员状态和车辆状态统一纳入驾驶自动化系统激活和运行的综合条件描述,更符合技术逻辑和产品设计实际[5]。

2.1.4 低速自动驾驶

《智能交通系统 预定轨迹的低速自动驾驶(LSAD)系统性能要求、系统需求和性能测试步骤》(ISO 22737)详细介绍了低速自动驾驶(Low Speed Automated Driving,LSAD)的性能要求、系统需求和性能测试步骤。

LSAD是最大速度为8.89米/秒(32公里/时)的自动驾驶系统,被用于最后一英里(1英里=1609.344米,下同)的运输,商业区的运输,机场、港口、大学校园区以及其他低速环境的应用。由LSAD系统驱动的车辆需要检测的最大行人速度为2.22米/秒或8公里/时。由LSAD系统驱动的车辆需要检测的最大自行车速度为6.94米/秒(25公里/时)。

LSAD车辆包括动态驾驶任务(战术和操作任务)、ODD监测、最低风险操作(Minimal Risk Manoeuvre,MRM)、应急演习、危险情况确定、系统诊断、战略路径规划、感知系统及其性能、乘客监察、数据存储、驱动执行、与外部行为者的沟通。其中,ISO 22737主要定义了动态驾驶任务、ODD监测、MRM、应急演习、危险情况确定。

每个LSAD系统都应由制造商定义其ODD。一个LSAD ODD的限制系统应至少指定以下属性。

① 低速:LSAD系统的速度应等于或小于8.89米/秒或32公里/时。

② 适用范围:例如,受限通道或专用道路(公共或私人),或行人/自行车道,或限制所有或某些特定类别机动车进入的区域。限制通行的道路可以通过车道标记或速度限制或物理分界来指定。

③ 预定义路线:LSAD系统运行之前,先在LSAD系统内定义路线。LSAD系统只能在预定路线上运行。预定路线应由利益相关者共同确定(例如地方当局、服务提供商、制造商等)。调度员应确认与预定路线的任何偏差不会导致危险情况发生。

④ 应用区域的照明条件。

⑤ 天气状况。

⑥ 路况。

⑦ 存在或不存在弱势道路使用者（Vulnerable Road Users，VRU）。

⑧ 可行驶区域内可能存在静态障碍物。

⑨ 网联要求等。

LSAD 系统或调度员应根据当前的 ODD 条件（例如雾天条件、夜间照明条件），在 ODD 属性预定值的范围内为指定的应用选择操作值（对于 LSAD 系统驾驶的车辆）。例如，调度员或 LSAD 系统可以决定将雨天的最大允许速度限制为低于晴天的速度[6]。

2.1.5 协同自动驾驶

2020 年 5 月，《道路机动车辆协同自动驾驶相关术语的分类和定义》（SAE J3216）根据 M2M（Machine to Machine，机器对机器）通信对车辆动态自动驾驶任务（Dynamic Driving Task，DDT）性能和交通管理的影响，将协同自动驾驶（Cooperative Driving Automation，CDA）的协同功能进行分类，定义了四个 CDA 功能类别：状态共享、意图共享、协同决策、协同调度，并给出了协同目标跟踪、协同交通信号灯、协同并道、协同交通管理和协同编队 5 个案例。

《道路机动车辆协同自动驾驶相关术语的分类和定义》（SAE J3216）定义了从 CLASS A 到 CLASS D 四个 CDA 功能类别，如表 2-4 所示[7]。

表 2-4 协同自动驾驶功能类别

类别	定义
CLASS A STATUS-SHARING COOPERATION 状态共享	我在这里，这就是我所看到的（Here I am and what I see）
CLASS B INTENT-SHARING COOPERATION 意图共享	这就是我计划要做的（This is what I plan to do）
CLASS C AGREEMENT-SEEKING COOPERATION ［AMONG CDA DEVICE AGENTS］ 协同决策	让我们一起做这个（Let's do this together）
CLASS D PRESCRIPTIVE COOPERATION 协同调度	我会按照指示去做（I will do as directed）

(1)状态共享

状态共享是由发送实体提供的关于交通环境感知信息和发送实体的信息，以供接收实体使用。

> 案例1：配备协同自动驾驶系统（Cooperative-Automated Driving System，C-ADS）的车辆与附近车辆共享其当前速度和紧靠它前方的车辆速度，在状态共享车后面装有C-ADS的车辆调整其速度以改善交通流并保障安全。

> 案例2：协作态势感知，其中人行横道处的路边CDA设备向附近车辆传达行人正在接近人行横道的信息。附近一辆装备了C-ADS的车辆接收到信息，它可以利用这些信息和ADS传感器提供的信息来规划人行横道附近的DDT性能。

(2)意图共享

意图共享是由发送实体提供的关于发送实体计划未来行动的信息，以供接收实体使用。

> 案例1：配备C-ADS的车辆使用L3级高速公路自动驾驶功能作为发送实体，与附近交通参与者共享车道变更的意图，以形成附近更安全、更有效的交通流。具有L4级高速公路自动驾驶功能的周围车辆充当接收实体，当配备L3级C-ADS的自动驾驶车辆并入前方车道时，L4级自动驾驶车辆减速以保持所需的纵向距离。

> 案例2：交通信号处的路边设备作为发送实体，与周边交通参与者共享计划的信号相位变化，以促进经济驾驶模式功能。装备C-ADS的周边L3级自动驾驶车辆充当接收实体，并使用信号定时来调整纵向车辆运动控制，通过避免突然的紧急动作来提高安全性和效率。

(3)协同决策

协同决策是指在特定CDA设备之间一系列信息协作的过程，旨在影响特定DDT相关行动的本地计划。协同决策包括为其他交通参与者提出计划（即"我希望你做什么"）；相反，意图共享仅包括共享发送实体的计划（即"我计划做什么"）。

> 案例1：车辆1和临近车道的车辆2、车辆3之间实现协同并道（所有车辆

均配备C-ADS），可按以下步骤进行。

① 车辆1分享与车辆2、车辆3意图共享协同并道的计划。

② 车辆1分享一个提议的动作，该动作将启用协同并道。例如，车辆2和车辆3之间指定纵向间距，以便车辆1可以改变车道。

③ 车辆2和车辆3同意参与协同并道，这可能导致多种结果。

场景A：车辆2和车辆3允许提议的行动，并且所有实体在执行预期机动时进行预定的操作（即车辆3减速，和/或车辆2加速，车辆1改变车道）。

场景B：车辆2和/或车辆3不允许拟定行动或目标的意图共享，车辆1不执行预期机动。

案例2：协同交叉路口通行。

① 代表交通管理机构的CDA设备向附近道路用户提供信号相位和时间（Signal Phase and Timing，SPaT）信息。

② 停在交叉路口且配备C-ADS的车辆收到SPaT信息，第二辆车请求与第一辆车进行协同决策。

③ 首辆车配备了C-ADS，同意进行协同决策。

④ 第二辆车根据SPaT信息提出驶离交叉路口的加速度和最终速度。

⑤ 第一辆车同意建议的加速度和最终速度。

⑥ 这两辆车在按照约定的加速度和最终速度行驶时，都能进行有效的操作，从而实现更安全、更有效的交叉路口导航，以及更有效的交叉路口通行和导航。

案例3：两辆配备C-ADS的车辆从相反方向同时到达交叉路口，可按以下步骤进行交叉路口协同决策管理。

① 车辆1表示有意进行协同决策。

② 车辆2同意进行协同决策。

③ 车辆1共享执行左转机动的意图，车辆2共享执行直行机动的意图。

④ 车辆1提供车辆1先行、车辆2后行的计划。

⑤ 车辆2同意该计划。

⑥ 两辆车在执行计划时都能进行适当的操作（即车辆1左转，然后车辆2直行）。

> 这种协调会缩短两辆车在交叉路口的总行驶时间,并避免潜在的冲突。

(4)协同调度

协同调度是由指定的CDA设备提供,并由接收CDA设备遵守,针对特定交通参与者的特定行动指示,以便道路运营商立即执行DDT或执行特定任务(例如改变交通信号相位)。

> 案例1:协同事故现场管理,其中与事故响应相关联的CDA设备发送临时关闭交通的地理围栏区域和不能超过的减速限制信息。周围配备CDA设备的C-ADS车辆根据地理围栏区域内的减速限制信息来执行DDT。
>
> 案例2:紧急车辆通行,应急车辆指示配备C-ADS的车辆行驶至无人车道或路肩,将其车道腾空,或在绿灯交叉路口停车(或保持停车),以便为应急车辆让行。
>
> 案例3:急救车引导交通管制信号灯,将相位转换为绿色,以便更快地到达医院急诊室。

2.2 5G车联网赋能Robotaxi

2.2.1 Robotaxi产业概述

出租车,是指在城市里从事各种客运活动的交通工具,收费较其他交通工具高,一般按里程收费。供人临时雇用的汽车,多按里程或时间收费,也叫出租车。

按交通运输部发布的《2020年交通运输行业发展统计公报》,我国2020年底拥有巡游出租汽车139.40万辆,比上一年增长0.2%,如表2-5所示。

表2-5 全国巡游出租车拥有量

年份	2016年	2017年	2018年	2019年	2020年
巡游出租车/万辆	140.40	139.58	138.89	139.16	139.40

2020年受疫情等因素影响,我国全年完成城市客运量871.92亿人,比上年下降31.8%。从出行方式看,公共汽电车客运量442.36亿人、运营里程302.79亿公里,分

别比上年下降36.1%和14.5%；轨道交通客运量175.90亿人，比上年下降26.3%；巡游出租汽车客运量253.27亿人，比上年下降27.2%；客运轮渡客运量0.39亿人，比上年下降47.1%。

Robotaxi指的是无人驾驶出租车或自动驾驶出租车，可以在特定地点运送乘客。通俗点说就是网约车，只不过这个网约车不用配备驾驶员（现阶段需要配备安全员）。

Robotaxi重点发展历程如表2-6所示。

表2-6 Robotaxi重点发展历程

时间	事件
2016年8月	NuTonomy从麻省理工学院分离，首推Robotaxi，服务地点在新加坡
2016年9月	Uber推出Robotaxi服务
2017年	谷歌旗下自动驾驶公司Waymo于菲尼克斯开始大规模测试Robotaxi
2017年5月	Waymo宣布与Lyft共同推出Robotaxi服务
2018年	宝马、大众、通用、福特等车厂联合英特尔、英伟达、谷歌、Lyft等公司纷纷入局Robotaxi
2018年5月	安波福与Lyft在拉斯维加斯合作推出Robotaxi业务
2019年6月	百度获得在长沙运营Robotaxi的服务许可
2019年8月	滴滴出行宣布旗下自动驾驶部门升级为独立公司
2019年8月	文远知行宣布与广州白云出租汽车集团以及科学城（广州）投资集团组建合资公司"文远粤行"，专注Robotaxi
2019年10月	小马智行宣布与现代汽车集团合作，在美国加利福尼亚州推出自动驾驶出行服务BotRide
2020年4月	高德打车宣布在上海市政府指定许可范围内接入AutoX无人车
2020年6月	滴滴出行正式在上海规模化落地自动驾驶载人示范应用项目
2021年11月	百度和小马智行成为首批获准在北京开展自动驾驶出行商业化试点服务的企业

2021年2月，美国加利福尼亚州交通车辆管理局（DMV）发布了2020年自动驾驶数据报告。报告显示，2020年全球排名前五的公司分别为Waymo、Cruise、AutoX、Pony.AI和Argo.AI，其中包括两家我国公司AutoX、小马智行（Pony.AI），另两家我国公司文远知行（WeRide）和滴滴出行（DiDi）也成功挤入榜单前十，分别位列第六名和第七名。

表2-7为2020年自动驾驶汽车脱离报告。与2019年相比，Waymo有了显著改善，从每次脱离的21151公里增加到47911公里；Cruise从每次脱离的19553公里跃升至

45633 公里；Apple 也从每次脱离的 189 公里提高到 231.45 公里。

表 2-7 2020 年自动驾驶汽车脱离报告（按每次脱离行驶的里程排序）

制造商	里程/英里	里程/公里	接管数/次	每次接管里程/英里	每次接管里程/公里
Waymo	628839	1006142	21	29944.69	47911.50
Cruise	770049	1232079	27	28520.34	45632.55
AutoX	40734	65174	2	20367.00	32587.20
Pony.AI	225496	360794	21	10737.90	17180.65
Argo.AI	21037	33659	2	10518.59	16829.74
WeRide	13014	20822	2	6507.00	10411.20
DiDi	10401	16642	2	5200.75	8321.19
Nuro	55370	88592	11	5033.62	8053.79
Deeproute.AI	10018	16029	3	3339.33	5342.93
Zoox	102521	164034	63	1627.32	2603.71
QCraft	7582	12131	16	473.88	758.20
Aurora	12208	19532	37	329.93	527.90
Lyft	32731	52370	123	266.11	425.77
Gatik.AI	2352	3763	11	213.82	342.11
Apple	18805	30088	130	144.66	231.45
Nissan	395	631	4	98.63	157.80
BMW	122	195	3	40.67	65.07
Aimotive	2987	4779	113	26.43	42.29
Mercedes Benz	29984	47974	1.167	25.69	41.11
NVIDIA	3033	4853	125	24.26	38.82
Qualcomm	1727	2763	90	19.19	30.70
SF Motors	875	1400	61	14.34	22.94
Atlas Robotics	47	76	10	4.74	7.58
EasyMile	424	678	128	3.31	5.30
Toyota	2875	4600	1215	2.37	3.79
Telenav	4	6	2	2.00	3.20
Udelv	66	106	49	1.35	2.16
Ridecell	148	236	189	0.78	1.25
Valeo	49	78	99	0.49	0.79

Robotaxi 是自动驾驶最典型的场景形态之一，也是最具挑战的场景形态。具体体现在如下方面。

（1）Robotaxi ODD 复杂，边角案例层出

自动驾驶干线物流车行驶在高速公路上，相对环境比较单一。矿山、港口、机场、校园、景区、工业园区、停车场等地方的自动驾驶车辆，行驶环境也相对简单。而 Robotaxi 面临的城市交通环境极为复杂。尤其是在我国，各个城市交通状况差异巨大，交通参与者和驾驶员的行为习惯差异明显。这导致 Robotaxi 需要应对的真实交通情况根本无法穷举，各种边角案例层出，给 Robotaxi 的普及带来巨大挑战。

NHTSA 在《自动驾驶系统可测试案例和场景框架》中采用六大要素构建 ODD，包括基础设施、驾驶操作限制、周边物体、互联、环境条件、区域[8]，如表 2-8 所示。

表 2-8　NHTSA ODD 分类框架

基础设施	道路类型，道路表面，道路边缘，道路几何
驾驶操作限制	速度限制，交通条件
周边物体	标志标牌，道路使用者，非道路使用者障碍物/物体
互联	车辆，交通密集信息，远程车队管理系统，设施传感器等
环境条件	天气，天气导致的路面条件，颗粒物，光照
区域	地理围栏，交通管控区域，学校区域，国家/州，干扰区域

① 基础设施

道路类型：分隔公路、不分隔公路、主干道、城市、农村、停车场、多车道、单车道、高载客量车辆（HOV）车道、入口/出口匝道、紧急疏散路线、单向、转弯专用车道、私家路、双向车道、交叉路口（信号灯、掉头、四向/双向停车、环岛、合并车道、转弯专用车道、人行横道、收费广场、铁路穿越）。

道路表面：沥青、混凝土、混合料、格栅、砖、泥土、砾石、刮过的道路、部分堵塞、减速带、坑洼、草地。

道路边缘：标记线、临时标记线、路肩（铺砌或砾石）、路肩（草）、混凝土护栏、格栅、栏杆、路缘、锥体。

道路几何：直线、弯道、山丘、侧峰、拐角（常规、死角）、负障碍物、车道宽度。

② 驾驶操作限制

速度限制：最低和最高限速（绝对、相对于限速、相对于周围交通）。

交通条件：最小交通量、正常交通量、保险杠到保险杠/高峰时间交通量、交通条件变化（事故、应急车辆、施工、封闭道路、特殊事件）。

③ **周边物体**

标志标牌：标志（例如停车、让行、行人、铁路、学校区域等）、交通信号（闪光、学校区域、消防部门区域等）、人行横道、铁路交叉路口、停止的公共汽车、施工标志、急救信号、遇险信号、道路用户信号、手势信号。

道路使用者：车辆类型（轿车、轻型卡车、大型卡车、公共汽车、摩托车、宽载车辆、应急车辆、施工设备、马车/四轮马车）、停车车辆、移动车辆（手动、自动）、行人、骑自行车人。

非道路使用者障碍物/物体：动物（如狗、鹿等）、购物车、碎片（如轮胎碎片、垃圾、梯子）、施工设备、行人、骑自行车人。

④ **互联**

车辆：V2V 通信（如 C-V2X/DSRC、Wi-Fi）、应急车辆。

交通密集信息：众包数据（如 Waze）和 V2I。

远程车队管理系统：车辆由可执行远程操作的操作中心支持。

设施传感器等：工作区警报、易受伤害的道路使用者、路线和事件管理、GPS、三维高清地图、坑洞位置、天气数据、云端数据等。

⑤ **环境条件**

天气：风、雨、雪、雨夹雪、温度。在高速公路上，小雨或小雪可使平均速度降低 3%～13%，大雨会使平均速度降低 3%～16%，大雪会使平均速度下降 5%～40%；小雨时自由流速度可降低 2%～13%，大雨时自由流速度可降低 6%～17%，雪会导致自由流速度降低 5%～64%。

天气导致的路面条件：积水、道路被淹、道路结冰、道路积雪。洪水导致车道浸没，积雪和风吹碎屑导致车道阻塞，可能导致通行能力降低。由于危险条件（如大风中的大型卡车）造成的道路封闭和通行限制也会降低道路通行能力。

颗粒物：雾、烟、烟雾、灰尘/污垢、泥。低能见度可导致速度降低 10%～12%。雾和强降水以及风吹雪、灰尘和烟雾会缩短能见度距离。低能见度条件会导致速度差异增大，从而增加碰撞风险。

光照：白天、黎明、黄昏、夜晚、路灯、前照灯（常规和远光）、迎面而来的车辆灯光（后照灯和前照灯）。

⑥ **区域**

地理围栏：中央商务区、校园和退休社区。

交通管控区域：可能包括临时车道封闭、动态交通标志、可变限速、临时或不存在的车道标志、人工引导交通、装卸区。

学校区域：动态限速、不稳定的行人和车辆行为。

国家/州：任何法律、监管、执法、侵权或其他考虑因素（例如跟踪距离、许可等）。

干扰区域：隧道、停车场、茂密的树叶、高层建筑和大气条件限制的GPS。

每个自动驾驶系统运行的前提条件及适用范围都不太一样，只有当全部条件都满足时自动驾驶才能保证正常运行，相反欠缺任何一个前提条件，自动驾驶系统都有可能出现故障，这时就需要采取紧急停车措施或是驾驶员手动接管。

由于现在的自动驾驶技术还处于发展阶段，无法保证自动驾驶车在任何天气条件下和任何道路环境中都可以安全行驶。因此，自动驾驶系统会提前设定好ODD，通过限制行驶环境和行驶方法，防止事故发生。

（2）Robotaxi预期功能安全挑战大

自动驾驶和智能网联汽车所要面临的环境太过复杂，设计漏洞很难完全避免，同时还面临驾驶员或乘客发生误操作的挑战。单车自动驾驶的预期功能安全（Safety Of The Intended Functionality，SOTIF）主要涉及感知、预测、决策、控制和人机交互五方面，其中感知和预测是目前面临的突出问题。

Robotaxi有面临极端天气（雨、雪和大雾）条件下的感知问题，飞溅的雨水会影响激光雷达的反射效果，雾可能会遮挡摄像机的视线，雪会覆盖道路上用于辅助感知的道路标识，雪的密度也会影响激光雷达光束的反射效果；不利照明条件下的感知问题，镜头光斑（Lens-flares）、大阴影（Large Shadows）和其他不利的照明条件都会对感知性能产生不同的影响；遮挡条件下的感知问题，比如前方大车遮挡，自动驾驶车辆无法识别前方的交通参与者、信号灯或者交通运行状况。

Robotaxi还面临行人或车辆轨迹预测的不确定性，主要因为交通参与者的轨迹往往呈现高度非线性、驾驶行为具有多模态性、交通参与者之间的交互作用难以建模，导致目前车端轨迹预测算法难以确保安全[9]。

（3）Robotaxi行驶速度快，安全处理时间短

自动驾驶末端物流配送车、自动驾驶接驳小巴、自动售卖车、巡逻机器人等，属于自动驾驶低速场景。而Robotaxi行驶速度快，城市内为60～80公里/时，在高速公路上达到120公里/时，和低速自动驾驶场景相比，留给Robotaxi处理各种紧急情况的反应时间更短，也对Robotaxi提出了更高的技术要求。

（4）Robotaxi改造成本高，量产难度大

如果Robotaxi仅仅依靠单车智能，则对自动驾驶车辆的多传感器融合、高精度地图、高精度定位、计算能力、线控系统改造提出很高要求。尤其是L4级Robotaxi

主流采用64线激光雷达技术，安装改造成本很高，离真正车规级量产商业化还有很远的距离。

（5）Robotaxi商业闭环难度高

如果Robotaxi摆脱不了对安全员的限制，从商业逻辑上看，无法实现盈利的商业闭环。

2.2.2　5G车联网与Robotaxi

对于依靠单车智能实现的Robotaxi来说，车路协同可以从以下四个方面赋能Robotaxi[10]。

（1）红绿灯信息推送

单车智能依靠摄像头识别红绿灯信息，存在识别错误的情况，如前方大车遮挡看不到红绿灯，或者树木遮挡红绿灯，以及在恶劣天气条件下。

而依靠智能网联方式，直接读取红绿灯信号机信息并传给RSU，再通过RSU广播到Robotaxi，可以让Robotaxi精准读取到红绿灯信息，并且可以完全实现和信号机红绿灯倒计时时间（秒）的同步。

对于主要行驶在城市道路的Robotaxi来说，分布在交叉路口的红绿灯信息，通过智能网联方式精准获取，是其最有价值的车路协同案例。

（2）超视距信息获取

单车智能安装的各类传感器都有自己的覆盖范围，和人眼视距类似，例如超声波雷达探测距离5米、摄像头探测距离100米、激光雷达探测距离150米、毫米波雷达探测距离250米。超出这个距离，依靠单车智能就无法再识别和获取信息。

比如超出单车智能传感器感知范围的前方隧道内发生了交通事故，自动驾驶车辆无法及时获取隧道内信息，这对于自动驾驶车辆来说非常危险。依靠智能网联，可以通过安装在隧道内的传感器检测出隧道内出现的交通事故，再将相关信息传递给路侧边缘计算设备，进而通过区域边缘计算设备或者中心云平台，传递给几公里外的RSU设备，并通过RSU设备广播给自动驾驶车辆，实现超视距交通状态感知。

（3）"鬼探头"等典型场景应对

根据预期功能安全四象限理论，通过车路协同可以使自动驾驶SOTIF中的不安全场景转化为安全场景，未知场景转化为已知场景，如图2-3所示。

① 不安全场景转化为安全场景。针对原有"不安全"的场景，处理方式有两种：一是提升自动驾驶能力，将其转化为安全场景；二是进行触发条件检测并通过限制ODD进行排除。车路协同的加入，让自动驾驶车辆能够获取更全面的数据，可

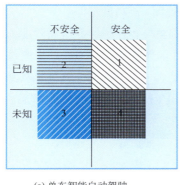
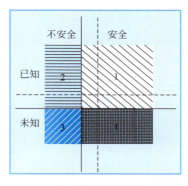

(a) 单车智能自动驾驶　　　　　　　(b) 车路协同自动驾驶

图 2-3　基于车路协同使得 SOTIF 各区域发生变化

以更早更远地启动处理，从而为车辆应对不安全场景营造更好的条件。同时，也支持增强对危险场景的触发检测能力，以便通过 ODD 将其排除。

② 未知场景转化为已知场景。针对原有"未知"场景的探索是一个行业难题。车路协同一方面可以通过全量的感知识别完成对未知现象的触发和处理，如将未知异常的交通现象转化为触发条件，并且提示过往车辆提前做出预判；另一方面，通过数据驱动和算法学习，可以将未知数据采集、挖掘、训练提升，发现未知场景，从而完成学习式系统的成长[9]。

通俗来讲，"鬼探头"就是在前方有车辆或障碍物阻挡住驾驶员视线，也就是存在视野盲区，从路边突然蹿出非机动车或行人，导致驾驶员避让不及时。因为事发突然，彼此都没有反应和躲避的时间与空间，令人猝不及防，因此被称为"鬼探头"。

单车智能目前无法有效规避"鬼探头"风险。只能在相关路段进行智能网联路侧基础设施部署，通过路侧智能设施识别出非机动车或行人的行为，通过路侧边缘计算设备进行计算分析，预判出潜在碰撞风险，及时推送给 Robotaxi，从而使 Robotaxi 的"已知安全"场景集合明显扩大。

除了"鬼探头"这样的场景外，还有一些单车智能难以识别的场景，比如路边车辆停在右转机动车道上，挡住 Robotaxi 正常行驶线路，Robotaxi 难以判断该车辆是在等待右转灯亮后继续行驶，还是处于非法停车状态。而通过智能网联路侧基础设施，可以进行识别和判断该车辆停留时间，给 Robotaxi 提供决策依据。

（4）安全冗余

Robotaxi 产业发展，最需要的就是安全。一旦出现交通事故，尤其是造成人员伤亡和财产损失，对自动驾驶产业发展将造成致命打击。因此，单车智能的主流做法是采用多重冗余的多传感器融合感知+高精度地图+高精度定位。

而道路智慧化改造可以让道路具备对交通参与者行为的分析预测能力，对交通环境和道路设施状态的判断能力，对交通事件的感知能力，这些结果通过智能网联系统，传给Robotaxi，作为Robotaxi决策的输入源之一，和单车智能输入源进行融合判断，可以有效提升Robotaxi的安全性，从而让Robotaxi多一层安全冗余。

2.2.3　网联Robotaxi商业价值

目前Robotaxi主要有三种商业运营模式。

（1）合作模式，各司其职

自动驾驶科技公司、整车厂、出行服务公司形成"铁三角"（图2-4），以合作模式，各司其职，向客户提供Robotaxi出行服务。

自动驾驶科技公司提供自动驾驶核心算法或全栈式解决方案给整车厂，提供无人驾驶技术给出行服务公司。

整车厂提供整车制造产能及供应链能力给自动驾驶科技公司，提供可规模化量产的自动驾驶车给出行服务公司。

出行服务公司向整车厂采购车辆，提供数据供自动驾驶科技公司进行算法迭代，并且负责Robotaxi运营。

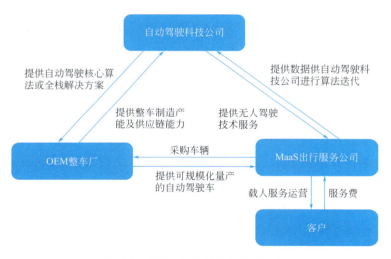

图2-4　Robotaxi"铁三角"模式

（2）成立合资公司负责运营

自动驾驶科技公司和出行服务公司、整车厂成立合资公司，负责在当地进行Robotaxi运营，如图2-5所示。

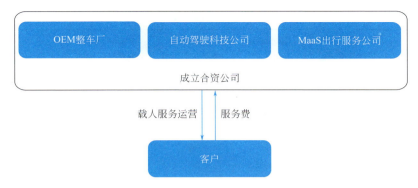

图 2-5　Robotaxi 合资公司模式

（3）自动驾驶科技公司自主运营

部分自动驾驶科技公司选择成立团队负责运营工作，便于车辆数据的流通和统一管理，可加速技术迭代验证的速度，如图 2-6 所示。

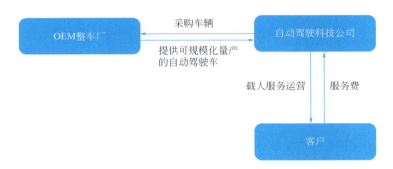

图 2-6　Robotaxi 自主运营模式

Robotaxi 要实现商业闭环，必须要解决量产、可收费、无人化三大难题。

① **量产**：整车厂自己，或者选择和自动驾驶科技公司合作，打造可规模化量产的自动驾驶车型，才有可能将自动驾驶车辆改造成本降低下来。

② **可收费**：Robotaxi 需要可载人、可运营、可收费，才有可能产生收益。2021年11月，北京正式开放国内首个自动驾驶出行服务商业化试点，并发布《北京市智能网联汽车政策先行区自动驾驶出行服务商业化试点管理实施细则（试行）》，在保障市场公平竞争原则的前提下，企业可采取市场化定价机制，在向乘客明确收费原则、支付方式等信息前提下，方可开启体验收费服务。

③ **无人化**：当未来去掉安全员后，无人驾驶出租车每公里成本相较于传统出租车将节省至少一半，如表 2-9 所示[11]。

表2-9 Robotaxi每公里成本测算

分类	传统出租车	Robotaxi（含安全员+改装车）	Robotaxi（含安全员+前装量产车）	Robotaxi（无安全员+前装量产车）	备注
行驶里程/万公里	57.6	57.6	57.6	57.6	平均每天行驶里程为400公里，每年360天，报废年限为4年
购车成本/万元	12	12+80（自动驾驶车辆改造成本）	20（前装量产+硬件成本下降）	20（前装量产+硬件成本下降）	对应为国内的成本
人工成本/万元	48	48	48	—	假设工资为5000元/人，两班制，传统出租车和无人驾驶出租车均为24小时运营
燃料、维保等其他成本/万元	49（燃油车）23（电动车）	27（电动车）	23（电动车）	23（电动车）	燃油车0.6元/公里；电动车0.15元/公里
成本合计/万元	109（燃油车）83（电动车）	167	91	43	—
每公里成本/元	1.89（燃油车）1.44（电动车）	2.89	1.58	0.75	—

Robotaxi除了向用户收费外，还可以考虑如下其他盈利模式：车内配备一些硬件收费服务，如扫码即可开启按摩功能的座椅按摩，扫码付费即可使用的办公用品；车内娱乐显示终端植入广告；对车辆运行数据、运营数据进行二次清洗、处理，提供给相关企业（如保险公司、内容提供商等）或与相关企业合作共同打造新的产品。

而智能网联赋能Robotaxi的主要意义在于提升安全性和降低成本。Robotaxi行驶在经过智慧化改造的道路上将变得更加安全可靠。另外，按照未来大规模量产阶段一辆乘用车20万元的自动驾驶改造成本计算，全国2亿辆车全部转换为自动驾驶车辆需要40万亿元的投入。而我国2020年末全国公路总里程519.81万公里，高速公路里程16.10万公里，即使按照每公里需要80万元智慧化改造费用测算，总投入只需要4万亿元。车路协同的路端改造成本要低于车端改造成本一个数量级。

在智慧化改造后的道路上行驶，还可以更进一步降低对Robotaxi单车智能的技术要求，比如64线激光雷达可降低到32线甚至是16线，对车载算力要求，一般L2级需要计算力<10TOPS（Tera Operations Per Second，每秒钟可进行多少万亿次操作），L3级需要计算力为30～60TOPS，L4级需要计算力>100TOPS，也可降低要求。

当然智能网联想要真正赋能Robotaxi，同样面临诸多挑战：道路智慧化改造程度不够；网联Robotaxi商业模式挑战更大。

Robotaxi没有固定行驶路线，这与公交车辆有固定行驶线路不同，也和矿区、港口、机场、校园、景区、工业园区、停车场等相对封闭场景不同，要求实现非固定线路自由行驶场景。显然一辆Robotaxi行驶到没有进行过智慧化改造的道路上，将无法享受到相关的智能网联业务支持，从而达不到提升安全性和降低成本的效果。相比较Robotaxi应用场景来说，智能网联更容易在特定商业环境场景和固定行驶线路的自动驾驶场景里面实现。或者至少需要在特定片区里面实现道路的规模智慧化改造，才有可能让行驶在该片区内的Robotaxi全面享受到车路协同带来的价值。

单车智能Robotaxi在取消安全员之后，达到一定量产规模，才有盈利的可能性。而采用网联自动驾驶方式提供的Robotaxi业务，需要利用车端挣的钱来分摊路侧设施部署费用，这在短周期内还不能实现，无疑对网联Robotaxi商业模式提出更大挑战。

合理的方式是智慧化改造后的道路不仅仅服务于Robotaxi业务，同样可以服务于有人驾驶和智慧交通以及其他各种自动驾驶场景，才有可能让网联Robotaxi得以实现。

2.2.4　网联Robotaxi典型案例

案例1：广州生物岛智能网联汽车驾驶大赛

来自广汽集团、文远知行、武汉大学、中山大学、华南理工大学、南昌大学等30支智能网联汽车专业车队参加"2019智能网联汽车驾驶大赛（广州）暨2019智能网联汽车技术大会"。

大赛举办地广州国际生物岛是"广州市黄埔区5G自动驾驶应用示范岛"，实现超低时延、高稳定性以及大带宽的5G网络覆盖，可以将现场比赛信息实时传输回控制中心的5G+V2X平台，并为观众提供C-V2X可视化展示。同时，为实现智能网联赋能自动驾驶，岛上全长5.5公里的比赛线路红绿灯以及路口设备均完成了智能化升级改造。

总部位于黄埔区的车联网龙头企业高新兴科技集团作为核心技术支持单位，为大赛提供了覆盖"人-车-路-网-云"的车路协同一体化解决方案，安装了信号机、雷达、摄像机以及MEC等设备，布置C-V2X施工车道预警场景和C-V2X弱势行人检测预警场景，并提供了业内领先的车路协同系统。

在信号灯路口，路侧 MEC 通过 RSU 发送红绿灯的状态信息，参赛车辆上的 OBU 设备提前接收该信息后，减速停车等待红灯，或低速正常通过绿灯。

通过提前下发隧道上设置的慢行、限速等交通标志数据，参赛车辆按指令进入隧道，并按规定车道线行驶。

在模拟施工场景，基于 C-V2X 技术的智慧锥桶通过 RSU 设备向附近车辆广播施工信息，参赛车辆据此提前变换车道或重新规划路线，依次有序通过。

安装在路侧的多元智能感知设备能实时监测道路情况，发现行人和非机动车进入车道时，立即广播该预警信息，还未进入该路段的参赛车辆收到预警，提前减速避让，以最优速度通过路口[12]。

案例2：百度 Apollo Air 计划

为进一步推进车路协同自动驾驶从先导示范到规模商业化落地，百度公司于 2021 年 5 月，联合清华大学智能产业研究院正式提出了 Apollo Air 计划。

Apollo Air 计划有三大典型特征：依靠纯路侧感知实现车路协同自动驾驶；持续降维"反哺"车路协同产品；标准开源开放实现业界共享。

其中，依靠纯路侧感知实现车路协同自动驾驶是 Apollo Air 的最大技术创新，在不使用车载传感器，仅依靠路侧轻量感知的前提下，实现连续覆盖感知，并利用 C-V2X、5G 等无线通信技术就可以实现车-路-云协同的 L4 级自动驾驶。

依靠 Apollo Air 纯路侧感知技术，还可以持续"反哺"现有的智慧路口解决方案，将技术降维释放给车路协同量产产品，为共享无人车运营和高级别辅助驾驶提供高可靠性的路侧感知数据[9]。

2.3　5G车联网赋能公交车

2.3.1　公交车产业概述

城市公共交通的发展为人们出行提供了便利，满足了多样化出行需求。发展公共交通是现代城市发展的方向，是加强城市交通治理、提升城市居民生活品质的有效措施。2020 年 12 月，国务院新闻办公室发布《中国交通的可持续性发展》白皮书，提到城市公共交通持续优先发展，城市公交出行分担率稳步提高，舒适度不断提升。

近10年，全国私家车年均增速在18%以上，而城市道路里程、面积及人均道路面积的年均增速仅为6%～9%，导致我国主要城市道路饱和度已超过0.8，核心区域超过1.0，交通供需失衡严重，全国大中城市交通拥堵问题突出，严重影响人民群众的日常工作与生活，加剧城市污染，增加社会成本。

我国城市公共汽电车线路数量和车辆数量持续增长，截至2020年底，城市公共汽电车运营车辆70.4万辆，公共汽电车运营线路超过7万条，运营线路总长度148.2万公里。保障公交路权优先，我国公交专用道长度超过1.6万公里。快速公交系统（BRT）发挥重要作用，北京、上海、广州等35个城市开通了BRT，运营车辆数达9891辆，BRT线路总长度6682.2公里。一辆公交车日均运营能力相当于270乘次的小汽车出行。因此大力推行公交出行，能够有效地降低小汽车的使用率，提高城市道路利用率，缓解城市拥堵。

道路交通在交通运输业的整体碳排放中占比高达74.5%，道路交通领域的石油消费在交通运输行业当中占有绝对比重，达到了83%。其中，乘用车二氧化碳排放占道路交通总排放的44%。

新能源化是降低乘用车碳排放的主要方法。2020年11月，国务院办公厅印发的《新能源汽车产业发展规划（2021～2035年）》规定，到2025年，我国新能源汽车新车销售量达到汽车新车销售总量的20%左右。然而，乘用车全面实现新能源化仍是一条漫长的路。据公安部统计，截至2020年底，全国新能源汽车保有量492万辆，仅占汽车总量的1.75%。在中短期的未来，传统燃油车仍是主流。在此背景下，推行公交出行是大幅降低交通领域碳排放的重要途径。相比小汽车，公交车是承载城市运力非常大的交通工具，同时公交车也是我国在汽车电动化领域做得最好的。2035年，我国有望达到公交车全面电动化[13]。

截至2020年，全国机动车保有量达3.72亿辆，其中汽车2.81亿辆，再加上航空、铁路、水运等，交通领域碳排放量非常大。在2021年全国两会中将碳达峰、碳中和首次写入政府工作报告，发展城市公交是助力"碳中和"的重要方式之一。

智慧公交是城市公交出行的重要发展方向之一。所谓智慧公交，是将移动互联网、物联网、大数据、云计算等新一代信息技术应用到城市公共交通运营、服务、管理等方面，努力打造综合、高效、准确、可靠的城市公共交通信息服务体系，全面提高城市公共交通智能化水平。

国务院、交通运输部等主管单位、部门多次在各种指导文件中强调公共交通的智能化、信息化。2014年4月，交通运输部办公厅发布《关于加快推进城市公共交通智能化应用示范工程建设有关事项的通知》，加快推进城市公共交通智能化应用示范工程建设工作。

2015年6月，交通运输部办公厅发布《关于进一步加快推进城市公共交通智能化应用示范工程建设有关工作的通知》，以提升城市公共交通运行监测、企业智能调度、行业监管决策和公众出行信息服务水平为总体目标。

截止到2020年11月，交通运输部公布了两批共37个公共交通智能化应用示范试点城市。第一批包括济南、郑州、大连、哈尔滨、深圳、南京、西安、长沙、北京、重庆10个城市；第二批包括太原、石家庄、青岛、武汉、株洲、贵阳、苏州、乌鲁木齐、杭州、保定、银川、兰州、昆明、宁波、合肥、南昌、新乡、广州、沈阳、西宁、柳州、福州、海口、呼和浩特、长春、上海、天津27个城市。

2.3.2　5G车联网与公交车

智慧公交发展面临的挑战主要考虑以下三个角度。

（1）从城市市民角度看当下公交出行存在的问题

① "门到门"出行时间较长，造成这个问题的原因，包括公交候车时间长、不准时，一般来说为了提升公交运营效益，会减少公交配车并采取较大的发车间隔，这就会导致市民候车时间增加。

② 公交线路规划绕路/换乘引起行程时间过长，一般来说为增加客流，会增加绕行，从而增加线路非直线系数，导致市民绕行距离增加。

③ 道路拥堵也会引起行程时间过长。

④ 公交出行还存在舒适度不足的问题，比如热点区域和热点线路公交车车厢拥挤。

（2）从公交运营企业角度看当下公交出行存在的问题

① 公交安全事故时有发生，例如乘客与驾驶员发生冲突、公交车遇到交通事故，或者公交车车辆故障等各种原因导致公交事故发生。

② 公交驾驶员招聘难、成本高，驾驶公交车需要A3级以上驾照，驾驶员人工成本高，而且公交驾驶员工作时间长，容易造成疲劳驾驶，带来极大安全隐患。

③ 公交出行还面临轨道交通、电动自行车/自行车等出行方式的竞争，尤其是网约车的冲击，相比公交出行，网约车服务质量更高，线路更加灵活，可达性更强。

（3）从城市管理者角度看当下公交出行存在的问题

① 城市级公共交通决策需要更加科学，例如科学设计公交路网、快速公交线路，以及实现城市级智慧交通协同疏导等。

② 公共交通出行信息发布不及时、不准确，大部分城市公交系统不能有效传递出行信息。

③ 公交服务水平评价标准不客观，很多情况下是通过增加公交基础设施投入来

提升公交服务水平，而忽略了智能化改造等其他有效手段。

智能网联作为一种技术手段，是实现智慧公交的重要途径之一。智能网联公交，本质是实现公交的智能化和网联化。其中智能化代表着公交车的自动化水平，从 L0～L5 级；而网联化代表着公交车的信息交互水平，包括 V2I、V2V、V2P、V2N 等。全国各地纷纷开展智能网联公交试点示范工作，详细情况如表 2-10 所示。

表 2-10　各地智能网联公交试点示范项目

城市	建设内容
长沙	已有 2000 余辆公交车完成智能化、网联化改造。智能网联公交具有自动统计乘客人数、规范驾驶员驾驶行为、辅助驾驶、提升安全等功能，沿线路端可以实时感知智能网联公交的车辆速度、位置、驾驶状态等实时数据，并与交通信号控制灯进行实时联动
郑州	L3 级智能网联系统的建设内容包括车路协同盲区监测系统、信号优先系统、智能网联车辆升级、智能网联云控平台、车路协同系统、智能调度系统、自动充电系统、信息安全防护系统等
厦门	已完成厦门市 60 公里 BRT 道路和 5 个红绿灯路口的智慧化改造以及 50 辆 BRT 公交车的智能网联改造，发布了四项智能网联应用：超视距防碰撞、实时车路协同、智能车速策略以及安全精准停靠
杭州	基于 5G 通信和网联自动驾驶技术，实现车路协同、超前感知；智慧路口、安全出行；绿波引导、一路畅行；智能巡航、绿色环保；车车互通、无忧驾驶；智慧站台、e 站服务等功能
重庆	开展 5G+MEC+C-V2X 试点，支撑危险场景预警、绿波通行、路侧智能感知、高精度地图下载、5G 视频直播和远程驾驶六大场景应用
上海	滴水湖环湖一路智慧公交，实现基于 5G+ 智能网联技术的开放测试综合应用场景、基于大数据的智慧公交服务场景、基于人工智能的交通全息感知等新技术
深圳	实现精确识别、感应环境、自主规划路径、避让行人、障碍物等一系列 L4 级自动驾驶功能；乘客可"刷手乘车"；车内摄像头全方位识别分析车内正在发生的各种异常行为，如识别监测偷窃、吸烟、跌倒等行为

2.3.3　网联公交车商业价值

（1）自动驾驶公交车商业价值

自动驾驶公交车产品较少、产业链长、售价较高、商业回报低。传统公交车售价在 40 万元左右，每辆公交车一般配备 2 名驾驶员，工资水平大约在 8000 元/月，平均人力成本约 15 万元/年。每辆公交车通过加装传感器、计算单元、线控化技术等方式改造为自动驾驶公交车，总投入约为 60 万元。

相较于有人驾驶公交车，自动驾驶公交车 4～5 年才能体现经济效益，如表 2-11

所示。但当前激光雷达设备寿命偏短，只有1～2年，未来可能延长到2～3年。考虑传感器寿命较短产生的替换成本，投资回收期预计要8～9年以上。而典型的公交车使用年限在8～12年，也就意味着，以目前的技术水平和产业化水平，能够去掉安全员的自动驾驶公交在整个生命周期内刚刚能够收回替代的人力成本[14]。

表2-11 自动驾驶公交车购置和人力成本比较

项目	传统公交车/万元	自动驾驶公交车/万元	自动驾驶公交车模式成本比较/万元
传统公交车售价	40	40	
自动驾驶改造成本	0	60	
人力成本	15	0	
使用1年后购置和人力成本	55	100	−45
使用2年后购置和人力成本	70	100	−30
使用3年后购置和人力成本	85	120（更换部分传感器需要20万元）	−35
使用4年后购置和人力成本	100	120	−20
使用5年后购置和人力成本	115	140（更换部分传感器需要20万元）	−25
使用6年后购置和人力成本	130	140	−10
使用7年后购置和人力成本	145	160（更换部分传感器需要20万元）	−15
使用8年后购置和人力成本	160	160	0
使用9年后购置和人力成本	175	160	15

（2）智能网联公交车商业价值

通过打造智能网联公交车，可以助力普通公交车和自动驾驶公交真正实现智慧化。即从城市市民角度看，发展"精准公交"；从公交运营企业角度看，发展"安全公交"；从城市管理者角度看，发展"科学公交"。

① **"精准公交"** 有不同层次的要求。首先要做到"准时准点"，即市民期望公交车"定点发车，准时到站"，这样市民可以算好时间出门，"卡着点"坐车；其次可以提供"定制公交"，即市民通过专门渠道提出自己的出行需求，公交公司统计市民需求和客流情况设计出公交线路；最后还可以提供"智能响应公交"，市民可以选择手机预约、动态生成智能响应式公交，从而提供更加便捷、舒适的个性化出行服务。

针对不同层次的"精准公交"业务，智能网联技术可以提供丰富的应用场景。例如公交优先、绿波车速引导、智慧站台（BRT站台）及移动端应用信息服务、L4

级微循环自动接驳公交等。

公交优先可以通过"空间"和"时间"实现资源优先，即公交车有道路通行空间优先权和时间优先权。基于智能网联C-V2X车路协同技术，可实现低成本、高精度的主动实时自适应公交优先。

依托于C-V2X超视距和低迟延能力，可以预测公交车辆到达时间，决定优先配时策略；依托于C-V2X高精度（厘米级）定位能力，精准感知公交车的位置、速度、加速度，实现准确配时；根据道路拥堵情况动态计算各方向可压缩时间，通过相位保持、绿灯延长、红灯截断、相位插入和相序跳动等确保公交车直接通过；考虑多方向优先冲突请求，根据交叉路口车辆位置、速度、行驶方向、载客率、正点率和驾驶员驾驶意图进行多辆公交车的优先等级排序及优先方案。

绿波车速引导是指当公交车驶向信号灯控制的交叉路口时，收到由C-V2X路侧单元（RSU）发送的道路数据以及信号灯实时状态数据，将给驾驶员一个合适的车速建议区间，从而使得车辆能够经济、舒适地（不需要停车等待）通过绿波带各个信号路口。

智慧站台与公交智能网联系统实现数据互联，电子站牌可展现公交车的实时信息，精准显示公交车到站和离站位置、到站和离站时间、搭载人数、行驶速度等多种信息。

L4级微循环自动接驳公交可实现固定线路接驳，在20～50公里/时的设定线路以L4级自动驾驶。应用C-V2X车路协同技术将使自动接驳公交更加精准和安全可靠。

② **"安全公交"** 涉及多方面的要求。针对公交车本身，车辆安全是保障公交安全行驶的基础前提，包括车辆本身的各种状况，以及车前车后、驾驶位、车门、车厢的全方位监控；针对司乘人员，驾驶员的不规范操作和行为，以及长时间疲劳驾驶，是公交事故发生的重要原因之一。另外，乘客的危险行为，如抢夺公交车方向盘等也会严重危害公交车安全；针对交通环境和其他交通参与者，如极端恶劣交通环境，以及其他交通参与者导致的交通事故，也会危害到公交车安全。

针对以上不同对象的"安全公交"业务，智能网联技术可以提供丰富的应用场景。例如公交车状态数据实时上传、驾驶员驾驶智能监测、弱势行人与非机动车检测、交叉路口防碰撞、桥隧水浸监测、L3级自动驾驶公交改造等。

公交车状态数据实时上传，车载终端OBU与CAN总线集成，支持车辆诊断、车辆远控、车辆数据上报等。

驾驶员驾驶智能监测，可对驾驶员疲劳驾驶、分神驾驶、抽烟、接打电话等各种异常行为和危险行为及时报警。

弱势行人与非机动车检测、交叉路口防碰撞，可通过路侧智能设备采集路口交通信息，生成路口交通态势。行人和非机动车辆进入机动车道时，及时对公交车进行告警；路侧边缘计算设备还可以进行协同决策，将行驶建议广播给公交车，减少交通事故发生的概率。

桥隧水浸监测，通过路侧智能设备，检测桥隧状况，通过C-V2X路侧单元（RSU）提前下发给即将进入该路端的公交车。

L3级自动驾驶公交改造，此时系统完成大多数的驾驶操作，仅当发生紧急情况、出现车辆无法处理的情况时，进行预警，提醒驾驶员，由驾驶员接管车辆。L3级自动驾驶公交车可以有效降低驾驶员的驾驶疲劳度，将驾驶员从重复劳动中解放出来，将更多精力放到关注乘客服务上；还可以对特殊路段预设轨迹，在过桥和过隧道等危险场景下，车路协同和L3自动驾驶系统协同作用，系统预设最高优先级路径，其他人无法控制车辆，避免驾驶员和乘客出现危害社会的行为；还可以实现公交车精准停靠，一级踏板和车站屏蔽门间隔不超过15厘米，前后对齐误差不超过20厘米。

③ "**科学公交**" 涉及不同维度的要求。在规划决策维度，需要科学设计公交路网、快速公交等；需要和城市轨道交通、最后一公里出行等形成有机协同；还需要进一步和智慧交通大系统融合，进行主动交通管控。在信息发布维度，需要对数据进行高度融合，通过多种触达方式向市民提供公交信息服务，以及交通事故风险预警等。

针对不同维度的"科学公交"业务，智能网联技术可以提供丰富的应用场景，例如互联网大数据应用、公交线网优化、一体化出行服务等。

互联网大数据应用，可以挖掘城市居民出行需求和出行特征，为交通行业提供科学、可靠的数据分析和决策支持。例如宏观层面的省际/城际客流迁徙、城市客流OD（Origin Destination，起止点）、热门出行区域等；微观层面的实时客流检测、通勤规律、人群画像等。

公交线网优化，依靠互联网位置大数据，可实时感知分析人流和车流动态、出行规律、画像特征及城市动态信息等，再与行业业务大数据融合，发掘城市全域出行的空白点、空白区域，通过智能算法将点串联成线、将区域串联成面，并以实现最优接驳方案为约束目标，分析热门区域的公交供给情况，寻找到线网低覆盖但实际出行需求大的区域，指导全市公交线网的布局优化与智能调度。

一体化出行服务，针对出行需求进行一体化出行规划，多种交通方式流畅衔接，出行信息全链路打通，根据个人出行偏好智能化推荐线路。

依托于智能网联公交技术，"精准公交"的车辆运行时间可节约15%～25%，车速提升10%～20%，准点率提高40%～50%，平均车次运量增多25%～30%；"安全公交"提供公交车、驾驶员、乘客、交通运行安全管理，事故率可下降

70%～80%；"科学公交"可有效改善公交营运供给，运营计划完成率可达98%[15]。

2.3.4 智能网联公交车典型案例

案例1：长沙智能网联精准公交

2020年4月30日，全国首条面向社会运营的车路协同＋主动式公交优先的智慧公交线路落地长沙，长沙公交315线全线数字化升级，线路里程15公里，沿途共28个站点、24个交叉路口，运营车辆16辆。经过希迪智驾对普通车辆及路口进行智能化改造及车路云联调工作，智慧公交315线的准点率、载客率、安全性等"痛点"问题得到明显改善和提升。

2021年4月7日，在长沙市交警的推动下，长沙市首批车路协同＋主动式公交优先的智慧定制公交在梅溪湖和高新区两个片区启动试乘体验，分为定制公交东线和定制公交西线两条线路。线路开通前，引入了腾讯的位置大数据分析，精准挖掘通勤出行规律，根据结果定制了这两条线路专供梅溪湖和高新区片区居民通勤。试乘体验期间，采取早高峰、晚高峰各两班车次，在各信号路口，给予绝对优先通行权力。这种通过班车点对点式站点设计，拥有"信号绝对优先、专用APP预约、智慧公交都市平台"三大特点，进一步提高了公交道路优先权与网联化程度，对通勤人员提供了精准服务。

在智能网联信号优先和公交专用导向车道加持下，定制公交的通行效率、日客流量均有明显提升。根据长沙市交警的后台数据显示，截止2021年4月23日，定制公交西线的平均行程时间为26.9分钟，相比普通公交（沿定制公交路线）可提升行程效率约33.3%，相比私家车可提升行程效率约19.7%；定制公交东线的平均行程时间为22.9分钟，相比普通公交（沿定制公交路线）可提升行程效率约42.5%，相比私家车（沿导航路线）可提升行程效率约23.7%[13]。

案例2：深圳无人驾驶巴士

2020年10月，深圳市坪山区推出全市首条智能网联汽车应用示范线路——深兰科技-深智联自动驾驶巴士示范线路。智能网联无人驾驶巴士——"熊猫公交"正式上路，市民在发车点扫码"熊猫智行"小程序即可免费预约搭乘。

"熊猫公交"周身嵌置了6大类型、数十个高精度高性能的精密传感器，可以全方位地融合感知路面状况，自主精准识别行车、行人、动物等各种类型的交通参与者和不同状况下的道路环境。

"熊猫公交"最终实现了精确识别、感应环境、自主规划路径、避让行人和障碍物等一系列L4级自动驾驶功能。同时，它还是一辆纯电力新能源汽车，续航能力达250公里。

"熊猫公交"车内设置了"掌纹识别系统"，乘客可"刷手乘车"。车内的摄像头全方位识别分析车内正在发生的各种异常行为。如识别监测到偷窃、吸烟、跌倒等行为，系统将记录行为实施者的体貌特征，后台即时播报预警，以便安全员及时处理各种状况并提供帮助[16]。

2.4 5G车联网赋能自动接驳车

2.4.1 自动接驳车产业概述

发展自动接驳车的原因一方面是创新和经济发展的需求，另一方面是当地和区域的流动性以及改善公共交通的需要。自动接驳车在公共交通中的服务可由公共交通机构或其他公共和私人提供商提供。

自动接驳车服务模式可以比传统的随叫随到服务更灵活地选择路线，使用智能手机应用程序、信息亭或基于网络的预订，乘客可以要求到所需的目的地上下车或上门服务。自动接驳车主要应用在公园、景区、校园、科技园、工业园、示范区等封闭/半封闭，或较为简单的混合交通环境。这类场景的车辆与行人相对较少，车辆行驶速度相对较慢，属于典型的低速自动驾驶场景，是自动驾驶快速落地且商业化的一个较好切入点。

自动接驳车具体有如下服务模式。

（1）固定路线服务

自动接驳车在起点和终点之间的固定路径上运行，沿途设有站点，类似于公共汽车或铁路服务提供的传统公共交通。车辆可在专用车道或混合交通中以不同的速度行驶。固定路线自动接驳车服务可以在所有预定点停止，也可以根据请求停止。用户可以使用语音技术、计算机屏幕、呼叫按钮和其他移动设备应用程序，从自动接驳车内部请求停车。出行频率或车辆大小可根据需求进行调整。

（2）循环服务

在闭环内运行，通常为5公里或更短。自动接驳车循环服务特别适用于人们在特定社区或校园内旅行的情况。在公共交通循环服务中，站点通常比固定路线服务更近。由于乘客密度高，且该服务可能仅代表多式联运行程的一段，因此循环服务的运行频率通常更高，车辆也可能更小。

（3）A-B穿梭机服务

以固定路线或循环在两点之间行驶。例如，A-B穿梭机可以往返于特殊活动场所、工作场所或停车场。A-B穿梭机服务可能包括客户请求在车内或车外按需停车的功能。

（4）最后一公里服务

最后一公里服务，国外又称为最后一英里（Last Mile）服务，是指从停车场、公交站、地铁站、商业CBD（Central Business District，中央商务区）等到最终目的地的一段短距离移动，可以将客户连接到容量更大的固定路线公交或铁路服务，其效果是增加公共汽车站或火车站的集客区面积，主要方式包括自动接驳车、共享单车、共享电动车等多种形式。

最后一公里服务的主要目的之一是通勤。通勤需求常年存在，而且呈现早上和晚上的上下班时间段集中爆发特点，需求频次高，出行需求量大。

欠发达城市10公里以内的短距离出行需求更大。10公里以内出行在四、五线城市中最为普遍，三线城市次之，一线城市占比最低。主要原因是欠发达城市的公共交通覆盖不足，因而对最后一公里服务需求也更大。

最后一公里服务方式多样化，由于传统的公交车、出租车、轨道地铁等城市公共交通不能满足民众个性化、即时性、点对点的出行需求，因此自动接驳车、共享单车、共享电动车等新型出行方式快速兴起，有效弥补了传统出行方式的缺点[17]。

采用自动接驳车做最后一公里服务，可作为固定路线运营，也可以提供灵活的路线和门到门服务。小型自动接驳车可以提供从中转站或车站到附近目的地的频繁服务。

（5）辅助客运系统（按需服务）

自动接驳车可根据客户要求提供点对点服务，这对需要门到门服务、视觉或认知有障碍的客户尤其有利。这些服务可作为无人驾驶出租车或叫车服务预订或按需提供，可作为共享服务部署，将去往同一方向的人集中到一辆车上。当达到阈值人数或指定的等待时间时，便可以调度自动接驳车。

2.4.2　5G车联网与自动接驳车

车联网赋能自动接驳车，一方面和Robotaxi场景类似，可以通过车联网实现红绿灯信息精准推送、超视距信息精准获取、"鬼探头"等典型场景应对、额外安全冗余等；另一方面，与Robotaxi不同的是，自动接驳车（Robobus）需要向用户提供更加精准的服务，因此需要依靠精准的出行需求来设计路线，车联网可以赋能实现出行 OD 分析、路况精准服务等，以便科学合理地规划设计 Robobus 线路。

依托车联网的车端和路端数据、交通大数据以及互联网位置大数据（人流、车流、交通流等），可以挖掘出精准的出行需求，结合当前城市公共交通的负荷度与公共交通车辆的分担率，挖掘城市出行中供需不平衡的焦点问题，将这些焦点问题统筹考虑，利用智能算法串联成线，指导 Robobus 的线路设计。并且，Robobus 的线路设计还可以和其他公共交通方式进行融合，指导全域公共交通线网的优化，达到线路规划的最优结果，实现最优接驳方案和高效多式联运。

2.4.3 网联自动接驳车商业价值

自动接驳车的服务治理和融资通常通过公私合作进行。城市、区域规划组织和公共交通机构与房地产开发商、医院、私人雇主、大型保险公司、酒店业（如会议中心、酒店和餐厅）、能源部门（主要是电力设施）和其他私营实体合作，管理、监督和资助自动接驳车服务。

网联自动接驳车服务目的和带来的价值包括如下可能。

① **教育**：自动接驳车可以提供大学和其他教育校园之间的联系，扩大流动选择和教育机会。

② **就业**：自动接驳车可提供进入就业中心的通道，并允许在就业中心内流动（就业中心是工作地点集中的区域，如办公园区、市中心、多用途校园、工业园区或办公楼群）。此类服务可降低停车要求，增加员工和访客的便利。

③ **娱乐、游戏和零售业**：自动接驳车可以将客户连接到娱乐、游戏和零售场所，并允许在指定的单一用途或混合用途区域内移动。自动接驳车服务有助于减少停车需求，改善无障碍性，特别是对于那些有视觉或认知障碍的人。

④ **保健**：自动接驳车可以向医疗园区内提供服务，或向医疗和健康服务提供点对点服务。自动接驳车服务可以缩短预约的交通时间，减少停车需求，并提高后续护理率。

⑤ **停车**：自动接驳车可以接送员工往返远程停车场，降低员工和雇主的停车成本。

⑥ **基于财产的服务**：房地产开发商通常为基于物业的服务提供资金，以吸引购物者或为员工或居民提供便利设施。自动接驳车服务（如循环服务和最后一公里服务）可以将居民、客户和员工与家庭、购物和工作联系起来。

⑦ **高级服务及住宅发展**：自动接驳车可以在校园环境和社区环境中提供高级固定路线和按需服务[18]。

2.4.4 网联自动接驳车典型案例

案例1：美国拉斯维加斯AAA免费自动接驳车

美国拉斯维加斯拥有60多万人口，是美国非常受欢迎的旅游目的地之一。从2017年开始，拉斯维加斯市和内华达州南部地区交通委员会（RTC），以及凯奥利斯北美分部和北加利福尼亚州、内华达州及犹他州汽车协会（AAA），在市中心环路上运营了全国首个混合交通的公共交通自动驾驶服务。一辆Navya ARMA自动接驳车为居民和拉斯维加斯的游客提供服务。

AAA免费自动接驳车第一阶段在拉斯维加斯市中心沿着弗里蒙特、南第八街、东卡森大道和南拉斯维加斯大道环行，穿过8个十字路口，其中6个十字路口有信号灯。以0.6英里的固定路线运行，有3个固定站点，不收费。自动接驳车通常以低于10英里/时的速度运行。除了夏天炎热的日子外，人们对自动接驳车的兴趣很高，自动接驳车站点通常排着长队，乘客主要是拉斯维加斯的游客。

第二阶段品牌为"GoMed"，是行驶4.5英里的自动接驳车，连接拉斯维加斯市中心和附近的医疗园区。该项目于2018年12月获得联邦政府530万美元的建设拨款资金，并被称为拉斯维加斯医疗区自动循环和行人安全项目。四辆车服务于穿梭路线，提供在市中心循环服务以及I-15市中心和医学院之间的A点到B点穿梭服务。该项目的目标是将居民与"医疗、就业、教育和其他重要服务"联系起来。

Keolis是一家在美国和欧洲运营公共汽车及轨道交通服务的移动与交通服务提供商，在试点期间招募、培训和监督所有安全员。Keolis也负责城市合同设施中车辆的储存和充电。Keolis还提供AAA、Navya、RTC和该市关于乘客量、出行和电池利用率的信息。另外，Keolis向Navya提供技术脱离接触报告和其他日志。

在试验期间，AAA自动接驳车通常在夏季的上午11：00至下午7：00之间运行，Keolis将时间表调整为下午1：00至晚上9：00之间，以避免高温。极端的高温需要持续的空调，影响电池性能，并对人们在外面等待自动接驳车的意愿产生不利影响。

Navya自动接驳车没有联邦自动车安全标准（Federal Motor Vehicle Safety Standard，FMVSS）要求的侧后视镜、制动踏板和驾驶员座椅。Navya完成了

FMVSS差距分析，解释了车辆不符合要求的具体部分，并演示了它们如何仍能满足同等功能水平并提供同等安全水平。例如，8个激光雷达传感器提供的道路和交通状况信息比人眼多得多。

此外，该市还重点研究DSRC（Dedicated Short-Range Communication，专用短程通信）、互联车辆和基础设施技术、共享服务等领域。在拉斯维加斯市中心的70多个十字路口配备了DSRC设备，RTC使用DSRC网络对自动接驳车服务进行测试，以判断未来在支持自动驾驶车辆部署方面所需要的投资。

AAA免费自动接驳车是作为一个单独用例设计的，没有集成到RTC的公交系统中（集成票价或协调服务和调度）。该车辆与本地基础设施（如DSRC RSU）集成，市政府认为该试验是对连接DSRC车辆的有用验证，该单元为车辆定位提供冗余，并将有关交通灯状态的信息（包括信号相位、配时数据）转发给车辆[18]。

案例2：美国得克萨斯州阿灵顿市 Milo

美国得克萨斯州阿灵顿市有39.6万人口，是达拉斯沃思堡大都会的地理中心。阿灵顿市是亚热带湿润气候，夏季温度约为35摄氏度。高温加上高湿度，使得许多人在室外行走时感到不舒服，另外还有些人身体残疾，行动不便。

每年有超过1400万名游客来到阿灵顿娱乐区。娱乐区拥有15000多个工作岗位，还有达拉斯牛仔体育场（AT&T公园）、得克萨斯州流浪者体育场（环球生活场）、六旗游乐园、大型会议中心、酒店和其他区域景点。

2016年秋天，阿灵顿市任命了一个交通咨询委员会（TAC）来制订城市交通创新计划。TAC在2017年9月发布了最终报告《连接阿灵顿：连接人与地的交通愿景》，自动接驳车是该计划中的一项关键建议。

Milo试验是阿灵顿市自动接驳车试验的第一阶段，战略倡议办公室在18个月的时间内领导规划、项目开发、采购、实施、运营和评估。得克萨斯州的监管环境部门一直鼓励自动驾驶车辆部署，阿灵顿市的工作人员在项目开始之前无须获得得克萨斯州的许可。该项目也不需要FMVSS（Federal Motor Vehicle Safety Standard，联邦机动车安全标准）豁免，因为车辆没有在公共道路上行驶。这条路大约10英尺（1英尺=0.3048米，下同）宽，供骑自行车人和行人使用。典型的运行速度为8英里/时，是多用途路线。

阿灵顿市与EasyMile签订合同，租赁两辆EasyMile EZ10 Gen-1车辆。自动接驳车的运营资金使用的是旅游收入。阿灵顿市最初计划从EasyMile购买车辆并接受相关培训后自行操作车辆。然而，阿灵顿市的工作人员意识到这将是一种不可持续的模式，并决定与 First Transit（一家交通和移动服务提供商）签订合同，由其在规定数量的活动中处理常规运营，并提供日常服务。

EasyMile 为阿灵顿市和 First Transit 提供技术支持，特别是在试点开始时，它提供车辆规格、操作和维护说明，并为安全员提供认证课程和培训文件。EasyMile 提供了关于 EZ10 Gen-1 车辆如何工作的详细规范和说明。First Transit 采用了其铁路运营的最佳实践，包括遵循检查表、调度和维护的标准化协议。阿灵顿市以安全为重点进行监督。

阿灵顿市在政府保险风险池的支持下对该项目进行了自我保险。此外，它还需要 EasyMail 提供覆盖范围之外的额外保险。

Milo 自动接驳车旨在成为一个创新的交通项目，向娱乐区的各种区域居民和游客展示自动化技术。具体目标是：在现实环境中测试自动化车辆技术；教育公众并提高对自动化车辆技术的认识。

阿灵顿市在为期一年的试点期间进行了调查，在乘坐 Milo 自动接驳车的人中，99%的人喜欢他们的经历并感到安全，97%的受访乘客支持更广泛地使用自动驾驶技术，另外还有评论称，这一经历改变了他们对自动驾驶技术的看法，并表达了阿灵顿市扩大服务领域的愿望[18]。

案例3：广州国际生物岛和南京生态科技岛自动驾驶微循环小巴

2021年初文远知行与宇通公司联手打造自动驾驶微循环小巴 Mini Robobus，采用前装量产车型，无方向盘、油门和刹车，搭载文远知行自主研发的全栈式软硬件解决方案，能够安全高效地处理各种复杂的城市交通路况。在广州国际生物岛和南京生态科技岛开启"两岛一线"的常态化测试。

宇通公司也是全球智能网联客车的先行者。2015年宇通公司完成第一代自动驾驶产品研发，并在郑开大道完成全球首例自动驾驶客车开放道路试运行；2019年3月，宇通公司生产的5米自动驾驶微循环车在海南博鳌论坛示范运营；2019年5月，郑州"智慧岛5G智能公交"项目落地，宇通公司生产的5米自动驾驶微循环车在开放道路试运行；2020年6月，宇通公司助力郑州郑东新区开通了全长17.4公里的自动驾驶1号线，率先实现自动驾驶公交商业化应用[19]。

> **案例4：苏州相城区Robobus市民体验线路**
>
> 苏州相城区Robobus市民体验线路总长度超过4公里，沿途设置了8个站点，包括苏州北站、相融大厦、青龙港路陆港街、苏州港口发展大厦、苏州高铁商务大厦、圆融广场、江南大厦和阳澄国际电竞馆，串联起苏州高铁新城的核心交通枢纽、商业办公区、购物中心、居民小区等地。
>
> 由轻舟智航部署的Robobus单向循环行驶，途经14个路口，车辆和行人较多，路况十分复杂，对自动驾驶技术提出了更高的要求。这条线路同时也支持车路协同C-V2X应用落地，进一步保证自动驾驶公交出行的安全性[20]。

2.5 5G车联网赋能环卫车

2.5.1 环卫车产业概述

根据《城市环境卫生质量标准》，环卫行业涵盖的作业包括生活垃圾清扫、收集、运输和建设垃圾中转站、公共场所环境卫生、道路清扫保洁、公厕运营等。环卫车类型包括扫路车、洒水车、洗扫车、垃圾清运车、雾炮车、除雪车、吸污车、吸尘车等。

根据住建部公布的《2020年城乡建设统计年鉴》和《2020年城市建设统计年鉴》数据统计，2020年度全国道路清扫保洁面积突破126亿平方米，比2019年度增加6.34亿平方米。其中，城市（含县级市）道路清扫保洁面积97.55亿平方米，机械化清扫保洁面积74.25亿平方米，机械化率76.1%；县城道路清扫保洁面积28.50亿平方米，机械化清扫保洁面积21.06亿平方米，机械化率73.9%，如图2-7所示。与新加坡环卫车100%机械化率、美国环卫车98%机械化率相比，我国环卫车机械化仍然存在一定差距。

另外，市容环卫专用车辆设备数量逐渐扩大，2020年城市环卫专用车辆总数达到30.64万辆，而2019年和2018年分别是28.15万辆和25.24万辆；2020年县城环卫专用车辆总数达到7.47万辆，而2019年和2018年分别是6.9万辆和6.14万辆。

环卫行业面临诸多挑战。

① 环卫工人招聘困难。

一是环卫工人普遍薪酬低，从环卫服务公司实际支付给环卫工人的薪酬来看，全国平均值为2326.32元/月，虽然政府部门对环卫工人的收入有硬性要求，部分发

图2-7 2018～2020年道路清扫面积及生活垃圾清运量走势

达地区的环卫工人实际收入也远高于政府的相关要求,但对比所在地区的居民平均收入水平,环卫工人收入水平依然普遍较低,对比2020年各省居民人均可支配收入,其差距普遍较大,平均差距为33.37%。而环卫车驾驶员和智能小型环卫装备操作人员的情况要好很多,环卫车驾驶员收入平均6381.5元/月,高于居民可支配收入18.03%,智能小型环卫装备操作人员收入平均5718.6元/月,高于居民可支配收入5.77%。

二是环卫工人需求量大,全国现有环卫工人约456.1万人,其中,驾驶员约45.22万人。广东环卫工人数量最多,达70.87万人,占全国的17.25%,驾驶员数量也是最多的,达3.41万人,占全国的7.53%。山东、辽宁、河南的环卫工人数量均超过20万人,分别达到25.80万人、21.08万人和20.60万人。随着我国城镇化的进程,我国城镇的道路面积、清扫保洁面积、年垃圾清运量等都在以每年3%～5%的速度稳定增长。若不升级作业模式,没有智能小型环卫装备的普及,背街小巷、人行道等依然依靠人工作业模式,至2025年,全国需要维持环境卫生服务的环卫工人人员数量将有可能达到500万～550万人[21]。

三是环卫工人老龄化严重,在社会老龄化加剧的背景下,环卫人员老龄化更加严重,50岁以上的环卫工人占比达到65%。这意味着未来15年,将有大批环卫工人退休,却没有足够的劳动力替补。

② 环卫行业运营管理成本高。一是环卫企业属于劳动密集型,作业高度依赖人力,平均净利润低于10%,其中人力成本在企业总运营成本中占比达到60%～70%。二是无法有效保证人工作业清扫质效,清扫所需作业时间、作业模式等因实际作业区域而异,人工作业缺乏系统性。

③ 环卫行业安全隐患难杜绝。环卫作业大多在公路等开放道路,易发生交通事

故，环卫工人工作时间长，在凌晨和深夜仍需轮班。而凌晨和深夜行驶的车辆更有可能因驾驶员疲劳驾驶而发生交通事故，这进一步增加了环卫作业的风险性。并且冬寒夏暑和恶劣天气，环卫工人仍必须在户外进行作业，长此以往对身体和心理损伤极大[22]。

在环卫行业面临以上挑战的前提下，装备替代人工不仅是环卫服务行业"机械化、电动化、智能化"的发展趋势，更是改善环卫工人生存现状的有效途径。随着居民对城镇环境卫生需求的提高和对环卫服务要求的提升，加之环卫工人老龄化的问题和人工成本的不断上升，新一代环卫从业者使用低碳节能、环境友好、极致降噪、灵活作业的智能环卫装备进行环卫服务是必然趋势。

而自动驾驶环卫车可以替代传统有人驾驶的环卫车，在普通地面道路、街道等开放道路及园区、公园、学校等封闭道路实现道路清洁、洒水、消杀等各类环卫工作。

自动驾驶环卫车可以有效降低环卫行业的风险。

① 自动驾驶环卫车可以减少对环卫工人的人力需求。

未来人力成本越来越高，自动驾驶环卫车将环卫工人从简单重复的劳动中解放出来，补足日益扩大的劳动力缺口。自动驾驶环卫车可为环卫服务节约60%以上的人力，缩减40%以上的成本。

② 自动驾驶环卫车可以提升作业效率。

一方面，自动驾驶环卫车作业不受时间限制，可以全天候执行清扫任务，包括深夜、凌晨以及节假日。自动驾驶环卫车除去充电及维护时间，每天有效作业时间可以长达16小时。与传统人工作业相比极大提升了有效清扫作业时间、作业频次，从而增加作业效率。

另一方面，无人驾驶清扫车严格按照规定的路线和作业速度执行贴边清扫任务，确保清扫区域全覆盖，与人工方式相比，更能确保清扫质效。

③ 自动驾驶环卫车可以提升安全性。

自动驾驶环卫车可以在危险的环境中进行作业，包括有核辐射、化学污染的环境中，也不受恶劣天气影响（比如重度雾霾、高温、严寒天气等），并且还能减少凌晨和深夜，以及高温、严寒等恶劣天气下作业带来的安全危害。

④ 自动驾驶环卫车多为新能源汽车，可以有效降低污染。

⑤ 在疫情防控常态化下，自动驾驶环卫车可以实现无接触作业。

2.5.2　5G车联网与环卫车

自动驾驶环卫车主要应用场景有3类。

① **学校、小区、公园、园区、景区、购物中心等封闭道路：** 道路保洁要求较低，目前以人工作业为主，正在向机械化过渡，清扫标准要求较低，清扫费用也相对较低。通常采用小型自动驾驶环卫车方案，属于全封闭作业模式，无须受到路权政策和测试牌照等限制，较容易实现商业化，而且商业化前景巨大。

② **普通开放道路、街道场景：** 相比高速公路、桥梁、隧道路面，垃圾清运量更大，以机械化为主，人工为辅，清洁标准要求较高。受高温、雾霾和严冬等环境因素的影响较大，同样存在较高的安全性挑战。通常采用中小型自动驾驶环卫车，属于开放道路作业，商业价值高，但受限于政策和技术挑战，商业化发展有一定挑战。

③ **高速、高架、桥梁、隧道半封闭道路：** 清洁标准要求高，人工清扫模式安全性较难保障，目前基本实现机械化。通常采用大型自动驾驶环卫车，属于半封闭作业模式，商业价值大且前景较好[14]。

在以上三类应用场景，自动驾驶环卫分别实现了不同程度的发展。但是，受技术和法律法规政策限制，环卫车只有在园区等封闭道路实现完全无人驾驶，而在普通开放道路，自动驾驶环卫车仍需配备至少1名安全员才能上路运营。高速、高架等半封闭道路，由于对环卫车时速有要求，出于安全考虑，自动驾驶环卫车只在示范区试运营。

自动驾驶环卫车（扫路车）的核心功能依靠的是自动驾驶和智能清扫的结合，可根据实际需求提供自动驾驶模式、智能辅助驾驶模式、智能跟随模式、远程接管控制模式。实现的是路径规划和车辆调度、自动苏醒、驶出车位、清扫作业（包括路沿石边缘检测并贴边清扫等）、自动循迹前行、通过红绿灯、绕开路边障碍和停车、避让行人和行车、倾倒垃圾、驶回停车位、自动泊车和充电等基本功能。附加功能还包括，智能一键召回、远程遥控、OTA升级、智能语音交互、厘米级精确定位等。

除此之外，自动驾驶环卫车基于成熟的自动驾驶技术，结合城市道路实际需求，可扩展更多功能。具体扩展功能包括智能巡查，替代人工实现道路远程例行巡查，及时上报特殊情况及区域内可疑人物等；设备检测，扫描并检测清扫路线上的设施与设备，记录病害或缺陷位置，将检测结果实时传送至监控中心；事故上报，通过5G和车联网传输到后台进行交通事故报警，可以有效改善报警延时；环境消毒，无人化道路喷洒消毒有效降低交叉感染风险，覆盖面广，无死角消杀；护栏清洗，适用于隧道、高速路等有护栏的场景，无人化运营降低人工清洗风险；隧道壁清洗，加装侧面扫刷，适用于隧道、室内等封闭、半封闭场景。

对应自动驾驶环卫车的基本功能和附加功能，车联网可以在四大领域赋能自动驾驶环卫车，如图2-8所示。

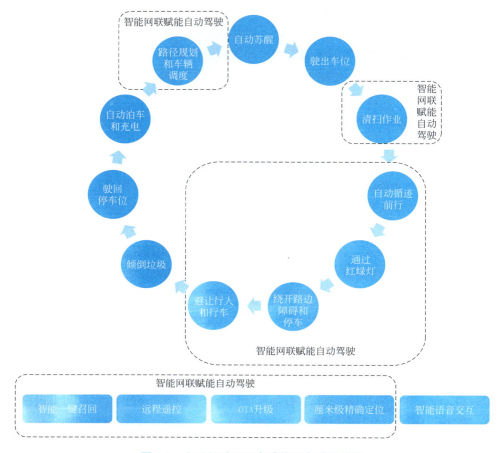

图2-8　自动驾驶环卫车功能和车联网赋能

（1）车联网赋能自动驾驶环卫车路径规划和车辆调度

早期自动驾驶环卫车多采用人工驾驶录入路线后循迹的方式实现无人驾驶，这种技术方式对于快速实现演示有一定的优势，但无法投入正式运营，整体技术难度比自动驾驶低很多。自动驾驶环卫车能够投入正式运营的最终解决方案，是自动驾驶系统能够自动进行路径规划，实现区域内全覆盖清扫，虽然这种方式技术难度更高，但具备多车多场景批量复制能力。

车联网可以提供车辆、道路、交通、环境等全方位信息，使得自动驾驶环卫车全区域路径规划更加合理，提高自动驾驶环卫车全局工作效率。

环卫作业需要合理的调度管理机制，出于清扫面积、作业时间、运营效率等多方面的综合考虑，需要多辆自动驾驶环卫车、有人驾驶环卫车以及环卫工人配合共同作业。传统环卫公司普遍是通过项目经理及驾驶员经验进行排班规划。自动驾驶环卫科技公司切入环卫运营，则面临较高的智能化管理要求，包括作业区域内的出车时间安排、整体调度、车辆清扫路线、车辆运行情况实时监控等具体内容，要求后台能够具备远程调配、接管控制等功能，实现位置信息、作业状态、作业进度、作业路线等智能化管理。

另外，车联网通过提供车辆、道路、交通、环境等全方位信息，还可以让自动驾驶环卫车调度管理更加合理，并且能够和有人驾驶环卫车，以及环卫工人实现有效协同，提升清扫质效，规避人工清扫带来的管理难题。

（2）车联网赋能自动驾驶环卫车清扫作业

环卫作业本身存在路沿、缝隙、坑洼、死角等许多特殊场景，同时环卫装备又必须按照清扫保洁要求保证清扫效果。因此，自动驾驶环卫车也需要面对较高的定位、识别、自动驾驶能力及清扫能力要求。

自动驾驶环卫车需要在不同形态道路边缘完成精细贴边清扫。在城市道路清扫保洁作业中，超过90%的路面垃圾都集中在道路的边沿。因此，扫路车作业要求严格贴边清扫，与Robotaxi通常要求的20厘米定位误差不同，自动驾驶扫路车定位误差通常要求≤10厘米，以满足贴边清扫的需求。

同时，由于扫路车通常需要完成整条路段的清扫，因此需要严格要求保持长时间、长距离贴边清扫，对车辆定位、循迹、路沿石边缘检测和横向控制能力均有较高要求。此外，隧道、公园、园区等不同场景下存在蜿蜒、大曲率、低矮、断断续续等不同的边沿形态，自动驾驶环卫车需要适应这些不同边角案例并完成精细贴边清扫作业。

此外，自动驾驶环卫车还需要应对各类道路状况下的垃圾清扫需求。相较于其他自动驾驶车辆，扫路车会遇到许多特殊场景且不允许躲避绕行，例如坑坑洼洼的路面、道路缝隙、垃圾桶周边的边缘死角等。自动驾驶环卫车需要准确识别这些位置及垃圾，不能躲避绕行，在保证自身车辆安全驾驶的前提下缓速慢行甚至停车清扫，最终保证清扫的干净程度，不能有明显漏扫或垃圾撒落的情况。

车联网一方面可以提供融合定位辅助能力，实现分米级定位精度；另一方面也可以将预先探知的边角案例和各类道路状况通知到自动驾驶环卫车，保障自动驾驶环卫车高质量地完成清扫作业。

（3）车联网赋能自动驾驶环卫车安全行驶

自动驾驶环卫车自动循迹前行面临卫星信号被遮挡的作业场景，比如树荫、隧道和高架桥下。自动驾驶环卫车的定位主要通过卫星导航系统结合惯性测量单元（IMU）、激光雷达以及视觉定位实现。GPS 信号或者北斗信号被遮挡的现象不可避免，因此对自动驾驶环卫车的融合定位能力提出很高要求。车联网可以提供融合定位辅助能力[23]。

自动驾驶环卫车实现自动循迹前行依赖于软硬件系统的高效配合。通过搭载激光雷达、毫米波雷达、超声波雷达、摄像头等多种传感器，实现对四周环境的多维感知，基于车辆前进方向上的中短距离探测，配合车联网超视距感知，确保自动驾驶扫路车能够安全通过红绿灯、绕开路边障碍和停车/避让行人及行车等。

（4）车联网赋能自动驾驶环卫车附加功能

智能一键召回、远程遥控、OTA 升级、厘米级精确定位等附加功能必须要通过车联网实现。

2.5.3　网联自动驾驶环卫车商业价值

目前自动驾驶环卫车主要有三种商业运营模式。

（1）合作模式，各司其职

自动驾驶科技公司、OEM（Original Equipment Manufacturer，原始设备制造商）整车厂、环卫公司以合作模式，各司其职，向客户提供环卫服务。

自动驾驶科技公司和整车厂联合打造量产的自动驾驶环卫车，提供给环卫公司。或者自动驾驶科技公司和整车厂联合后装融合改装环卫公司已有环卫车。同时，自动驾驶科技公司还为环卫公司提供自动驾驶技术服务。

环卫公司直接采购自动驾驶环卫车，再依托于自动驾驶科技公司提供的技术支持，向客户提供环卫服务，收取服务费，如图 2-9 所示。

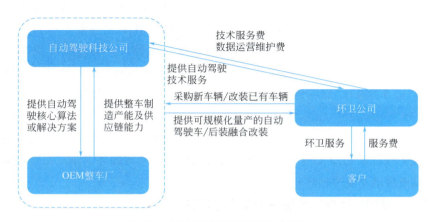

图 2-9　自动驾驶环卫服务合作模式

（2）成立合资公司负责运营

自动驾驶科技公司和环卫公司、OEM整车厂成立合资公司，负责向客户提供环卫服务，如图2-10所示。

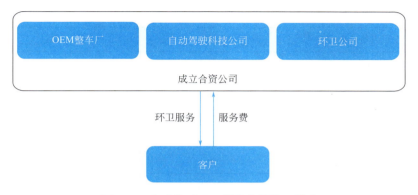

图2-10　自动驾驶环卫服务合资公司模式

（3）自动驾驶公司自主运营

部分自动驾驶科技公司自建环卫车队，负责环卫运营工作，便于车辆数据的流通和统一管理，可加速技术迭代验证的速度。一方面直接向客户提供自动驾驶环卫服务；另一方面可以向环卫公司提供自动驾驶车租赁服务，如图2-11所示。

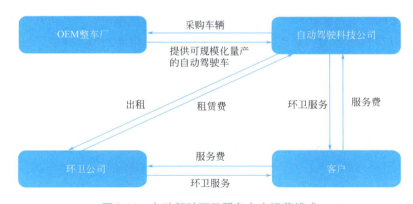

图2-11　自动驾驶环卫服务自主运营模式

以盈峰环境2019年产品发布会上给出的湖南省长沙市某项目为例，该区域为居民区，包含背街小巷、学校等多种作业场景，以往采取纯人力作业方案，需要65名工人。引入8辆智能小型环卫车后，仅需要15名环卫工人和8名安全员。整个作业队伍人员缩减了64.6%，年度综合成本降低了38.8%，如表2-12所示。

表 2-12 自动驾驶环卫车和传统人力方案对比[14]

项目	传统人力方案	自动驾驶环卫车方案
环卫作业人员数量/人	65	15
无人环卫作业车数量/辆	0	8
安全员人员数量/人	0	8
年人力成本/万元	260	108
年能源消耗成本/万元	0	14.4
人力作业工具维护成本/万元	7.8	1.8
无人环卫作业车维护成本/万元	0	3.2
年折旧费/万元	0	36.5
年支出总成本/万元	267.8	163.9

从单车自动驾驶环卫车变为网联自动驾驶环卫车，需要完成车端网联化改造和路端网联化改造。车端网联化改造通过前装或者后装车联网车载终端即可实现，而路端车联网改造需要区分不同的应用场景。对于学校、小区、公园、园区、景区、购物中心等封闭道路，路端网联化改造范围可控，易于实施；对于普通开放道路、街道场景，属于开放场景，路段全面网联化改造难度高，可部署在重点路段；高速、高架、桥梁、隧道、半封闭道路，则可以有针对性地进行网联化改造。

由于车联网可以赋能自动驾驶环卫车路径规划和车辆调度、自动驾驶环卫车清扫作业、自动驾驶环卫车安全行驶、自动驾驶环卫车附加功能（智能一键召回、远程遥控、OTA升级、厘米级精确定位）等，因此从商业价值上看，车联网一方面可以降低单车自动驾驶环卫车车端的投入成本，另一方面可以提升自动驾驶环卫车的经济产出效益。

2.5.4 网联自动驾驶环卫车典型案例

案例1：德国威廉港自动驾驶清扫车

2019年，仙途智能的自动驾驶清扫车成功在德国威廉港运行。这辆重1.2吨、宽度1.5米的自动驾驶清扫车具备洗刷、垃圾收集、洒水除尘等功能，非常适合室外半封闭环境作业。

威廉港是德国天然水深最深的港口，也是德国唯一的集装箱深水码头。同时,威廉港也与内陆之间有复杂的铁路运输相连,路况复杂。港口内除了拥有常规道路以外,还有专供集装箱摆放的区域,重卡停车区域等,自动驾驶清扫车需要对所有区域进行覆盖式清扫。这就要求系统除了具有按道路行驶的自动驾驶能力外,还需要具备非结构化道路行驶的能力。此外,港口需要清扫的面积较大,一次需要数小时,同时需要进行喷雾防尘等操作[24]。

案例2:"5G+环卫机器人编队"

2019年盈峰环境组建的"5G+环卫机器人编队"正式投入深圳市福田区福田街道清扫保洁工作,成为国内首个落地运营的5G智能清扫环卫PPP项目,智能设备安装5G数据终端,基于物联网进行调动和管理,并通过人工智能技术进一步提升市政环卫作业的效率和效果。

首批在福田投放的智能小型环卫机器人编队,包括"智能驾驶纯电动一体式清扫机器人、智能驾驶纯电动一体式冲洗机器人、智能驾驶纯电可转场型洁扫机器人、智能自跟随环卫洗扫机器人、环卫纯电保洁机器人"等,被誉为"城市毛细血管清道夫",能从事洒水、垃圾清扫、捡拾垃圾、垃圾转运等任务,可分时段、分区域工作[25]。

2.6 5G车联网赋能干线物流

2.6.1 干线物流产业概述

物流由商品的运输、配送、仓储、包装、搬运装卸、流通加工以及相关的物流信息等环节构成。传统物流更多是物理意义上的物品流动,目的是给企业带来运营效益。刚开始的时候,各制造商建立自己的物流线路用于自家商品的仓储、调度和运输,逐渐演变出生产供应商和经销商的关系,接着有一些独立的物流团队开始承担运输任务,至此生产和物流逐步分离。

紧接着,第三方物流公司如雨后春笋般出现,运输渠道也变得多样性,物流线路分布于海陆空。与这一时期的物流行业对应的是线下零售业务,物流技术既注重提高生产供应商的生产效率,也注重加快产品运输的效率。所以,传统物流技术和交通行业紧密联系,很多和交通相关的热点技术被融入物流行业中,例如物流网络的构建、物流路径的智能选优、仓储选址以及物流航线规划等。

在当今的电子商务时代，全球物流产业有了新的发展趋势。现代物流服务的核心目标是在物流全过程中以最低的综合成本来满足顾客的需求。随着大量电子商务公司的出现，物品的运输不再局限于生产商和经销商之间，而是发展到每个人都成为物流网络中的一个节点，网民在电子商务网站上下单每一件商品，都需要物流团队来提供物流运输服务。

现如今，物流行业急需一场革命，才能紧跟零售行业发展的脚步，一起创造无界零售业的新时代，新一代物流技术因此呼之欲出，自动驾驶技术便是其中之一[26]。

经济贸易的飞速发展带动货运需求增长，物流业已成为我国国民经济的支柱产业和重要的现代服务业。2020年我国社会物流总费用为14.9万亿元，占GDP比重达14.67%。在我国的物流运输结构中，公路货运占绝对的主导地位，公路货运量占全社会货运量比例长期在70%以上。

我国目前有500万辆大卡车用于500公里半径的干线运输；有1000万辆卡车用于50公里半径区域运输；有3000万辆微型车、两轮车和三轮车在5公里半径的物流领域为电商物流和外卖市场服务。同时在封闭场景中，我国港口众多，每年完成大量货物吞吐，另外我国矿区的矿产资源丰富，每年产量可达上亿吨，对于运输车辆及驾驶员的需求与日俱增。其中，干线物流指在公路运输网中起骨干作用的线路运输，运输距离长（跨省运输500公里以上，省际运输200～500公里），运输线路多为高速公路，运输车型是以重型载卡车和牵引车为主的重卡。

公路货运物流行业面临诸多挑战。

（1）卡车驾驶员短缺，就业满意度低

目前物流行业的公路运输面临严重的卡车驾驶员短缺情况，仅我国缺口就达到1000万人。

工作强度大、安全风险高、社会地位与福利难以得到保障等因素造成卡车驾驶员就业满意度低。这种情况在个体卡车驾驶员身上更为明显。据统计，我国的个体卡车驾驶员占比达到70%以上，超过6成的驾驶员没有相应的保险。

70%以上的卡车驾驶员每天的工作时间在10小时以上，40%的卡车驾驶员每天的工作时间在12小时以上。另外，货运驾驶员可能遇到各种各样的罚款，以及丢油、丢轮胎、丢货，可能构成约10%以上的固定成本支出。

同时，卡车驾驶员招聘难，并趋"老年化"，2020年我国53.40%的卡车驾驶员年龄在40岁以上，群体老龄化现象明显。

（2）公路货运市场高度分散，引发无序竞争多

尽管我国公路货运市场具备万亿元级规模，但60%的运力掌握在小型车队与个

体散户手中。物流企业在高度分散的市场中只能以低价的无序竞争方式争取更多订单，议价能力降低。

另外，物流企业普遍存在驾驶员难招难管的问题，人员管理和培训的成本与压力增大。

（3）公路货运安全事故频发，造成巨大损失

2019年我国公路货运百万公里事故数为3.7起，而美国该指标为1.3起，我国高出近3倍。在我国约700万辆城际中重型卡车中，每年平均发生5.07万次交通事故，几乎每年每1000辆车就会出现一起死亡事故。公路货运企业平均每年的事故保险赔付额约为3万元/车，单次事故还将带来平均3万～4万元的停工损失。事故风险同样会对行业上下游的经济效益造成影响，尤其是保险公司。

在我国，大宗行业的货运风险最高，快递快运次之，危化品运输相对最安全。造成货运风险：大宗行业>快递快运>危化行业格局的因素多样，例如危化品运输本身的时效性要求低，疲劳驾驶极少发生，多为短途固定路线且安全风险低。大宗行业虽然也多为短途固定线路，但因为受成本及路线制约，大多数选择非高速路，路口风险极高，且大宗运输行业疲劳驾驶现象极为严重[27]。

导致公路货运交通事故的直接原因主要包括驾驶员因素、装备因素、环境因素、突发因素等。

其中，驾驶员因素主要包括激进驾驶、疲劳驾驶、危险驾驶、注意力分散等。激进驾驶包括超速、过快转弯、超车剐蹭、未保持安全距离等；疲劳驾驶包括长时间驾驶未得到充分休息、身体状况欠佳等；危险驾驶包括打电话、看手机、抽烟等；注意力分散包括逆行、溜车等。

装备因素以设备盲区为主。视觉盲区是指驾驶员位于正常驾驶位置，其视线被车体遮挡，不能直接观察到的部分区域。与轿车相比，重卡由于高车身与长挂车，在行驶过程中，尤其是右转过程存在更大的视觉盲区。

环境因素包括天气、路况等。突发因素包括自然灾害、被动事故等。

（4）物流企业降本增效需求强烈

在美国，公路货运的两大主要成本是驾驶员薪酬占将近39%，燃油以及保养占53%。而在我国，公路货运的主要成本是通行费占24.09%，燃油成本占22.36%，驾驶员薪酬占21.05%。人力成本与燃油成本的攀升进一步挤占物流企业微薄的利润空间，企业降本增效需求强烈。

自动驾驶技术在物流领域的落地场景主要可以划分为干线、终端配送以及封闭场景，如图2-12所示。

从以上三类应用场景看，物流行业的应用场景比较简单、封闭，任务目的明确，

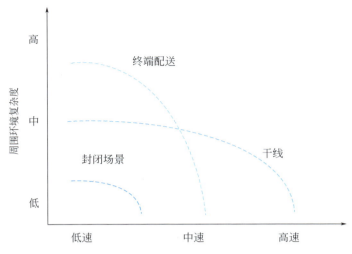

图2-12 自动驾驶技术在物流领域的落地场景

技术实现难度总体来说相对乘用车场景的要求更低。从法律法规以及对城市生活的影响角度来看，物流车辆所受的限制相对较少。因此更容易实现自动驾驶应用，形成规模化的批量复制。

所以，自动驾驶技术商业化落地，物流领域成为非常好的切入点。

① **成本方面**：近年来运输成本占物流总成本比例均超50%，而运输成本中的人力费用和燃油费用占比较大，存在压缩空间。自动驾驶技术通过变"三驾"为"两驾""一驾"，最终实现全无人，可以有效降低驾驶员成本。另外，通过优化行驶速度及加减速策略，提高燃料的使用效率，每年减少10%～15%的燃料费用，为3万～5万元/（年·车）。若采用编队行驶技术，多辆卡车跟车距离缩短，减少风阻，进一步减少约10%燃料消耗。

② **效率方面**：自动驾驶则可以提高车辆持续行驶时间，同时以较高速和较短间距行驶。L4级及以上自动驾驶重卡，理论上可实现24小时运营，意味着更短的交付周期、更多的运输量。另外，可由车队管理平台统一调度管理，对驾驶任务、行驶线路优化，全面提升公路货运的运输效率与运营管理效率。预计自动驾驶通过增加运行时长、改进效率，为物流企业带来约1倍的收入增长。

③ **安全方面**：自动驾驶可有效避免因激进驾驶、疲劳驾驶、危险驾驶、注意力分散等驾驶员因素造成的安全事故，且360度无死角感知与超长视距，可减少因视觉盲区造成的安全事故，具备比人类驾驶员更快的反应速度，打造更安全的公路货运。另外，通过车联网技术，自动驾驶重卡可提前预知道路前方潜在各种危险，提前避免交通事故的发生。

④ **环保方面**：自动驾驶技术应用可优化驾驶策略，节省油耗，进而减少公路货运的污染物排放量，打造绿色物流[28]。

在三大场景中，干线物流的总体运力最大，场景较为集中。同时干线整车物流运输是一个比较标准化的产品，技术复用度高，能够产生的规模经济效应很强。

2.6.2　5G车联网赋能自动驾驶干线物流

干线物流大多应用于高速场景，车辆运行速度快，因此对自动驾驶系统的环境感知范围有很高要求。由于重卡机动性、稳定性和精度较差等原因，需要更长的刹车距离、更大的转弯半径，以及更加精确和鲁棒的控制，因此在感知和控制层面对技术提出了更高要求。

随着L3级自动驾驶重卡向L4级自动驾驶重卡发展，对自动驾驶系统的感知、计算与执行能力要求进一步提升。线控底盘是实现自动驾驶执行不可或缺的关键部件，但我国本土整车厂及供应商在线控底盘技术与产品积累方面较为薄弱，自主供应能力较弱。自动驾驶重卡上下游企业应协同解决场景痛点，在产品设计开发上进行适配，共同推进适应更高阶自动驾驶系统的关键技术与部件研发生产。

除此之外，自动驾驶重卡还关注运输效率。自动驾驶的决策层不仅需要控制车辆的加速、制动、转向，还需要从宏观层面协调车辆调度、规划行驶路径，实现运载能力的最优化。

C-V2X技术将广泛应用于自动驾驶重卡。自动驾驶云平台通过架设在路端的RSU和差分基站，建立与车辆的实时通信，并利用路端传感器和路侧单元监控车辆的运行状态，获取交通信号等辅助信息。云控平台汇总数据以建立高精度电子地图，完成车辆定位、车辆调度、故障检测等任务，并在检测到车辆异常时实现对车辆的远程接管。

车联网软硬件的使用将进一步增强信息的实时性和丰富性。自动驾驶重卡感知模块利用识别算法感知环境中可能对车辆行驶产生影响的目标，估算行人、车辆、静态障碍物的位置，预测运动目标的动作，辨识交通标识与道路标线。但对自动驾驶决策而言，如果只依靠车辆自身对环境的感知，就相当于驾驶员仅凭"直觉"在开车。要使车辆提前确定最佳行车路径，就需要借助云控平台、高精度地图和车联网等技术。综合车端、路端、云端的信息，自动驾驶重卡决策层才可以根据实际情况对线控执行机构下达指令，完成转向、加速、减速、停车等操作。

自动驾驶与编队行驶相结合将最大限度提升道路通行效率与车辆燃油经济性。在自动驾驶专用车道上，"自动驾驶+编队行驶"的结合应用更易实现。

编队行驶描述了一个或多个支持协调车辆纵向运动的消息共享，还可以包括车辆的横向控制。可以交换的信息类型包括位置、轨迹、车头时距和排位状态。通过车辆间的信息交互实现编队的过程管理,实现包括创建车队、加入车队、离开车队、解散车队等过程。如图2-13所示,车队内的领航车1、跟随车2和4,以及车队外的自由车3,均通过相应消息的发送,实现彼此身份和编队操作的确认。车辆编队管理应用能够为车队业务提供高效、便捷的成员管理手段,提升车辆编队的智能化水平。

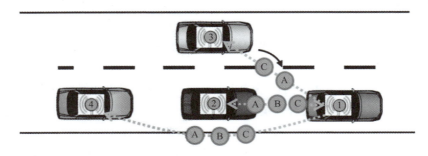

图2-13 编队行驶示意

采用C-V2X技术,可以实现编队行驶车辆之间的状态共享,队列的跟随车辆可以比其他情况更紧密、更稳定地跟随;可以实现编队行驶车辆之间的意图共享,领航车1检测到可能需要队列减速的前向危险,会将自己的刹车动作意图共享给跟随车2和4,从而使所有车辆的减速更加平稳;可以实现加入队列的协同决策,自由车3可以在行驶过程中间加入队列,如表2-13所示。

表2-13 采用C-V2X技术的编队行驶

功能	分类	传输模式和方向性	交互信息	功能等级
队列感知和车辆控制	A 状态共享	双向 领航车1-跟随车2和4 领航车1-自由车3	队列激活状态;队列中车辆的速度、轨迹和位置	支持:队列的跟随车辆可以比其他情况更紧密、更稳定地跟随 支持:自由车3进一步感知到领航车1正与其他车辆形成队列
刹车动作预知	B 意图共享	单向 领航车1-跟随车2和4	速度降低计划	支持:领航车1检测到可能需要队列减速的前向危险,从而使所有车辆的减速更加平稳
加入队列	C 协同决策	双向 领航车1-自由车3 领航车1-跟随车2和4	寻求加入队列;允许在中间加入队列;通知队列其他车辆	赋能:自由车3可以在中间加入队列

2.6.3 网联自动驾驶干线物流商业价值

自动驾驶干线物流的参与方主要包括自动驾驶科技公司、OEM整车厂、物流平台公司。

干线物流的自动驾驶科技公司通常会面向L4级自动驾驶搭建技术架构和底层硬件配置，当然也会有公司选择切入L3级自动驾驶赛道。L4级自动驾驶重卡商业化进程可分为原型、工程验证、设计验证、生产验证和量产五个阶段。自动驾驶科技公司还需要和关键零部件供应商，既包括自动驾驶传感器、算力平台，也包括商用车线控底盘等供应商，进行深度合作。

按照中国汽车工业协会分类标准，载货汽车按照总质量划分重、中、轻、微四大类，其中总质量大于14吨的称为重型载货车（重卡）。重卡大致可以划分为三个细分市场，即完整车辆（整车）、非完整车辆（底盘）和半挂牵引车，其中整车销量占据半壁江山。

我国重卡整车厂市场集中度高，一汽解放、东风集团、中国重汽、陕汽集团、福田集团稳居前五，前五家企业市场占有率长期在75%以上。2020年全年重卡销量162.3万辆，其中整车销量28.7万辆。一汽集团销售重卡37.70万辆，市场份额23.3%；其次是东风汽车，销量达到31.11万辆，市场份额19.2%；中国重汽、陕汽集团销量均超过20万辆，市场份额分别为18.5%和14.0%；北汽福田销量也超过10万辆，达到15.02万辆，市场份额9.3%。

物流平台公司有阿里菜鸟、京东、满帮、G7、狮桥、顺丰、苏宁、安能、福佑卡车、德邦等，掌握着车队与货源等关键生态资源。

目前自动驾驶干线物流主要有三种商业运营模式。对干线物流自动驾驶科技公司而言，主要业务可分为自动驾驶技术服务、自动驾驶重卡整车租赁服务、自动驾驶货运服务。根据业务组合与资产轻重情况，可将自动驾驶科技公司的业务模式分为轻资产模式、重资产模式与混合模式[28]。

（1）轻资产模式

自动驾驶科技公司、整车厂、物流平台公司建立三方合作，由整车厂向物流平台公司售卖自动驾驶重卡，自动驾驶科技公司只提供自动驾驶技术服务。

物流平台公司直接采购自动驾驶重卡，再依托于自动驾驶科技公司提供的技术支持，向客户提供物流服务，收取服务费，如图2-14所示。

（2）重资产模式

自动驾驶科技公司向OEM整车厂购买自动驾驶重卡，为物流平台公司提供自动

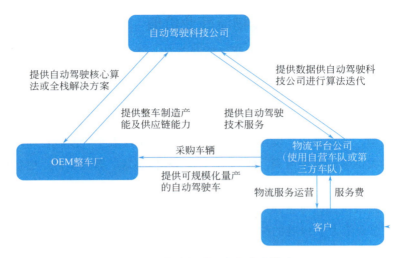

图 2-14　自动驾驶重卡轻资产模式

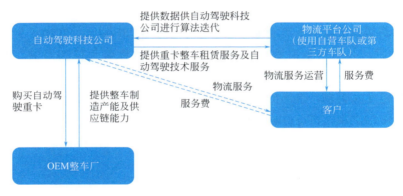

图 2-15　自动驾驶重卡重资产模式

驾驶重卡整车租赁服务以及自动驾驶技术服务，或者在运力紧张时直接向客户提供自动驾驶货运服务，按里程收取自动驾驶运输服务费，如图 2-15 所示。

（3）混合模式

自动驾驶科技公司一方面为物流平台公司自有车辆提供自动驾驶技术服务；另一方面向 OEM 整车厂购买自动驾驶重卡，为物流平台公司提供自动驾驶重卡整车租赁服务以及自动驾驶技术服务，或者在运力紧张时直接向客户提供自动驾驶货运服务，按里程收取自动驾驶运输服务费，如图 2-16 所示。

自动驾驶干线物流的解决方案成本达到 30 万元 / 车，则可在 3 年实现盈利。解决方案成本主要包括感知传感器、计算平台、功能安全要求带来的冗余制动、转向、电源等硬件及相应软件。假设使用寿命为 3 年，每年 15% 运维费用。每年由于自动驾

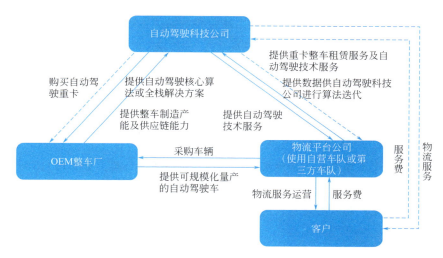

图 2-16 自动驾驶重卡混合模式

驶带来驾驶员用工成本、燃油费用节省,分别为 6 万～ 15 万元 /(年·车)、3 万～ 5 万元 /(年·车),取中位数合计 14.5 万元 /(年·车),则自动驾驶车 3 年可实现盈亏平衡,见表 2-14 [14]。

表 2-14 自动驾驶重卡带来的盈利变化

项目	成本变化
自动驾驶解决方案购置成本	+30 万元
运维成本	+4.5 万元 / 年
驾驶员用工成本	−10.5 万元 / 年
燃油费用	−4 万元 / 年
使用 3 年后带来的盈利变化	0

重卡自动驾驶编队行驶将带来额外的商业价值。卡车自重大,刹停距离长,在手动驾驶的情况下,卡车之间需要保持最大化安全距离。添加雷达防碰撞系统,能够有效削减感知反应时间,但仍然需要在雷达检测到前车减速后,后车的制动才能启动。而在编队行驶模式下,转向是手动的,但制动是自动的,头车做出刹车指令后,V2V 可以做到前后车之间的瞬时反应,后车甚至可以在前车开始减速前就自动启动制动,这种瞬时反应意味着卡车可以以非常短的距离安全跟随。

在编队行驶的状态下,因为车距十分接近,两车之间形成"气流真空区",不会产生空气涡流,因而能够有效降低空气阻力,降低燃油消耗和二氧化碳排放。

NACFE（北美货运效率委员会）及美国能源和运输部曾进行过独立燃油效率测试，结果显示，能够至少实现10%的燃油节省。

2.6.4　网联自动驾驶干线物流典型案例

案例1：延崇高速自动驾驶编队行驶

延崇高速公路是从北京延庆到张家口崇礼的高速公路，全长约116公里，是2022年冬奥会延庆赛场与张家口崇礼赛场的直达高速通道。其中北京段全长约33.2公里，起点为延庆区大浮坨村西侧，终点在市界与延崇高速河北段相接。

2019年12月，演示双向四车道全封闭环境下、基于C-V2X车路协同技术的L4级自动驾驶和队列跟驰测试。演示路段从阪泉服务区开始，途经1公里平原路段、4个隧道及3公里高架桥路段，至小海坨山赛场出口结束，全程14公里，94%以上路段为隧道和高架。

隧道路段存在定位信号不佳、光线迅速明暗变化、−20摄氏度低温等多重不利条件，对交通系统整体智能化水平提出了更高要求。在西羊坊特长隧道内首次实现奥迪乘用车2公里隧道L4级自动驾驶、北汽福田/图森未来14公里的重卡3车队列跟驰和乘用车3车编队行驶（其中包括9.8公里连续特长隧道群路段）。

演示采用头车人工驾驶模式，后车自动驾驶模式进行列队巡航、列队加速、列队换道、队列同步减速停车以及列队车路协同场景试验。测试结果显示，车辆列队可以在80公里/时的速度下保持车间距10米的技术指标。单人驾驶多车队列跟驰具备三方面竞争力，即节省燃油（可降低10%～15%的燃油消耗，以及驾驶员人力成本）、提升安全性（系统可以在0.1秒内完成操作，而驾驶员需要1.4秒的反应时间）、提升道路通行能力（车距缩小，路面容纳车辆数量会增加）。

智慧公路主要部署C-V2X RSU、摄像头、毫米波雷达、交换机等设备。其中RSU在双向车道两侧间隔210米呈Z字形部署；摄像头在双向车道两侧间隔105米对称部署；毫米波雷达在双向车道两侧间隔210米对称部署。通过毫米波雷达、视频等多源数据的边缘智能计算，实现高速路事故、行人等异常交通事件全天候实时感知，并通过C-V2X网络实时发送给车辆，车辆进行车速调整、变道超车、自动减速以及紧急停车等[29]。

> **案例2：L3级别自动驾驶重卡**
>
> 一汽解放和智加发布了L3级别自动驾驶重卡，具有智能、安全、节油、可靠、互联五大产品优势。智加科技L4级技术栈的降维应用，使得驾驶员在高速路段可以解放双手和双脚。节油算法可以有效降低油耗10%~20%。安全开发流程、冗余架构设计、软硬件车规级认证全方位保证行车安全。还可以有效缓解长途驾驶的疲劳，最终全面实现降本增效。最后，数据引擎和OTA远程升级功能可实现数据闭环，为用户提供产品的持续迭代升级。
>
> 满帮联合智加基于这款自动驾驶重卡开展商业化运营。满帮平台上已经拥有900万名认证驾驶员、400万名认证货主，覆盖全国339个城市、11万条线路，平台年撮合成交达8000亿元规模。新车型将接入满帮平台，利用其卓越的安全性和燃油经济性帮助打造客户服务标杆。并通过最优化货源匹配和路线设计，收集大量真实营运路测数据，高效训练自动驾驶软件系统，并利用OTA远程更新系统持续提升车辆性能[30]。

2.7 5G车联网赋能末端物流

2.7.1 末端物流产业概述

"新零售"的"新"指的是触达渠道和交互方式的不同，面对面的购物场景越来越少，点对点的信息传输过程、商品从仓库到顾客的送达过程则越来越多。而在其中，物流作为直接触达用户的重要渠道，直接体现着新零售的供应链能力与服务水平。

传统线上零售的物流模式大多以"全国仓网+标准快递"及"区域配送中心（Regional Distribution Center，RDC）/城市仓+落地配"为主，但伴随新零售的逐步推进，消费者对物流及时性和服务性的诉求不断提升，"新物流"应运而生。

"新物流"通过即时配送达到时效需求。新零售为保障高品质用户体验对时限性要求较高，很多产品特别是生鲜产品都有时限要求，要求在限定时间内完成配送，物流时效也从以天为单位直接提升至以小时，甚至以分钟为单位。

"即时物流"并不新，具体来说就是省去仓储和中转环节，为用户提供极速、准时的门到门"末端配送服务"。这一定位最早应用于外卖市场，但并未获得广泛的落地，直到新零售掀起了新的商业模式变革，即时物流的市场潜力才开始被无限挖掘。

末端物流配送，即物流配送"最后一公里"，是指送达给消费者的物流，是以满足配送环节的终端（客户）为直接目的的物流活动。在物流整个运作流程中，大体指包裹从物流服务商最后一个配送网点直至消费者手中的这个阶段。

典型的末端物流场景包括快递场景、商超零售场景、外卖场景、移动零售场景等。末端物流场景特点如表2-15所示[31]。

表2-15 末端物流场景特点

应用场景	服务内容	配送模式	时效性	覆盖半径/公里
快递场景	一般包裹配送	B2C模式（物流点-个人）	2～3天	2～5
商超零售场景	日常用品、生鲜、蔬菜水果等配送	B2C模式（商超-个人）	1小时	5
外卖场景	外卖类即时配送	C2C模式（小商家-个人）	30～45分钟	3
移动零售场景	移动销售食品、饮料、纪念品等	特定范围内灵活配送	无时效性要求	5

（1）快递场景

快递场景，以电商为主，我国电商的市场份额高度集中。根据《2021年（上）中国网络零售市场数据报告》显示，2021年上半年，我国网络零售市场交易规模达62791亿元，2021年全年网络零售达13.64万亿元。截至2020年6月30日，阿里巴巴年活跃用户数为8.28亿，京东年活跃用户数为5.319亿，拼多多年活跃用户数为8.499亿。

快递场景是B2C模式，实现包裹从物流配送站点到社区/家的便利服务。快递配送一般要求2～3天内送达，覆盖范围为物流配送站点附近2～5公里。包裹在物流配送站点首先进行分拣、按片区分配，再进行分时段配送。

（2）商超零售场景

商超零售业的特点是高度分散，且线下市场仍旧是主力。但近年来，传统零售企业积极拓展线上化，为了更好地发展私域流量并控制成本，头部零售企业也在建立自己的线上购物APP、微店、小程序等。由于市场相对分散、配送需求相对较少，商超零售企业通常难以自建配送体系，通常选择外包第三方或是通过电商平台进行人工配送，并支付较高佣金费用。

商超零售场景是B2C模式，消费者通过线上方式购买生活用品、生鲜、蔬菜水果等日常所需品。商超配送一般要求1小时内送货上门，覆盖范围为门店附近5公里范围以内。

(3) 外卖场景

在我国的外卖市场，美团和饿了么两家长期占据95%左右的份额。

外卖场景是所有末端配送中对时效性要求最高的，通常要求30~45分钟送达，覆盖范围3公里以内，而且外卖餐食对储存环境、平稳性、温度等都有比快递、生鲜零售更高的要求。

外卖场景是C2C模式，在取货和交付端，外卖场景是从N点到N点，即从N个不同商家取货，交付到N个不同消费者，面临着非常复杂的交互需求和行驶路径。

(4) 移动零售场景

传统线下零售和外卖均为"人找货"模式，移动零售模式实现了"货找人"。用户通过扫码、招手、呼叫、触摸显示屏等多种方式叫停移动零售车，通过扫码支付餐食、饮料、纪念品等各类商品的费用。移动零售不仅节约了用户等待外卖取货时间，而且还可以节约寻找便利店的时间。对于商家来说，在需求最大化时间段将商品呈现在顾客面前，可以大幅度提升成交量。商家营业范围从门店周围1~2公里扩展至5公里范围。

末端物流配送面临诸多挑战[32]。

(1) 末端物流配送呈现"多、小、散、乱"特征

配送物品种类众多，包括快递、餐饮、生鲜、药品等，且在不断增加，不同物品意味着具体配送要求不同，极大提高了配送难度。

配送场景复杂，包括城市社区、商业区、办公区、公寓住宅楼、酒店、高校、超市、便利店、餐厅等，不同场景面临着不同的规定和限制，增加了交货难度及送货成本，其中住宅区场景需求最多，其他场景需求相对分散。

配送服务时间分布分散，从凌晨到深夜均有需求。

配送路线复杂，目前主要依赖配送员人力作业，系统会进行路径规划，但实际情况可能存在差异，配送员也有较大机动性，且存在各种突发情况，影响配送效率提升。

(2) 末端物流配送"效率低、成本高、监管难"

配送成本高，配送对象广泛，且收件时间不一，存在多次配送问题，导致配送效率低、成本高，末端物流配送成本是前端运输及仓储成本的2~3倍。另外，快递员人工成本约占整个配送作业成本的30%以上，末端物流配送人力成本居高不下。

社区代收存在不足。一方面，不同的社区在设施设备、管理制度等方面参差不齐，尽管有些社区配备智能快递柜，但还是以配送员上门派送为主；另一方面，一些小区采取封闭管理，但代收人员没有经过专业培训，存在丢失包裹等问题。

配送工具游走在灰色地带，存在上路难问题，带来安全隐患。电动两轮车、三轮车是成本较低、效率较高的配送工具，但各地对电动车的管理办法并不一致，尤其近几年，多个地方"禁摩限电"政策，成为困扰配送"最后一公里"的难题。电动两轮车和三轮车由于逆行、闯红灯、占用机动车道等造成的交通事故逐年增加。

（3）末端物流配送面临劳动力短缺

快递员不足情况明显。2021年4月人社部发布的"2021年第一季度全国招聘大于求职100个最短缺职业排行"中，快递员位列第八名。

配送人员工作强度大、社会地位不高，造成流动大、雇用难。我国快递员每天工作8~10小时的占46.85%，工作强度大。快递员一年内离职率高达40%，流动性较强。

为了解决末端物流配送存在的这些挑战，自动驾驶末端物流是一种行之有效的方式，其存在如下优势。

（1）节省物流成本，提升配送效率

现阶段自动驾驶末端物流配送车成本还偏高，但随着供应链和解决方案逐步成熟、规模化应用，成本将快速下降，效率将逐步赶上并超过传统人工配送，这将为物流行业节省大量成本。与此同时，在自动驾驶末端物流配送车使用过程中，除了充电、维修保养、保险外，较少涉及其他费用，而且各项费用都会随行业发展逐步下降，但人力成本则会随着时间的积累而不断增长。

无人配送网络可以实现消费者与自动驾驶末端物流配送车的联网功能，可提供定制化服务，减少重复配送，提高配送效率。

（2）降低配送安全事故，提升末端物流配送管理规范性

自动驾驶末端物流配送车可以较大限度缓解快递、外卖行业工作压力。车辆为无人驾驶，将有助于提升人员安全水平，并且能提前动态规划行驶路径，避开交通拥堵，还能避免各类逆行、闯红灯、占用机动车道等交通违法行为。

另外，自动驾驶末端物流配送车作为运力补充，在管理法规、相关标准、产品逐渐成熟后，将有助于末端物流配送管理规范性和城市整体管理水平提升。

（3）补充劳动力短缺

我国适龄劳动力人口在不断减少。国家统计局数据显示，我国劳动年龄人口（16~59岁）从2013年开始逐年下降，7年内减少2300万人。然而，末端物流配送的用户需求却在逐年上涨。自动驾驶末端物流配送车有望成为"最后一公里"难题的有效解决方案。减少对配送人员的需求，解决快递员流动大、雇佣难问题，对运力进行有效补充，提高总体作业效率。

（4）实现无接触作业，有效应对疫情挑战

在疫情防控常态化下，消费者网购的最佳送达方式是"无接触配送"。另外，疫情进一步导致城市劳动力短缺。自动驾驶末端物流配送车可以减少面对面接触带来的健康风险，并且能够有效弥补劳动力短缺。

2.7.2　5G车联网赋能自动驾驶末端物流

快递场景、商超零售场景、外卖场景、移动零售场景等末端物流场景实现自动驾驶的难易程度有所不同。一般来说，难度从高到低为外卖场景＞商超零售场景＞快递场景＞移动零售场景，如表2-16所示[33]。

表2-16　末端物流场景自动驾驶难易程度

外卖场景	商超零售场景	快递场景	移动零售场景
即时性要求最高，通常以分钟为单位	除生鲜外，即时性要求较低，通常以小时为单位	即时性要求不高，通常以天为单位	无时效性要求
C2C模式，商家众多，不仅送餐复杂，取餐也复杂	B2C模式，服务单个或固定商家，行驶路线相对固定	B2C模式，行驶路线基本固定	行驶路线可提前固定
区域多在繁华地带，路况差异大	区域多在繁华地带，路况差异大	配送区域相对集中	区域可集中
储存环境要求高，注重品质感	商超有专门拣货人员，可负责装车	配送站有专门人员负责装车	有专门拣货人员，可负责装车

自动驾驶末端物流配送车的类别归属尚未明确。未明确其属于"机动车"，还是"非机动车"，若定义其为机动车，则需要进行场地测试、公开道路测试方能上路，同时接受严格的产品标准、市场准入、牌照等管理；若被定义为"非机动车"，则需在最高时速、空车重量、外形尺寸等方面符合国家标准。

另外，自动驾驶末端物流配送车在道路事故中法律责任主体不清晰。自动驾驶末端物流配送车上路发生交通事故时，如何判定责任，由谁来承担相关刑事、民事与行政处罚等问题尚待确认。

美国将自动驾驶末端物流配送车按照体积大小分为两类管理：一类是个人配送设备（Personal Delivery Device，PDD）；另一类是低速车。

个人配送设备主要用于食品、外卖、小包裹配送，通常只有一个货仓，行走在人行道上，通常最高时速为10英里/时。此类产品多以机器人技术切入市场，具有体积较小、载重较轻、速度较慢等特点。通常不要求个人配送设备运行时有操作员跟随，但必须要有人远程监控，以便在出现问题时接管。在人行道上行驶的个人配送

设备可借鉴行人的所有权利和义务,但必须以不干扰行人或交通为前提,并且必须让道行人。

体积与载重较大、车速较快的自动驾驶末端物流配送车归属于低速车辆进行管理。归属机动车的自动驾驶末端物流配送车需要按照相关法规申请测试牌照。由于自动驾驶末端物流配送车没有驾驶舱,部分会使用操作员跟随车辆。

车联网赋能自动驾驶末端物流配送车体现在如下方面。

(1) 远程监控和OTA

自动驾驶末端物流配送车无论是非机动车形态,还是机动车形态,都需要具备远程监控的能力。可以让人工驾驶员通过远程驾驶平台远程接管自动驾驶末端物流配送车,帮助其摆脱自动驾驶时遇到的无法处理的特殊情况。尤其是在没有操作员跟随车辆的情况下,运营方和自动驾驶末端物流配送车之间的唯一联系就是通过通信网络监控,所以对通信的稳定性、时延要求很高。因此,需要5G网络来保障自动驾驶末端物流配送车的通信需求。

另外,自动驾驶末端物流配送车的OTA需求也需要通过5G网络来进行保障。

(2) 实现计算资源的云-边-端高效协同

自动驾驶末端物流配送车出于安全、管理、运营的需要,需要从车端回传的数据量巨大,不同类型数据在不同时间周期内需要通过车联网传输到边缘侧和云端,并实现云-边-端三者之间计算的高效协同。

(3) 提升安全和效率

通过部署C-V2X路侧设施,可以有效提升自动驾驶末端物流配送车行驶的安全性,并提升其通行效率。配合路侧融合感知设备和车联网超视距感知,确保自动驾驶末端物流配送车能够安全快速地通过红绿灯、绕开路边障碍和停车、避让行人和行车等。

(4) 合理的路径规划和车辆调度

与其他自动驾驶场景相比,自动驾驶末端物流配送车配送物品种类众多、配送场景复杂、配送服务时间分布分散、配送路线复杂,更需要进行合理的路径规划和车辆调度。

车联网可以提供车辆、道路、交通、环境等全方位信息,使得自动驾驶末端物流配送车的全区域路径规划和调度管理更加合理,提高其全局工作效率。

2.7.3 网联自动驾驶末端物流商业价值

自动驾驶末端物流产业链上游包括感知设备(摄像头、毫米波雷达、激光雷达等）、计算平台、高精度地图和定位、线控底盘等关键零部件供应商。

对于自动驾驶末端物流车来说，线控底盘是重要部件，由线控底盘搭载不同功能、形态的上装组成。自动驾驶末端物流车线控底盘与乘用车底盘差异较大，不能简单视为乘用车的降维或者机器人的升维产品。乘用车设计以人的驾乘体验和车内安全为核心，而自动驾驶末端物流车是一种生产工具，以功能性、稳定性、出勤率为核心，也不用过多考虑车内安全。

自动驾驶末端物流产业链中游是解决方案提供商，主要包括初创科技公司和互联网巨头公司。

自动驾驶末端物流产业链下游是配送服务商，包括电商、快递配送、商超零售、外卖等。

自动驾驶末端物流主要存在三种商业模式。

（1）轻资产模式

不直接拥有自动驾驶末端物流车，而是提供硬件产品、整车、整车租赁，或软硬件解决方案给自己下游相关方，收取产品服务费和技术支持费。例如，自动驾驶末端物流车上游的线控底盘制造商提供硬件产品给中游的解决方案提供商；中游解决方案提供商售卖整车或者租赁整车给下游配送服务商。

（2）重资产模式

拥有自动驾驶末端物流车，直接提供自动驾驶运营服务。在运营过程中，与下游配送服务商进行合作，以收取运营服务费、广告服务费等，目前生鲜、零售即时场景配送单价为6～9元/单，快递配送单价为1～3元/件。

（3）内部需求模式

以服务集团内部业务为主，通过成立自动驾驶部门进行自动驾驶末端配送研究，服务于内部需求，以内部结算形式为主，主要代表企业包括京东、阿里巴巴、美团等企业。

按照经济价值产出对比，若自动驾驶末端物流车量产价格为15万元，使用寿命为3.5年，每年20%的运维费用，每月综合成本为6071元，见表2-17。

快递配送方面，快递员一般每天送100件，每件成本约2.7元，每月工作23天。采用自动驾驶末端物流车取代快递员，在每月工作30天的情况下，每天送出75件快递，可持平每件成本。

即时配送方面，配送人员一般每天送55单，每单成本约5元，每月工作23天。采用自动驾驶末端物流车取代配送员，在每月工作30天的情况下，每天送出43单，可持平每单成本。

由于自动驾驶末端物流车只能完成配送整体环节中的部分功能，不能节省拣货打包成本，也不能节省上楼入户送达成本，整体规模化应用之后，则需成本进一步降低，预期值在10万元以内。

表2-17　自动驾驶末端物流车带来的盈利变化

项目	成本变化
自动驾驶末端物流车购置成本	+15万元
运维成本	+3万元/年（使用寿命3.5年）
采用自动驾驶末端物流车的综合成本	6071元/月
快递员配送成本	一般每天送100件，每件成本约2.7元，每月工作23天，共计6210元/月
采用自动驾驶末端物流车取代快递员	在每月工作30天的情况下，每天送出75件快递，可持平每件成本
即时配送成本	一般每天送55单，每单成本约5元，每月工作23天，共计6325元/月
采用自动驾驶末端物流车取代配送员	在每月工作30天的情况下，每天送出43单，可持平每单成本

通过车联网赋能自动驾驶末端物流车，将进一步提升单车配送效率，提升每台车每天可配送件数，另外通过更合理的路径规划和车辆调度，可提高全局工作效率。

2.7.4　网联自动驾驶末端物流典型案例

案例1：京东末端无人配送

京东无人配送车目前主要用于京东自有快递配送，结合周边京东配送站点投入使用，以及在北京7FRESH生鲜超市试点进行生鲜零售配送。消费者在5~10公里内的各种快递和邮寄需求，都能通过京东无人配送车完成。

京东无人配送车按照非机动车规则行驶，在行驶过程中遇到行人、宠物、车辆等能停车等待或避障行驶，遇到有红绿灯的十字路口能够识别红绿灯。

无人配送车到指定位置后，会通过京东APP、手机短信等方式通知用户收货，智能货箱系统支持验证码、人脸识别等多种人机交互模式。

2020年10月，京东物流宣布与江苏常熟市合作，建设全球首个"无人配送城"，采用无人配送车与快递人员协作运营的站点已经超过20%。无人配送车工作时间为早8时到晚9时，最高速度15公里/时。一辆车有18个或者24个格口,截至2021年4月平均每天配送京东快递自有订单60单左右。

常熟案例具有如下几个特点:第一是采用无人配送车"领养计划",京东物流配送员可通过申请"领养"一定数量无人配送车配合自己工作;第二是和其他快递共享,形成无人车网格化配送服务,减少道路上的三轮车、电动车配送,进而改善交通;第三是计划打造基于C-V2X和自动驾驶车网格化服务的复合型商业模式。

在雄安,市民服务中心占地24.24万平方米,主要分为公共服务区、行政服务区、生活服务区、企业办公区四大区域,京东无人配送车要达到全覆盖、用户取货路径最短、机器人运营效率最高三大目的,规划了多条路线,设置了20个停靠站点。

京东使用自动驾驶+高精度地图+车路协同技术,安全系数大大增加。智慧路灯基于C-V2X技术,为配送机器人提供沿途路况、红绿灯信息、行人信息并辅助机器人做出驾驶决策,在需要时还能提供停靠、充电等功能。边缘计算提供强大的算力支持,通过边缘节点汇集区域范围内道路信息,再将处理后的信息进行分发、本地存储与云端上报,配合多种传感器的道路环境感知系统与5G网络,保障人车安全[34]。

案例2:阿里巴巴末端无人配送

2020年9月的云栖大会,阿里巴巴发布第一款机器人"小蛮驴",同时发布机器人平台,正式进军机器人赛道。"小蛮驴"集成了达摩院最前沿的人工智能和自动驾驶技术,具有类人认知智能,大脑应急反应速度达到人类7倍。

面向末端无人配送场景,阿里巴巴提出解决校园快递的问题。在该场景中,快递员无法进入学校,校园面积过大取件不便,包裹多、体积大不方便。全国有4000多所高校,校园内末端无人配送场景封闭、低速、安全性高,相对来说易于落地。当然校园内也存在交通随机性高、路况复杂、人为主动干扰等不利因素。

阿里巴巴提出了"小前台、大中台"的概念,"小前台"是指感知、定位、决策、控制等自动驾驶算法模块;"大中台"则是指阿里巴巴团队自主打造的AutoDrive平台,其由自动调参模块、网络结构搜索模块、主动学习模块、框架和基础集群平台组成,可提升自动驾驶技术研发迭代的速度。

在阿里巴巴人工智能实验室的构想中,不仅有"聪明"的车,还要有"聪明"的路,其实现的路径,就是自动驾驶车+路侧感知基站+云控平台,从而实现云端、路端、车端一体化的智能。

截至2021年底,阿里巴巴日均配送突破100000单,"双11"配送突破2000000单,单车日均配送突破603单[35]。

案例3:美团末端无人配送

美团打造最后3公里的即时配送末端物流。美团无人配送围绕美团丰富的线下场景,通过与现有复杂配送流程的结合,基于智能调度系统、无人机、自动驾驶等技术构建物流路网。配送方案将发挥无人机、自动配送车、特种机器人等不同产品优势能力,用"无人车+无人机+人类骑手",实现"空地一体化"的城市末端配送,满足在楼宇、园区、公开道路以及低空等不同场景下的即时配送需求,提升配送效率和用户体验,致力于为用户提供3公里、15分钟的标准配送服务。

美团自动驾驶选择"人机协同"的方式,即取货端和交付端用骑手解决,中间道路用无人车配送,速度控制在最高45公里/时。"魔袋20"依靠L4级自动驾驶能力,可实现室外即时、全场景配送。

具体包括四部分:运力补充,与骑手形成相互补充;人力帮手,在极端天气下协助配送员完成配送;提高效率,能单程完成大重量、远距离的即时配送任务;技术迭代,无人配送场景下的运营数据等,能反哺推动自动驾驶技术发展。

2021年美团无人配送实现常态化试运营,实现50万公里以上累积配送里程数,10万单以上累积配送订单,22个月北京顺义连续配送时长,5个城市科技抗疫[36]。

2.8 5G车联网赋能矿山自动驾驶

2.8.1 矿山自动驾驶产业概述

矿山种类包括煤矿、金属矿、非金属矿、建材矿和化学矿等。最近十年我国的煤炭产量维持在34亿~40亿吨,预计未来50年内,煤炭将仍是我国的主体能源。据中国煤炭工业协会调查统计,截至2020年7月,我国已建成千万吨级煤矿52处,核定生产能力8.21亿吨/年,约占全国生产煤矿总产能的1/5。

我国铁矿资源多而不富,开采成本高。澳大利亚、俄罗斯、巴西的铁元素储量在全球居前三地位,其中澳大利亚、巴西的铁矿石具有品位高、埋藏浅、杂质少等特点,具备很强的经济开采价值。

砂石骨料是水利工程中砂、卵(砾)石、碎石、块石、料石等材料的统称。近几年来,由于下游需求的不断刺激,我国砂石行业总体规模不断扩大,维持在170亿~190亿吨。

矿山开采分为露天开采和地下开采两种方式,我国煤矿的露天开采比例约为25%、全球约为40%,砂石骨料几乎都为露天开采。目前国内外的自动驾驶几乎都聚焦于露天矿的运输场景,而井工矿的自动化多采用类AGV(自动导引运输车)的方案。

露天开采流程主要包括穿孔、爆破、采装、运输和排土(以及卸矿、卸煤)。矿区运输路线主要有运输干线(从露天采场出入沟通往卸矿点和排土场的公路)、运输支线(由开采水平与采场运输干线相连接的道路,和由各排土水平与通往排土场的运输干线相连接的道路),如图2-17所示[37]。

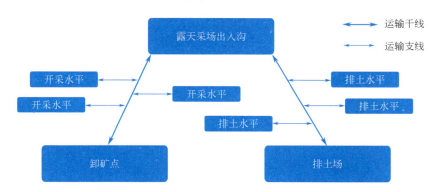

图2-17　矿区开采环境及主干路线示意

目前我国矿山主要的汽车类运输工具有三种,分别是刚性矿卡(大型矿卡)、非公路宽体自卸车、普通公路自卸车(后八轮)。

刚性矿卡因为造价较高,维护和运行成本也较高,一般在大型露天矿山使用,使用寿命长达10~15年。国外品牌主要有美国卡特彼勒(Caterpillar)、日本小松(Komatsu)、德国利勃海尔(Liebherr)、美国特雷克斯-优尼特瑞格(Terex Unitrig)、日立-尤克力德(Hitachi-Euclid)等,前五大厂家占据了全球市场70%以上的份额。我国主要的品牌有北方股份、三一重工、徐工、湘电等。国内市场每年的新车销量为180~300辆。

非公路宽体自卸车是我国露天矿山工程机械的特有产物,结合了刚性矿卡和公路自卸车的优点，性价比较高，运营效率也较好，在国内是目前矿区运输的主要工具，使用寿命为 3～5 年，主要品牌有同力重工、临工、三一重工、徐工、重汽等。国内市场每年的新车销量为 1.2 万～1.5 万辆。

由于非公路宽体自卸车是非刚性的车架结构，仅适用于装载散货物料，不能承担大块矿石和岩石运输，这类运输多由刚性矿卡完成，因此在矿山中刚性矿卡和非公路宽体自卸车将会长期共存。

普通公路自卸车与一般的重卡区别较小，通常只对其进行改造就可投入矿区使用，对矿山环境的适用性较差、安全性不足，已逐步退出矿山运输市场。

矿卡运输面临诸多挑战[38]。

（1）安全隐患大

矿卡类运输工具的事故分为设备事故和行车事故，其中行车事故指的是车辆在行驶过程中发生碰撞、行车伤人和翻车等事故，进而造成车辆损坏、其他物质损坏或人员伤亡。矿山环境恶劣，路途颠簸，极易造成侧翻、溜车等现象。另外，卸土环节中，排土场多为 20～30 米的深沟，侧翻风险极大。

在国家安全监管政策下，若发生安全死亡事故，所属矿区需停产整顿数月。涉事矿区将造成千万元甚至上亿元的损失，更为严重的会被吊销采矿许可证，管理者承担刑事责任。因此，政府和企业都希望最大限度避免安全事故、降低人员伤亡。

（2）人员招聘难

刚性矿卡驾驶员的薪水一般是 12000 元/月以上，而占主流的非公路宽体自卸车驾驶员的薪水只有 8000 元/月，比干线物流卡车驾驶员还要低一些。而糟糕的工作环境、极大的劳动强度，运输工作通常是 24 小时进行，8 小时一班，导致很多矿卡驾驶员都罹患不同程度的职业病。比如，吸入甲烷、含硫有害气体、矿物粉尘引发的肺沉着病，车辆颠簸、饮食作息不规律引发的胃病和腰椎间盘突出等。

在薪资和环境的双重影响下，矿卡驾驶员的流动率特别高。而比驾驶员流动性高更严重的问题是，年轻人不愿意到矿山当驾驶员。目前矿卡驾驶员的平均年龄超过 40 岁。根据国家规定，这一特殊工种的退休年龄是 55 岁。

另外，矿山运输车属于工程机械，而驾驶工程机械车的前提是必须先有驾照（B照）。但有 B 照的人，很大可能会选择去开工作环境更好、薪水也相对更高的干线物流卡车。

（3）管理成本高

矿卡驾驶员平均学历在初中以下，这导致矿方和施工方对驾驶员的日常管理工作难度非常大。另外，因驾驶员操作不规范造成的车辆维修、轮胎损耗、油耗等成本也高居不下。

矿山场景非常适合自动驾驶落地，主要有以下有利条件：矿区相对封闭，运输路线相对固定；速度往往低于30公里/时；装载和卸料环节都不需要人工对物料进行额外操作；矿卡属于工程车辆，在矿区使用不受上牌照等法规准入的限制。

2020年国家发改委等八部委发布《关于加快煤矿智能化发展的指导意见》，明确提出到2025年，露天煤矿实现智能连续作业和无人化运输。

自动驾驶矿卡将带来如下优势。

（1）提高生产安全

无人矿卡可以有效避免车辆侧翻和其他安全问题发生时影响驾驶员生命安全。例如，引入自动驾驶后，在西澳大利亚的金布尔巴（Jimblebar）矿场涉及卡车的重大事故减少了90%。对矿企而言，驾驶员意外死亡引发的停产整顿、全员扣奖金等已成为不能承受之痛。因此，矿企有很强的动力"拥抱"自动驾驶。

（2）降低运营成本

无人驾驶系统替代驾驶员，可以节省驾驶员人工成本，同时可以节省后勤成本，有效降低燃油消耗，节省车辆维护费用，减少轮胎等易损件消耗。

每辆非公路宽体自卸车需要配备2～4名月薪8000元的驾驶员，驾驶员薪资总成本20万～40万元之间。而一个挖机通常对应4辆矿车，需要8～16名驾驶员，一年薪水80万～160万元。这意味着，运输环节无人化后，一组设备每年可节省驾驶员成本80万～160万元。

另外，运输车辆驾驶员的数量往往占施工方数量的70%左右。在驾驶员减少后，矿厂不仅可以节省一大笔后勤保障成本，还可以免除产能低谷时期的裁员烦恼。

在矿卡整个生命周期内，燃油成本占比通常在40%以上。根据巴西著名铁矿石生产和出口商淡水河谷公司公布的数据显示，采用无人驾驶可使燃料成本下降10%，车辆维护费用降低10%，轮胎磨损降低25%。

在无人化后，由于省去了交接班、吃饭及参加日常安全会议的时间，矿卡实际有效工作时间也会延长。比如，澳大利亚矿业技术集团项目经理在2017年初称，在人工驾驶情况下，每辆矿卡每年可工作5500～6000小时，而在无人化后，每年能工作7000小时。

（3）优化管理效率

传统作业模式智能化程度低，缺乏大数据分析等智能管理手段，无法对实时生产信息进行优化调度。无人驾驶系统可借助实时运营数据、大数据分析，帮助矿山企业优化业务管理流程，提升整体生产经营管理和决策水平。

在无人化之后，车队调度的效果也会更好。有人驾驶的车队也有调度系统，但调度对象是驾驶员和车辆，其中人员相对来说较难管理，而无人驾驶的话，调度的对象就只有车辆，问题会简单很多。2019年9月，和卡特彼勒合作使用无人驾驶矿卡达七八年的澳大利亚铁矿石出口商FMG表示，无人运输的效率比传统人工运输提升了30%。

2.8.2　5G车联网与矿山自动驾驶

5G车联网赋能自动驾驶矿卡的总体架构包括"自动驾驶矿卡、车联网、云平台"三个层面以及相应的安全保障体系[39]。

其中自动驾驶矿卡具备自车感知、通信、决策和执行等能力，与其他设施之间实现5G+C-V2X多模车联网通信。

云平台实现矿山场景信息的融合分析，构建虚拟矿山运输作业模型，面向不同应用场景提供作业调度、路径规划、联合决策和协同控制，可以实现远程驾驶、自动驾驶的业务管理，并为业务规划网络路径。

安全保障体系包括信息安全保障和功能安全保障。信息安全保障面向端、管、云三个层级提供相应的安全保障支持，功能安全则面向概念、系统、硬件和软件四个过程提升功能安全保障。

5G车联网赋能自动驾驶矿卡的典型应用如下。

（1）车与车碰撞预警

矿卡与正前方车辆通过C-V2X直连通信的方式实时交互位置、方向角、速度、加速度等信息。当存在碰撞危险时，矿卡可以依据前车信息及时做出决策，避免碰撞事故发生，提高自动驾驶安全性。

（2）道路状况提醒

路侧设备通过传感器将道路障碍物（如落石、遗撒物等）、路面状况（如积水、结冰等）等道路状况的感知信息，通过5G网络实时上传至云平台，由云平台进行智能分析，再将道路事件信息实时发送给可能受影响的自动驾驶矿卡；或者通过路侧部署的边缘计算设备在本地分析感知信息，再由RSU将道路信息发送给可能受影响的矿卡，从而避免事故发生。

（3）远程遥控驾驶

指自动驾驶矿卡在遇到特殊路段或紧急情况时，通过远程接管处理的方式使车辆能够继续行驶或移动到安全位置。远程接管方式包括响应式接管和紧急接管两种。

响应式接管是指当矿卡遇到无法处理的状况时，通过5G网络向平台发送远程接管请求，平台接到请求后立刻通过5G网络开始远程接管；紧急接管是指遥控驾驶平台通过5G网络接收车端实时上传的状态信息，主动发现车辆异常并发出报警信号提醒人工接管。

（4）路径规划

矿山的道路随着采、排作业开展会不定期地进行变化，尤其是采掘面和排土场的变化频率很大，需要进行全局路径规划；同时考虑到特定情况下导致不能循迹行驶的情况，需要进行局部路径规划。全局路径规划，由云平台依据高精地图生成全局路径规划文件后下发至自动驾驶矿卡，矿卡根据全局路径文件进行循迹行驶；局部路径规划，在特定情况下无法循迹行驶时，由矿卡依据自身环境感知数据及决策控制算法实时生成路径进行避障绕行以及装载/卸载区协同作业的行为。

（5）协同作业

自动驾驶矿卡可与挖机、推土机等其他工程机械设备之间进行装载/卸载的协同作业。在当前技术条件下，挖掘机和推土机依然采取有人驾驶模式，但其可以通过与矿卡的协同提高作业效率。挖机、推土机可以将设备运行数据上传至云平台，利用云平台的运输智能调度功能，实现与矿卡的作业流程协同。同时，挖机或推土机车载终端安装协同作业管理系统，通过在挖机或推土机上部署传感器实现对设备姿态和位置的监控，并与矿卡系统间通过C-V2X通信，实现装载模式设置、装载点设定，从而实现引导矿卡就位、装载/卸载完成后引导矿卡出厂，提高装载/卸载作业效率，确保装载过程符合露天矿山工艺流程。

2.8.3 网联矿山自动驾驶商业价值

自动驾驶矿卡产业链上游包括感知设备（摄像头、毫米波雷达、激光雷达等）、计算平台、高精度地图和定位、线控底盘等关键零部件供应商。

整车功能线控化主要由车辆的控制系统通过电信号实现包括线控转向、线控驱动、线控制动、线控货箱升降等功能。线控货箱升降，是通过电信号控制货箱升降系统的电比例阀组实现举升、追降、锁止、浮动四个挡位的线控功能。后装方面，由于100～200吨刚性矿卡的控制层技术由国外零部件供应商提供，因此多采用加装机器人的方式；60～70吨的非公路宽体自卸车多是手动挡，无法用机器人控制，需要进行线控改造。

自动驾驶矿卡产业链中游是解决方案提供商和整车厂。与国外主要由整车厂提供自动驾驶方案不同，我国的自动驾驶矿卡解决方案提供商以创业自动驾驶科技公司为主。而国内整车厂更倾向于前装自动驾驶车辆本体的研发与测试，如线控底盘、传感器整合等。

自动驾驶矿卡产业链下游是矿企、工程公司、运输公司。

自动驾驶主要存在两种商业模式。

（1）轻资产模式

自动驾驶科技公司和整车厂向矿企、工程公司、运输公司提供可规模化量产的前装自动驾驶矿卡，或者进行后装融合改造。另外，矿山自动驾驶整体解决方案除了自动驾驶矿卡外，还需要车联网和云平台等软硬件设施，因此自动驾驶科技公司还会向矿企、工程公司、运输公司提供各种技术服务，如图2-18所示。

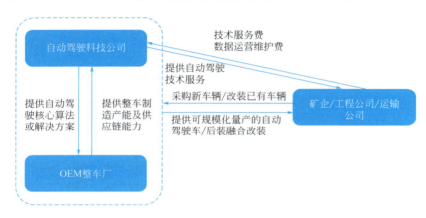

图2-18　自动驾驶矿卡轻资产模式

（2）重资产模式

自动驾驶科技公司向整车厂采购定制的自动驾驶矿卡，并且自动驾驶科技公司自建或合资成立自动驾驶工程承包商，向最终客户提供土方或矿物运输服务。自动驾驶科技公司还需要在矿山部署车联网和云平台等软硬件设施，自行雇佣并培训作业人员进行自动驾驶运输，客户以运输费的形式向自动驾驶工程承包商进行结算。该方案中自动驾驶科技公司承担了资金流压力和部署使用自动驾驶的潜在风险，在自动驾驶商业化初期，更容易被最终客户接受，如图2-19所示。

在矿山自动驾驶技术成熟后，运营一年左右即可收回自动驾驶的投资，且每年可以增加大量运营收入。网联矿山自动驾驶是属于能形成商业闭环的最典型场景之一。当然矿山自动驾驶技术需要发展成熟，比如从技术角度实现夜间作业的常态化运营等。

图2-19 自动驾驶矿卡重资产模式

（1）自动驾驶刚性矿卡盈利测算

自动驾驶解决方案投资：每辆车线控化改造和安装各类传感器、计算单元大概为150万元/辆，刚性矿卡使用寿命为15年的话，每年分摊10万元。

自动驾驶运营人力成本：分摊到每辆自动驾驶矿卡的操作员、运维人员成本约为3万元/年。

自动驾驶维修成本：主要考虑激光雷达等易损自动驾驶零部件的维修，约20万元/年。

节省驾驶员成本：每天需要2~4名驾驶员进行三班倒，每年可节约驾驶员薪资成本按45万元计算。

效率提升带来的经济性：根据国外矿山运营经验，自动驾驶系统成熟后运输效率将比传统人工运输提升30%。以载重220吨的车型为例，一年效率提升创造的利润约为115万元。

节省油耗：一辆刚性矿卡每年的油耗约为360万元，自动驾驶可节省10%左右的油耗，大约36万元/年。

因此，自动驾驶刚性矿卡大约可增加163万元/年的经济效益，在15年的使用寿命中，运营一年左右就可以收回投资，并开始盈利[38]。

（2）自动驾驶非公路宽体自卸车盈利测算

自动驾驶解决方案投资：每辆车线控化改造和安装各类传感器、计算单元大概为50万元/辆，非公路宽体自卸车使用寿命为5年的话，每年分摊10万元。

自动驾驶运营人力成本：分摊到每辆自动驾驶矿卡的操作员、运维人员成本约为3万元/年。

自动驾驶维修成本：主要考虑激光雷达等易损自动驾驶零部件的维修，约20万元/年。

节省驾驶员成本：一辆非公路宽体自卸车每天需要2～4名驾驶员进行三班倒，每年可节约司机薪资成本按30万元计算。

效率提升带来的经济性：根据国外矿山运营经验，自动驾驶系统成熟后运输效率将比传统人工运输提升30%。以载重65吨的车型为例，一年效率提升创造的利润约为34万元。

节省油耗：一辆非公路宽体自卸车每年的油耗约为90万元，自动驾驶可节省10%左右的油耗，大约9万元/年。

因此，自动驾驶非公路宽体自卸车大约可增加40万元/年的经济效益，在5年的使用寿命中，运营一年半左右就可以收回投资，并开始盈利[38]，如表2-18所示。

表2-18　自动驾驶矿卡带来的盈利变化

项目	每辆车的盈利/（万元/年）	
	刚性矿卡	非公路宽体自卸车
自动驾驶解决方案投资	−10	−10
自动驾驶运营人力成本	−3	−3
自动驾驶维修成本	−20	−20
节省司机成本	+45	+30
效率提升带来的经济性	+115	+34
节省油耗	+36	+9
每年盈利情况	+163	+40

2.8.4　网联矿山自动驾驶典型案例

案例1：踏歌智行"旷谷"

踏歌智行无人驾驶技术解决方案"旷谷"包括三部分。

① 车载系统"睿控"，包括无人矿卡终端、协同作业车辆（如挖掘机、推土机）终端等，是无人驾驶运输任务的执行者。

② 地面系统"御疆"，包括路侧单元（RSU）和各类地面（如加油区、破碎站、维修区等）管控终端，是系统稳健运行的支撑与保障。

③ 云控平台"天枢"，作为无人运输系统的智能中枢，具备调度规划、行车指挥、集中监控等功能，为无人运输系统提供安全可靠的云端服务。

这套系统主要以露天矿为主要应用场景，基于车、地、云高效协同作业，提供无人运输一站式解决方案，助力智慧矿山建设[40]。

露天矿区常因爆破、剥离、采掘等作业过程引起地形环境变化，从而造成4G/5G基站信号遮挡，出现信号较弱的区域甚至是盲区。矿卡巨大的车身也会对信号造成遮挡，金属矿山特有的环境特性也会对车联网信号造成影响。采用C-V2X和4G/5G双网冗余通信技术，可以及时对网络覆盖进行加强和补盲，彻底扫除通信中断现象。

案例2：慧拓智能"愚公YUGONG"

慧拓智能"愚公YUGONG"无人矿山整体解决方案由六大核心子系统构成，帮助客户实现智慧矿山无人化作业全流程，包括云端智能调度与管理系统、矿车无人驾驶系统、挖机协同作业管理系统、无人运输仿真系统、远程驾驶系统和C-V2X车路协同感知系统。

① 云端智能调度与管理系统是"统领智慧矿区无人化作业的云端大脑"，具备分析、决策、协调能力，持续、稳定地保证全面落实矿区安全生产作业计划。

② 矿车无人驾驶系统具备高度单车自动驾驶能力，能够实现自动驾驶、自主避障、协同装载、智能跟车、自动卸载等功能，而且可以通过4G/5G/C-V2X等多种方式，在云端智能调度与管理系统指挥下，实现与挖机、电铲、推土机等各种装载和辅助设备的协同作业，实现露天矿山典型的"装-运-卸"作业流程，极大促进露天矿山的生产安全，提高生产效率，降低生产成本，提升矿山企业柔性产能管理能力。

③ 挖机协同作业管理系统令无人矿车和装载设备无间协作，可实现装载设备与无人矿车系统的协同作业，为其规划任务路径，引导其入场就位，在装载完成后引导无人矿卡离场，大大提高作业效率。

④ 无人运输仿真系统通过构建虚拟矿区环境、车辆、传感器等模型，搭载实车自动驾驶控制器和智能化调度平台，快速实现对整体矿区无人运输系统各项功能验证，提高系统开发效率。

⑤ 远程驾驶系统是基于5G网络实现远程作业、日常监控和应急接管集中式解决方案。

⑥ C-V2X车路协同感知系统面向超视距感知、道路预警等应用场景。自主研发了多源异构传感数据融合感知技术、自动化协同定位、时空同步等技术，在普通嵌入式计算平台即可实时获取矿车、挖掘机、行人、社会车辆、

辅助作业车辆等交通目标的3D位姿、预测的轨迹，并将感知信息通过5G/C-V2X技术与自动驾驶车端、云端、远程驾驶端等共享，完成全时空高动态道路信息采集和融合[41]。

2.9 5G车联网赋能港口自动驾驶

2.9.1 港口自动驾驶产业概述

港口作为交通运输的枢纽，在促进国际贸易和地区发展中起着举足轻重的作用，全球贸易中约90%由海运业承载，作业效率对于港口至关重要。2020年我国主要港口完成货物吞吐量145.50亿吨，完成集装箱吞吐量26430万标准箱（Twenty-feet Equivalent Unit，TEU）。

2019年11月，交通运输部等九部门发布《关于建设世界一流港口的指导意见》，提出建设智能化港口系统。加强自主创新、集成创新，加大港作机械等装备关键技术、自动化集装箱码头操作系统、远程作业操控技术研发与推广应用，积极推进新一代自动化码头、堆场建设改造。建设基于5G、北斗、物联网等技术的信息基础设施，推动港区内部集卡和特殊场景集疏运通道集卡自动驾驶示范，深化港区联动。到2025年，部分沿海集装箱枢纽港初步形成全面感知、泛在互联、港车协同的智能化系统。到2035年，集装箱枢纽港基本建成智能化系统。

集装箱码头闸口-场桥-集装箱货车-岸桥的系统，配合码头作业的装卸船、场堆吊装和水平搬运设备，如图2-20所示。集装箱在港口的装卸过程通常会涉及三个作业环节[42]。

① 货物通过岸桥设备，在码头面进行装卸船作业。
② 货物通过水平运输设备，在码头面和堆场之间运输。
③ 货物通过场桥设备，在堆场进行装卸箱作业。

集装箱水平运输指的就是作业环节②，将货物按照指定的路径，完成码头面和堆场之间的运送。

港口集装箱水平运输面临诸多挑战。

（1）人员招聘难

港口的天气环境恶劣，驾驶员需要24小时倒班运输，工作强度高、环境

图2-20　集装箱在港口的流转过程

艰苦，对年轻人吸引力差。51.5%的驾驶员年龄在35岁以上，驾驶员新生力量不足。

港口运输集卡驾驶员须持A2级驾照，考取A2级驾照至少需6年驾驶经验（3年C1及3年B1/B2）。卡车驾驶员中仅有48.5%的驾驶员持A2驾照，导致用工短缺。

（2）管理成本高

在我国100万TEU吞吐量以上的集装箱码头，共配置了6000～8000辆内集卡，拥有约1.5万～2万名内集卡驾驶员。目前内集卡驾驶员成本（含工资和社保）平均为15万～20万元/年，并且逐年上涨。此外当前港口运输多采用柴油集卡，能耗大，人力及能耗成本占港口总成本65%以上。

港口自动化解决方案通常有如下三种方式[43]。

（1）AGV方案

自动导引运输车（Automatic Guided Vehicle，AGV）在港口的应用普遍使用磁钉导航技术，需要在码头建设中预先铺设非常多的磁钉。但磁钉导航技术对于金属比较敏感，一旦磁钉附近有太多金属，AGV导航会受到很大的干扰，要求整个码头的土建中不能使用常规的钢筋浇筑混凝土结构。

（2）自动驾驶跨运车方案

自动驾驶跨运车（Autonomous Straddle Carrier，ASC）单车成本较高，水平垂直运输融合于一体，适合5层堆垛以内的堆场应用，在欧洲、北美洲、大洋洲应用较多。我国集装箱码头普遍堆场密集，为保证空间利用效率会堆放多层集装箱。在我国的集装箱堆场，普遍采用轮胎式和轨道式集装箱龙门起重机方案。

（3）自动驾驶集卡方案

自动驾驶集卡与其他港口自动驾驶解决方案相比，成本较低，仅限于水平运输应用，适合全部类型的堆场应用，亚洲港口应用较多。

综合考虑，自动驾驶集卡对场地改造要求低、单车成本较低且使用灵活便利，是新旧港口水平运输自动化改造的最优解决方案。

自动驾驶技术在港口落地的技术难点在于作业环境特殊、作业精度要求高和场景标准化程度低。

（1）作业环境特殊

自动驾驶集卡需要在大雨、大雾、台风等极端天气下持续作业，对自动驾驶感知与决策要求高，同时高盐潮湿的作业环境也会加快硬件器械的损耗，增加替换成本。

（2）作业精度要求高

港口金属集装箱、大型基建设备都会干扰自动驾驶集卡的定位信号，扩大基于GPS的RTK高精定位误差。自动驾驶集卡配合中大型机械交互作业时，融入码头生产业务流程，需要实现厘米级的对位作业精度要求，比如与吊桥交互作业时，停靠距离误差不超过5厘米。

（3）场景标准化程度低

港口虽然是半封闭的低速限制环境，但集装箱装卸灵活，集装箱堆放形态、道路轨迹面临经常性变更，环境高度动态变化。比如当堆场面积不够或者临时集装箱数量增多时，港区内道路可能会用于临时堆放集装箱。

2.9.2　5G车联网与港口自动驾驶

5G+C-V2X可满足港口自动驾驶集卡感知和决策共享、远程控制、智慧道路感知和决策共享、视频监控和AI识别等涉及的数据传输需求，帮助港口自动驾驶集卡车队在智能车管系统和TOS系统管理下实现协同作业[44]。

（1）自动驾驶集卡感知和决策共享

5G+C-V2X可为自动驾驶集卡提供地图动态位置共享及跟踪、实时路径规划调整、内外部传感器实时信息采集、车辆内外部数据实时计算及融合等。自动驾驶集卡的数据量大，每天单车可高达40TB。

自动驾驶集卡还可以与正前方车辆通过C-V2X直连通信的方式实时交互位置、方向角、速度、加速度等信息。当存在碰撞危险时，自动驾驶集卡依据前车信息及时做出决策，避免碰撞事故发生，提高自动驾驶安全性。

（2）远程控制

自动驾驶集卡也将具有远程控制能力，当自动驾驶集卡在作业场中出现故障时，操作人员可通过摄像头查看周边环境、进行故障判断，并可远程操作自动集卡退出故障区。

另外，集装箱码头中，轨道吊、轮胎吊是使用最为广泛的两种龙门吊。轨道吊在堆场内轨道上移动；轮胎吊装有轮胎，机动灵活，能够转场作业。目前存量码头多使用轮胎吊，新建码头多使用轨道吊。龙门吊高度约30米，驾驶室在龙门吊顶部。驾驶员作业条件艰苦，现场操作容易疲劳，有安全隐患。港口为保证24小时作业，每台龙门吊配备三名驾驶员轮换，一个码头通常需要上百名龙门吊驾驶员，对驾驶员人力需求高。龙门吊通过5G大带宽低时延网络实现远程控制，可大幅度降低人力成本。

装卸作业区中主要业务单元是桥吊，桥吊高度60～70米，电气房高度50米，需要无线网络实现作业区域网络覆盖。远程控制场景下单个桥吊同时回传摄像头数量及以此产生的上行带宽需求是龙门吊的数倍。同时桥吊的部署相对密集，通常1公里长的港口海岸线会部署8～12台桥吊。此外，由于桥吊的垂直、水平移动速度都高于轮胎吊，因此远程控制对时延要求也更高。

（3）智慧道路感知和决策共享

5G+C-V2X可为智慧道路提供地图实时定位更新、实时路径规划调整、实时道路信息采集、实时道路数据计算及共享等。

路侧设备通过传感器将道路障碍物（如临时集装箱等）、路面状况（如积水、结冰等）等道路状况的感知信息，通过5G网络实时上传至云平台，由云平台进行智能分析，再将道路事件信息实时发送给可能受影响的自动驾驶集卡；或者通过路侧部署的边缘计算设备在本地分析感知信息，再由RSU将道路信息发送给可能受影响的自动驾驶集卡，从而避免事故发生。

（4）视频监控和AI识别

视频监控在港口非常普遍，港区中的很多区域无法部署光纤，对于临时部署场景和移动场景，无线回传作为光纤的补充具有部署灵活、调整便捷、低成本的优势。具体可以应用在：吊车摄像头对集装箱编码ID进行AI识别，自动理货；对驾驶员面部表情、驾驶状态进行智能分析，对疲劳、瞌睡等异常现象预警；车牌号识别、人脸识别、货物识别管理；利用无人机、机器人快速智能巡检。

（5）融入港口TOS系统

集装箱码头实现自动化是一个系统工程，码头操作系统（Terminal Operating System，TOS）下达指令后需依赖于设备控制系统（Equipment Control System，ECS）去执行。TOS系统负责码头最高层级的逻辑控制，包括船舶计划、集装箱库存维护、工作指令生成、闸口操作等。TOS负责将最高层级的任务发布，告知ECS在港口作业任务的起点和终点，然后闸口、岸桥、堆场等机械设备的运行路线和相应动作在ECS的控制下进行驱动执行。

对车辆行驶的决策规划分为全局规划和局部规划。全局规划指车辆的起点/终点位置规划和特定线路规划；局部规划指车辆在道路行驶过程中如何选择具体车道。其中，全局规划中的起点/终点位置由 TOS 系统根据作业逻辑自动生成。

自动驾驶集卡通过车队管理系统融入港口 TOS 系统，与港口对接，实现后台统一调度、规划路线、车辆远程监控、智能化管理等功能。

2.9.3　网联港口自动驾驶商业价值

港口自动驾驶集卡产业链上游包括感知设备（摄像头、毫米波雷达、激光雷达等）、计算平台、高精度地图和定位、线控底盘等关键零部件供应商。

港口自动驾驶集卡产业链中游是解决方案提供商和整车厂/机械设备商。

港口自动驾驶集卡产业链下游是港口企业。

自动驾驶主要存在两种商业模式。

（1）轻资产模式

自动驾驶科技公司和整车厂/机械设备商向港口企业提供可规模化量产的前装自动驾驶集卡，或者进行后装融合改造。另外，港口自动驾驶整体解决方案除了自动驾驶集卡外，还需要和 TOS 系统融合，因此自动驾驶科技公司还会向港口企业提供各种技术服务，如图 2-21 所示。

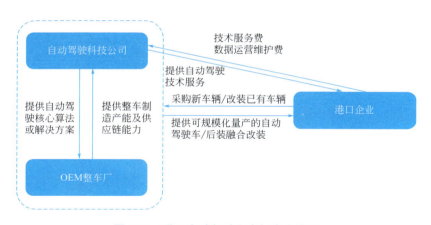

图 2-21　港口自动驾驶集卡轻资产模式

（2）重资产模式

自动驾驶科技公司向整车厂/机械设备商采购定制的自动驾驶集卡，并且自动驾驶科技公司自建或合资成立自动驾驶工程承包商，向最终客户提供集装箱水平运输服务。这种商业化"代运营"新模式，实际按集装箱量收费，大大降低了最终客户前期的采购资金，如图 2-22 所示。

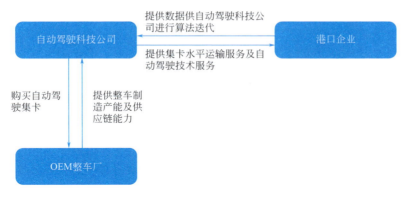

图2-22　港口自动驾驶集卡重资产模式

由于内集卡对速度要求不高，普遍配置16线激光雷达，加毫米波雷达和摄像头为主的感知系统。自动驾驶集卡成本大约120万元。典型内集卡需配置4名驾驶员"三班倒"，每名驾驶员年薪15万元，需要人力总成本60万元/辆。采用自动驾驶技术后，大约1年多就能回收成本，同时消除部分有人驾驶的安全隐患，如表2-19所示。

表2-19　港口自动驾驶集卡带来的盈利变化

项目	传统港口集卡	港口自动驾驶集卡	成本对比
购置成本/万元	50	120	—
人力成本/（万元/年）	60	0	—
使用1年后购置和人力成本/万元	110	120	−10
使用2年后购置和人力成本/万元	170	120	+50
使用3年后购置和人力成本/万元	230	120	+110

5G+C-V2X将智能路侧技术感知到的实时道路信息与港口自动驾驶集卡共享，使车辆拥有超视距感知能力，提前预判危险，更换路径规划，减少单车传感器的搭载数量。

港口自动驾驶将提升安全性，弥补车辆感知盲区，拓展感知范围和距离，有效避免港口各种障碍物，尤其是随机出现的集装箱障碍物影响；可以减少单车传感器搭载数量和对单车计算能力的要求，有效节约单车成本；提前感知路况、进行路径规划，减少事故，有效提高单车工作效率。

2.9.4　网联港口自动驾驶典型案例

案例1：西井科技全时无人电动集卡Q-Truck

Q-Truck彻底取消了人类驾驶室，在车头安装电池和冷却系统，保护核心硬件系统免受港口作业等复杂工况影响。车辆搭载了双目人工智能摄像头、激光雷达、毫米波雷达等工业级传感器，配合整套全栈式系统，输出超高精度的定位和识别功能，使得Q-Truck无须事先在地下铺设磁钉进行导引，即可保证续航达200公里，载重80吨运行。可以顺利完成车辆转弯借道、安全超车等智能操作，并实现港口场景的深度耦合，如在岸桥和场桥下，吊具锁头与集装箱锁孔对位误差不超过3厘米，准确率接近100%。

在港区C-V2X全域感知车路协同系统，可实现无人驾驶移动端快速云上接入能力，解决了Q-Truck在码头无人化场景中，移动网络稳定性问题，保障码头内部实现纯远程自动驾驶，车与车、车与码头控制中心网络稳定互联。

西井科技自主研发的车队管理系统（Fleet Management System，FMS），可在港口场景中对车队进行信息化的有效管理，进行一对一的任务配对，减少车辆空驶率，实时定位监控，掌握车辆以及货物情况。

车队系统能同时管理多辆无人集卡，甚至实现无人驾驶和有人驾驶车辆之间的混行运营。遭遇不寻常交通状况或恶劣气候，Q-Truck远控系统也能实现人工接管，通过场内通信系统，对车辆进行紧急停车等远程控制。

针对不同的应用场景，西井科技也研发了Q-simulation场景快速仿真系统，快速搭建一套仿真平台，为用户真实模拟使用状态，并借此为用户的场景设计[45]。

案例2：主线科技港口无人驾驶集卡

面向传统码头改造升级与新建智能集装箱码头的不同市场需求，主线科技先后推出了2款港口无人驾驶集卡。一款为常规外形设计的电动集卡，可实现人机共驾，除了在港口启用完全无人驾驶功能外，亦满足了客户现阶段"多场景使用"的需求。另一款则为ART人工智能运输机器人，专为新建智能化集装箱码头研发设计的新一代无人驾驶电动集卡。其在外形上彻底去除了驾驶舱设计，自重更轻、高度更低、宽度更窄，可正反双向行驶，兼具完全无人驾驶和5G远程驾驶功能，能够完美地适应水平岸线地面解锁工艺。

2020年1月，主线科技首次实现了天津港25辆无人驾驶电动集卡的商业交付与编队作业。25辆无人驾驶电动集卡已在天津港港口自动驾驶示范区完成130条船舶实船作业，作业效率持续提升，达到33自然箱/时，单箱能耗下降20%，综合运营成本下降10%。

2021年10月，主线科技助力天津港正式完成全球首创传统集装箱码头全流程自动化升级改造项目的全面运营，并先后向北疆港区C段智能化集装箱码头交付了6辆无人驾驶电动集卡与60辆ART，实现全球首个智慧零碳码头投产运营。

ART搭载主线科技自研L4级自动驾驶系统"Trunk Master"，达到了在港口真实复杂作业场景中的高精度、全无人、全天候、安全稳定的集装箱自主水平运输作业，有效提高了码头的整体运营效率。同时，ART采用新能源动力，可实现自主充电、智能算法节电等功能，减少能源消耗，降低运营成本，真正实现"零碳"排放[46]。

参考文献

[1] 亿欧智库. 2020～2023中国高等级自动驾驶产业发展趋势研究［R］. 2020，4.

[2] 易观分析. 中国自动驾驶行业生态图谱2021［R］. 2021，5.

[3] 蔚来资本，罗兰贝格. 场景致胜——汽车产业趋势洞察［R］. 2018，11.

[4] SAE J3016. 驾驶自动化分级［S］. 2021，4.

[5] 工信部. GB/T 40429—2021. 汽车驾驶自动化分级［S］. 2021，8.

[6] ISO 22737. 智能运输系统——预定路线的低速自动驾驶（LSAD）系统性能要求，系统要求和性能测试流程［S］. 2021，7.

[7] SAE J3216. 道路机动车辆协同自动驾驶相关术语的分类和定义［S］. 2020，5.

[8] NHTSA. A Framework for Automated Driving System Testable Cases and Scenarios［R］. 2018，9.

[9] 清华大学智能产业研究院，百度Apollo. 面向自动驾驶的车路协同关键技术与展望［R］. 2021.

[10] 吴冬升. 智能网联赋能Robotaxi更安全可靠［J］. 智能网联汽车，2020，7（4）：36-39.

[11] 控安汽车研究院. Robotaxi重点企业研究（2021年版）［R］. 2021.

[12] 广州日报. 无人驾驶在穗大比拼，看看谁是"老司机"？［N］. 2019，12.

[13] 腾讯，希迪智驾. 智能网联精准公交解决方案白皮书［R］. 2021，11.

[14] 中国电动汽车百人会. 自动驾驶应用场景与商业化路径［R］. 2020，6.

[15] 董志国，吴冬升，包颖. 智能网联公交的三大发展趋势［J］. 智能网联汽车，2021，9（05）：68-71.

[16] 深圳商报. 深圳首条智能网联汽车应用示范线路上线无人驾驶公交上路［N］. 2020，10.

[17] 中国电动汽车百人会. 未来城市出行蓝皮书［R］. 2020，10.

[18] 美国国家科学院. 公共交通中的低速自动车辆（LSAV）［R］. 2021.

[19] 36氪. 文远知行获宇通集团2亿美元B1轮战略投资，推动自动驾驶微循环巴士和公交车等落地［N］. 2020，12.

[20] 网易新闻. 全球首条城市微循环Robo-Bus市民体验线路在苏发布［N］. 2020，7.

[21] 盈峰环境科技集团股份有限公司. 2020年环卫工人收入现状及环卫装备替代人工发展潜力白皮书［R］. 2021，5.

[22] 亿欧智库. 2021中国自动驾驶环卫场景商业化应用研究报告［R］. 2021，11.

[23] 辰韬资本. 自动驾驶赋能智慧环卫［R］. 2021，1.

[24] 新智元. 中国最牛自动驾驶进军欧洲！德国运营，拿下全球首张牌照［N］. 2019，5.

[25] 深圳特区报. 深圳福田5G+环卫机器人编队上岗［N］. 2019，11.

[26] 圆通研究院. 5G网络技术在新一代物流行业中的应用［R］. 2019，5.

[27] G7，科尔尼咨询. 中国公路货运安全白皮书2021［R］. 2021.

[28] 亿欧智库. 2021中国自动驾驶干线物流商业化应用研究报告［R］. 2021.

[29] 5G行业应用. 一文读懂智慧高速车路协同现状与未来［N］. 2020，5.

[30] 雷锋网. 智加科技与满帮集团深化战略合作加速L4级无人驾驶技术落地［N］. 2020，9.

[31] 中国电动汽车百人会. 无人配送"车"的身份与上路安全［R］. 2021，7.

[32] 辰韬资本. 自动驾驶赋能末端配送［R］. 2021，6.

[33] 亿欧智库. 2021中国自动驾驶末端配送产业商业化应用研究报告［R］. 2021.

[34] 红色星际. 京东无人配送车：试了才知道 [N]. 2021，8.
[35] 车云网. 低调的阿里自动驾驶之路 [N]. 2020，4.
[36] 夏华夏. "无人配送"，技术难度并不低 [N]. 2021，12.
[37] 亿欧智库. 2021中国矿区自动驾驶研究报告 [R]. 2021.
[38] 辰韬资本. 自动驾驶赋能智慧矿山 [R]. 2021，3.
[39] IMT-2020（5G）推进组. 智慧矿山5G自动驾驶 [R]. 2020，8.
[40] 汽车之心. 无人驾驶解决方案"旷谷"发布，踏歌智行迎来新进展 [N]. 2020，8.
[41] 中国网. "愚公YUGONG"六大系统，提供智慧矿山无人化全栈式解决方案 [N]. 2020，6.
[42] 辰韬资本. 自动驾驶赋能智慧港口 [N]. 2020，10.
[43] 亿欧智库. 中国高等级自动驾驶港口应用 [R]. 2020，10.
[44] 华为，上海振华重工，移动，Vodafone. 5G智慧港口白皮书 [R]. 2019.
[45] 亿欧. 用真正的无人驾驶集卡，定义港口数智化转型的商业价值 [N]. 2021，7.
[46] 主线科技. 商业交付破百，主线科技落地全球最大规模自动驾驶卡车车队 [N]. 2021，11.

车联
未来

5G车联网创新商业模式

第 3 章
5G 车联网赋能智慧交通和智慧城市

我国智慧交通正从 2.0 阶段迈入 3.0 阶段，在此过程中车联网将赋能新型智能交通系统。本章在分析智慧道路车路协同分级情况、自动驾驶对现有交通系统要求以及自动驾驶对新建附属设施要求的基础上，深入探讨 5G 车联网如何赋能城市智慧交通和如何赋能高速智慧交通，并详细介绍城市全息路口和高速公路收费站等典型案例。

我国智慧城市也迈入 3.0 阶段，本章在分析新型城市基础设施建设的基础上，深入探讨 5G 车联网如何赋能智慧城市。

3.1 智慧交通产业概述

3.1.1 新型智慧交通体系

智慧交通作为一种新的服务体系,是在交通领域充分运用物联网、空间感知、云计算、移动互联网等新一代信息技术,对交通管理、交通运输、公众出行等交通领域全方面以及交通建设管理全过程进行管控支撑,使交通系统在区域、城市甚至更大的空间范围具备感知、互联、分析、预测、控制等能力,以充分保障交通安全、发挥交通基础设施效能、提升交通系统运行效率和管理水平,为通畅的公众出行和可持续的经济发展服务。当前我国的交通体系关注便捷出行、安全出行、绿色出行三大发展主题[1],如图3-1所示。

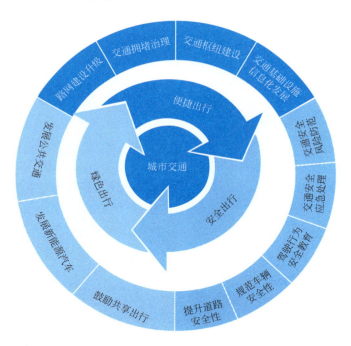

图3-1 我国交通体系关注重点

据交通运输部统计,我国每年由于交通拥堵带来的经济损失占城市人口可支配收入的20%,相当于每年国内生产总值(GDP)的5%～8%,每年可达2500亿元。交通拥堵时,车辆在道路上的平均速度为15公里/时以下。中国科学院可持续性发展战略研究成果表明,包括北京、上海等大城市在内的全国15个大城市中发生的交通拥堵,每天的相关处理费用达到10亿元。因此,运输效率的改善成为交通出行迫切的要求。

公安部数据显示，2020年我国机动车保有量为3.72亿辆，同比增长9.4%；其中汽车保有量为2.81亿辆，同比增长7.5%。2020年我国新注册登记机动车数量为3328万辆，同比增长3.5%；我国新注册登记摩托车数量为825.63万辆，同比增长43.1%。2020年我国机动车驾驶员数量为4.56亿人，同比增长8.1%。

机动车给我们生活提供方便的同时，也产生了一系列问题，例如道路交通事故。2019年我国交通事故发生数量为24.8万起，同比增长1.1%；我国交通事故直接财产损失为13.46亿元，同比下降2.8%。2019年我国交通事故死亡人数为62763人，同比下降0.7%；我国交通事故受伤人数为256101人，同比下降0.9%。交通安全保障依然面临严峻的挑战。

生态环境部发布《中国移动源环境管理年报（2021）》，全国机动车四项污染物排放总量为1593.0万吨。其中，一氧化碳（CO）、碳氢化合物（HC）、氮氧化合物（NO_x）、颗粒物（PM）排放量分别为769.7万吨、190.2万吨、626.3万吨、6.8万吨。汽车是污染物排放总量的主要贡献者，其排放的一氧化碳、碳氢化合物、氮氧化合物和颗粒物超过90%。机动车排放成为大气污染的主要成因之一，机动车污染防治的紧迫性日益凸显。

新型智慧交通体系更加关注便捷出行、安全出行和绿色出行。

① **便捷出行方面**：在进一步强化路网建设的基础上，通过加强运营与服务以充分利用现有交通基础设施资源成为关键问题。交通基础设施信息化的完善使得交通系统的互联互通成为下一步目标，进一步支持城市交通的精细化管理和决策，并提升居民出行便捷性。

② **安全出行方面**：在道路交通事故的预防上，从人、车、路、环境四个方面出发，加强交通参与者安全意识、道路安全性、车辆安全性。同时，科技支撑有望助力道路交通安全风险防范；通过打通部门间信息孤岛，建立统一的交通安全大数据平台，对交通事故进行深度分析，变"后验"为"先验"，实现道路交通安全风险的主动防控。

③ **绿色出行方面**：在出行结构的改善上，国家政策大力支持公共交通的发展，通过提升公共交通的线网覆盖和运营服务，实现供给侧结构性改革，吸引居民出行选择。同时，通过发展新能源汽车、鼓励共享出行等形式，改善机动车碳排放和污染物排放。

智慧交通体系由交通基础设施、交通运营服务及交通出行场景三层构成[1]，如图3-2所示。

图 3-2 毕马威新型智慧交通体系

智慧交通体系正经历不同发展阶段。

① **智慧交通 1.0**：基础设施与智能设备（监控、数据传输等）相对独立，数据流多为单向传输；运营服务数据孤岛现象较为突出，缺乏全局性考量与资源调配；出行场景中智能化交通场景有限，仅局限于固定路线导航等初级应用。

② **智慧交通 2.0**：基础设施的信息化程度得到显著提升，普及率较为可观，开始出现双向数据流的传输及指令传达；运营服务数据开放性显著提升，在技术升级的支持下，全局性交通筹划与管理成为可能；出行场景日益增多，跨场景应用开始出现。

③ **智慧交通 3.0**：数据成为基础设施的一部分，新设施在计划建设时期即充分考虑智能化需求，具有可迭代性，能及时掌握基础设施状态；运营服务实现跨部门、地域、场景的数据开放，交通与城市其他子系统一起成为城市管理者通盘思考的一部分，企业与民众的参与度日益提高；全场景出行系统概念提出，政府与企业主动预测并规划居民潜在的出行场景及需求，形成正向循环。

在新型智慧交通体系迈入智慧交通 3.0 阶段后，车联网支撑的新型智能交通系统总体结构如图 3-3 所示[2]。

在新型智慧交通体系下，重塑交通出行体验，实现智慧出行服务 MaaS、智能网联汽车 V2X、智能网联设施 I2X、智能车路协同平台等新一代智能交通核心体系。

新型智慧交通体系综合感知、通信、计算、控制等技术，基于标准化通信协议，实现物理空间与信息空间中包括"人、车、路、环境"四要素的相互映射，解决系统性的资源优化与配置问题，核心四要素如下。

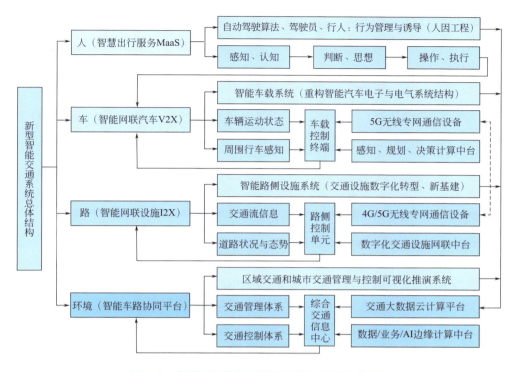

图3-3 车联网支撑的新型智能交通系统总体结构

① **人（智慧出行服务MaaS）**：行为管理与诱导系统（自动驾驶算法、驾驶员、行人）。

② **车（智能网联汽车V2X）**：智能车载系统。

③ **路（智能网联设施I2X）**：智能路侧设施系统。

④ **环境（智能车路协同平台）**：区域交通和城市交通管理与控制可视化推演系统。

3.1.2 智慧道路车路协同分级

智慧道路分级标准一直是国内外产业界研究的热点之一。2019年3月，欧洲道路运输研究咨询委员会发布 Connected Automated Driving Roadmap，定义自动驾驶的基础设施支持级别；2019年9月，中国公路学会自动驾驶工作委员会、自动驾驶标准化工作委员会发布了《智能网联道路系统分级定义与解读报告（征求意见稿）》；2020年12月，中国智能交通产业联盟发布《智慧高速公路车路协同系统框架及要求》，其中规范性附录给出智慧高速车路协同系统等级划分；2021年3月，中国智能交通协会发布《智慧高速公路分级（征求意见稿）》。

智慧道路车路协同系统可以划分为4个等级，其中每一级都是在前一级基础上的增强配置和应用服务升级[3]。

① **1级（基础道路）**，道路交通标志和标线设施完备，车辆识别道路物理标志，无数据信息交互。

标志标线：无可识读电子标志。

信息发布：情报板、红绿灯、车道通行灯等常规方式。

路侧设施：道路检测感知设备（摄像机、气象传感器、雷达等）自成体系，未网联化。

② **2级（数字化道路）**，安装路侧智能感知（气象、交通流）、通信和计算设备，路侧设施网联化部署，具备交通信息推送能力。

标志标线：具备车道级标志标线信息推送功能。

信息发布：具备非视距信息推送功能，可将信号灯、限速标志、车道线、动态事件、气象、施工、预警信息等推送至车辆。

路侧设施：支持蜂窝和C-V2X车路直连通信，提供本地交通流、动态事件感知及计算，提供V2N车联网业务、高精度地图及定位辅助。

③ **3级（多源融合感知道路）**，具备基于云控平台的道路管控服务，支持全域交通信息采集、车路协同感知融合和交通信息处理，车路数据实时交互。

双向信息交互：具备RSU-OBU双向通信功能。

路侧设施：C-V2X支持单播/组播通信、为自动驾驶车辆提供高精度地图及定位辅助信息。

交通控制：具备全域交通感知和交通流控制调节能力、可提供车路协同服务（如分合流预警、紧急情况预警等）。

④ **4级（协同控制道路）**，支持自动驾驶车队编队行驶和在线调度，车路一体化信息交互和协同控制。

交通控制：支持自动驾驶车辆协同决策，具备快速交通调度和决策能力。

3.1.3 自动驾驶对现有交通系统的要求

自动驾驶对现有交通系统的要求主要包括物理基础设施、交通控制设备（TCD）和其他路边基础设施、运输管理和运营系统（TSMO）及其基础设施、多式联运基础设施[4]，具体如表3-1所示。

（1）物理基础设施

自动驾驶预计将对道路基础设施的状况和长期性能产生影响，除了改进当前的设计、维护和资产管理策略外，还可能需要更新的施工技术和材料。相应地，物理基础设施预计也会影响自动驾驶车辆运营。

表3-1 受自动驾驶影响的道路基础设施类别及其相应要素

基础设施类别	考虑的基础设施类型
物理基础设施	·路面 ·桥涵
交通控制设备（TCD）和其他路边基础设施	·路面标线 ·交通标志 ·交通信号 ·工作区设备 ·垂直描绘装置 ·路旁路障
运输管理和运营系统（TSMO）及其基础设施	·ITS路侧设备 ·TSMO策略 ·TSMO系统
多式联运基础设施	·自行车、行人和交通基础设施 ·路缘空间

典型的路面类型有柔性路面（沥青混凝土）、刚性路面（有接缝的素混凝土或连续钢筋混凝土）、复合路面和其他类型。桥梁本质上可以是单跨或多跨，桥梁类型包括板、梁、桁架、拱、悬臂等。典型的涵洞类型包括管涵、箱涵和拱形涵洞。

自动驾驶车辆车轮漂移和分布模式、车道通行能力和交通速度的变化可通过影响路面的车辙性能、疲劳寿命及水力滑行潜力，对路面使用寿命产生正面或负面影响。此外，自动驾驶车辆编队（尤其是自动驾驶卡车）会影响路面的状况和长期性能。然而，现有数据有限，无法充分评估自动驾驶对道路基础设施的当前实际影响，包括自动驾驶实施和运营将如何影响路面和桥梁设计、维护和资产管理策略。

① **路面**

自动驾驶对路面的影响如表3-2所示。

表3-2 自动驾驶对路面的影响

路面状况和长期性能	设计和资产管理	新兴基础设施技术
自动驾驶对路面破损（如路面破损、凹坑、边缘磨损）的较低阈值	广泛的排队可能会增加动态负荷	智能路面
增加路面车辙可能性（例如，减少车轮漂移，增加车道通行能力）	不断变化的交通负荷模式和车辆特性	编码沥青材料/嵌入式传感器
加速路面损坏累积的可能性	设计和资产管理实践的变更	—

路面状况和长期性能：自动驾驶系统在具有可见道路缺陷环境中的性能存在不

确定性。不确定性的例子包括自动驾驶无法获得足够的信息来改变速度或方向以避免道路上的碎片，无法增强传感器以向自动驾驶车辆提供最后一分钟的信息以帮助避免轻微碰撞等。路面破损或缺陷，如凹坑、边缘磨损和事故损坏，一旦路面退化超过可接受的自动驾驶阈值水平，则需要进行监测和维护。

设计和资产管理：自动驾驶车辆（尤其是卡车）编队对路面和其他结构的状况及性能有重大影响。预计自动化重型车辆编队将增加路面和结构（包括桥梁和涵洞）上的动态荷载，因此需要调整物理基础设施以适应交通荷载模式的变化。由于自动驾驶车辆可能遵循其他车辆的精确车轮路径，且自动驾驶车辆比例较高的路面将需要使用改进的设计和路面资产管理策略，因此自动驾驶车辆编队操作可能会导致车辙和表面磨损增加。自动驾驶的实时数据可用于评估路面和结构状况（例如路面平整度/粗糙度、坑洞位置），这将使道路运营商能够使用更加一致和主动的资产管理技术，并帮助维护自动驾驶基础设施。

新兴基础设施技术：通过网联技术和自动驾驶技术在车辆之间共享关于危险路面状况的高级警告信息，可以帮助提醒旅行者注意安全相关问题，并帮助车辆改道。

② 桥涵

自动驾驶对桥涵的影响如表 3-3 所示。

表 3-3　自动驾驶对桥涵的影响

交通负荷影响	设计和资产管理
重型车辆分组（车头时距小，横向偏移小）	广泛的排队可能会增加动态负荷
I2V 策略（例如间隙控制）有助于减轻桥梁荷载	不断变化的交通负荷模式和车辆特性
—	加强对关键物理基础设施的屏障保护

交通负荷影响：减少桥梁上的交通荷载有助于防止桥梁损坏。采用基础设施对车辆（I2V）通信策略，可以减轻桥梁荷载。创新型间隙控制装置可以在与领先车辆的间隙低于某个阈值时向卡车驾驶员发出警告。当用于减轻大跨度桥梁上的荷载时，间隙控制系统表明，有 10% 的卡车响应该装置时，200 米桥梁跨度上的交通荷载可减少 10%，如果 90% 的卡车做出响应，那么交通负荷将减少多达 47%。由于间隙控制系统减轻了桥梁荷载，预计可节省桥梁维护成本。

设计和资产管理：自动驾驶卡车编队对桥梁相关结构的影响取决于编队行驶卡车的密集程度以及车辆本身的静态重量。

（2）交通控制设备（TCD）和其他路边基础设施

TCD 和其他物理基础设施要素，如路边路障，为人类驾驶的车辆提供安全车辆运行的关键信息。随着车辆自动化功能变得越来越普遍，可以实现的最早和最显著的安全效益之一是减少道路偏离碰撞。

TCD和路边基础设施区域的要素，与车辆自动化技术相互作用提供相关功能，如车道偏离预警（LDW）、车道保持辅助（LKA）和车道居中控制（LCC）。对于ADAS而言，2020年LDW技术在40%～80%的新车中成为标准，到2025年，这一数字将增加到70%～99%。目前LKA技术在10%～24%的新车中成为标准，到2025年这一数字将增加到30%～73%。

① **路面标线**

用于向道路使用者传达信息，这些标记指示道路的哪一部分可以使用，提供有关前方条件的信息，并指示允许通行的位置。

路面标线支持自动驾驶技术，因为摄像头和机器视觉系统可以检测及跟踪ADAS功能的路面标线，如LDW、LKA和LCC。这些ADAS功能是更高级别自动驾驶的基础。

美国加利福尼亚州（2018年）和肯塔基州（2019年）采用了6英寸（1英寸=2.54厘米，下同）宽的路面标线，为自动驾驶车辆部署做准备。此外，加利福尼亚州已经终止了使用波茨圆点标记等。

路面标线质量也是一个值得关注的话题，包括耐用的标记、高对比度标记、保持其色牢度的标记、潮湿条件下可见的标记、在眩光条件下可见的标记、与激光雷达技术兼容的标记等。

② **交通标志**

用于调节、警告或引导交通。在美国，交通标志由具有管辖权的公共机构或官员授权，或由具有管辖权的私人或私人官员授权，将其放置在开放、供公众出行的街道、公路或私人道路、步行设施或共用道路。

交通标志的应用、统一性和设计是行业面临的挑战，尽管挑战不如路面标线那么大。例如在美国，许多机构制定了统一交通控制设备手册（Manual on Uniform Traffic Control Devices，MUTCD）中没有的标志；植被遮挡了传感器技术检测到的标志；电子标志的照明部分应具有标准刷新/闪烁率，发光二极管（LED）的刷新率应大于200Hz，以便于车辆摄像头检测，如果所有电子标志的刷新率都是标准化的，那么自动驾驶系统将能够更容易地检测到它们。

③ **交通信号**

交通信号是关键的道路基础设施，用于让交通停止或继续。

交通信号的挑战包括：交通信号灯布置一致性；车道方向一致性指导，一些机构使用绿色和红色箭头，一些机构不使用箭头，一些机构使用闪烁箭头；LED交通信号会产生与其工作频率（以 Hz 为单位）相关的可见性挑战。

④ **工作区设备**

用于帮助确定因工作区或事故而改变道路使用条件的道路区域。属于临时性 TCD，可安全、方便地部署，灵活适应所需的交通模式变化，并在工作完成后快速移除。临时性 TCD 往往不如永久性 TCD 统一。

工作区设备的挑战包括：接近和离开工作区标准距离处的标准标志应统一；通过工作区的车道应明确；垂直面板、管道和其他通道装置的宽度应至少为 8 英寸，带有反光材料，以便在所有天气条件下进行可靠的机器检测；工作区的标记应使用高度可见及连续的材料，而不是间歇按钮和反射器；应使用橙色标记来描绘通过工作区的车辆路径；需要确定垂直工作区设备的最大间距。

⑤ **垂直描绘装置**

安装在道路上，用于分隔相邻的交通车道。很多时候，它们用于分隔高占用率收费（HOT）或高占用率车辆（HOV）车道，否则这些车道将仅具有路面标记缓冲区。它们还用于引导和/或限制某些转向运动。当使用塔架时，应使用适当的彩色路面标记进行补充，并包括反光材料。

⑥ **路旁路障**

安装在路边，用于安全重定向和/或停止失控车辆。混凝土墙，如分隔墙，应使用高反射标志进行标记，尤其是在墙的起始部分，以增强可见性；屏障应提供与相邻路面的高对比度；与钢梁护栏相比，钢丝绳护栏对计算机视觉的可视性较差，最好使用带有反光标记的钢梁护栏或混凝土墙。

（3）运输管理和运营系统（TSMO）及其基础设施

运输管理和运营系统（TSMO）及其基础设施主要包括 ITS 路侧设备、TSMO 策略和 TSMO 系统。TSMO 以及自动驾驶的相关问题如表 3-4 所示。

表 3-4　TSMO 以及自动驾驶的相关问题

ITS 路侧设备	TSMO 策略	TSMO 系统
需要 SPaT 和交叉路口地图（MAP）数据作为早期用例	短期内对 TSMO 战略的需求实际上可能更大	将需要新的或升级的系统来接收和管理大量网联自动驾驶车辆数据
自动驾驶车辆读取 LED 标志（包括可变限速和可变信息标志）的挑战	需求管理策略对于可靠性管理（如定价）可能变得更为关键	新的数据管理框架将需要一个明确定义的数据治理结构
障碍物道路交叉路口（如通行收费站）可能会妨碍自动驾驶车辆提供连续的视线离开/手离开的行驶能力	可能需要新的绩效衡量标准	数据共享协议、隐私政策和 IT/网络安全方面的风险

① **ITS 路侧设备**

设备分布在道路上和道路沿线，用于监测和控制交通以及监测和管理道路。该设备还包括收费系统和停车管理系统的组件。

该设备提供环境监测，包括测量道路状况、地面天气和车辆排放的传感器；也包括工作区系统，如工作区监控、交通控制、驾驶员警告和工作人员安全系统，以及交通检测器、环境传感器、交通信号、公路咨询无线电（HARs）、动态信息标志、闭路电视摄像机和视频图像处理系统、平面交叉警告系统和匝道计量系统；还包括控制交通基础设施（如道路、桥梁和隧道）通道的车道管理和屏障系统。

从 ITS 的角度来看，自动驾驶系统在阅读发光二极管（LED）标志（包括可变限速和可变信息标志）和障碍物道路交叉路口（如通行收费站）方面仍然面临重大挑战，这可能会阻碍自动驾驶系统提供连续的视线/手控行程。

② **TSMO 策略**

用于管理运输系统以实现可靠性、安全性和机动性的策略。对于 TSMO 而言，设施的主动管理包括动态车道分配、拥堵定价和其他用于管理需求及供应以提高系统效率的方法，可能对基础设施所有者运营商（Infrastructure Owner-Operator，IOO）至关重要，因为自动驾驶车辆占用了道路空间。

③ **TSMO 系统**

用于实施 TSMO 战略和管理其路边设备的后台系统。

交通管理中心（Traffic Management Center，TMC）是大多数高速公路管理系统的枢纽或神经中心。TMC 收集和处理高速公路系统数据，与其他运营和控制数据融合，合成信息，并分发给利益相关者，如媒体、机构和公众。TMC 工作人员使用这些信息监控高速公路运营并启动改变高速公路网络运营的控制策略。TMC 还用于协调对交通状况和事件的响应。网联自动驾驶车辆将产生大量原始数据，因此，TMC 将需要新的或升级的系统来高效、安全地收集和管理这些数据。

还需要定义数据治理结构，以扩大政府开放拥有的交通系统数据的实时信息可用性，并建立政府和商业交通服务提供商之间的数据共享原则。

（4）多式联运基础设施

多式联运基础设施主要指支持非自动运输模式、这些模式之间的连接以及一般运输系统的基础设施要素。多式联运 ODD 可能对自动驾驶构成重大挑战。弱势道路使用者的安全是 OEM 和 IOO 的一个关键问题。自动驾驶车辆传感器通常难以在人车混合的运行环境中检测和预测非机动道路使用者（如自行车和行人）的行驶路径。IOO 考虑改善和规范多式联运基础设施，包括自行车/行人基础设施、美国残疾人法案（Americans with Disabilities Act，ADA）可访问的基础设施、TCD、街道设计、路边设计、泊车等。

① 自行车、行人和交通基础设施

自行车和行人基础设施包括由条纹、标志和路面标记指定的道路或人行道部分，供骑自行车人或行人优先使用或专用。

多式联运条件下的自动驾驶车辆检测算法必须具有足够的鲁棒性，以便在各种交通场景、道路配置和环境条件下了解行人和骑自行车人的意图。然而，目前的传感器套件和算法可能难以在所有场景中检测并响应骑自行车的人和行人，因为它们"小、不可预测且难以看到"。

自行车基础设施、人行道和其他基础设施要素，如交通信号，可通过传感器或V2X技术进行增强，以提前向自动驾驶车辆提供自行车或行人存在的通知。

自行车和行人的TCD是由综合标志和/或路面标线组成的寻路系统，用于引导骑自行车的人和行人沿着首选路线到达目的地。装置可包括护柱，其在机动车和非机动车道路使用者之间提供物理隔离。

交叉路口控制应具有行人和自行车专用时段，闪烁的可听信号灯可以指示车辆低速进入交叉路口，但仍必须向行人和骑自行车的人让路。

② 路缘空间

随着越来越多的车队转向自动驾驶，以及对路边通道的需求增长，有效的路边设计和管理的重要性可能会增加。多式联运基础设施的这一要素是指沿道路和人行道设计路边资源，以提供可靠的住宅、工作、商业及公共设施和便利设施，并为每项活动分配空间。路边设计的示例包括为共乘上下车、货物交付、路边停车和公交站点指定路边空间等。

交通枢纽使用带有专用路缘空间、路标或灵活中间带的清晰标记区域，提供各种共享交通选项。随着共享移动选项的不断增加和自动驾驶车辆的引入，这些空间可能变得越来越重要。在这种情况下，移动枢纽可以支持节点到节点的出行（而不是门到门的出行），以更有效地利用路缘空间并鼓励使用共享模式。

3.1.4 自动驾驶对新建附属设施的要求

自动驾驶附属设施按照部署位置可分为中心端设施和路端设施两类。中心端设施主要包括自动驾驶监测与服务中心、高精度地图、网络安全软硬件设施；路端设施主要包括定位设施、通信设施、交通标志标线、交通控制与诱导设施、交通感知设施、路侧计算设施、供能与照明设施、网络安全软硬件设施[5]。公路工程适应自动驾驶附属设施主要部署位置与基本功能如表3-5所示。

表3-5　公路工程适应自动驾驶附属设施主要部署位置与基本功能

部署位置	附属设施类型	适应自动驾驶的基本功能
中心端	自动驾驶监测与服务中心	汇聚、处理、管理所辖区公路的自动驾驶及服务相关信息
	高精度地图	存储所辖公路的交通静态数据与动态数据
路端	定位设施	为自动驾驶车辆提供定位信息
	通信设施	完成自动驾驶车辆与路侧设施之间、路侧设施与自动驾驶监测及服务中心之间的信息交换
	交通标志标线	为自动驾驶车辆明示公路的交通禁止、限制、遵行状况，告知道路状况和交通状况信息
	交通控制与诱导设施	向自动驾驶车辆发布交通控制与诱导信息
	交通感知设施	采集公路交通运行状态、交通事件、道路气象环境、基础设施状态等信息
	路侧计算设施	完成自动驾驶相关信息的收集和现场快速处理
	供能与照明设施	为自动驾驶车辆和相关附属设施提供所需的能源供给和所需的照明环境
路端和中心端	网络安全软硬件设施	保护自动驾驶车辆与附属设施之间、附属设施相互之间信息交换过程中，相关系统的硬件、软件、数据不被破坏、更改和泄露

（1）高精度地图

高精度地图由静态数据和静态数据图层、动态数据图层构成。高精度地图的静态数据应包括道路数据、车道数据、道路设施数据。

道路数据应包括道路属性数据、道路几何数据、道路关联关系数据，如图3-4所示。

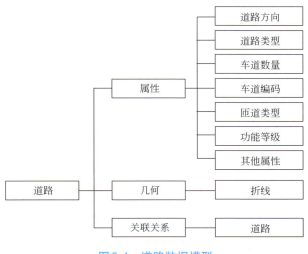

图3-4　道路数据模型

车道数据应包括车道属性数据、车道几何数据和车道关联关系数据，如图3-5所示。车道模型数据应包括车道类型、车道通行状态、车道通行方向、车道数量和车道限制的相关数据。车道线模型数据应包括车道线类型、车道线颜色、车道线材质、车道线宽度和车道线编号的相关数据。

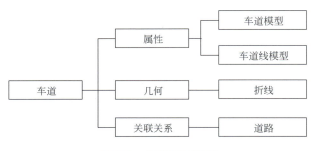

图3-5 车道数据模型

道路设施数据应包括交通标志标线、护栏、减速带、各类路侧设施、桥隧、收费站、服务区、路侧建筑物等的相关数据。根据实际情况可包括路面路基下埋管道等隐蔽工程相关对象的数据。

动态数据图层应具备交通流状态、交通事件、道路气象环境、道路基础设施状态等信息数据的接入功能。动态数据图层应具备交通管控信息与预警信息等信息数据的接入功能。

（2）定位设施

高精度定位设施由基准站系统、数据传输与综合处理系统、服务数据播发系统构成。

基准站系统应包括观测墩、基准站接收天线、基准站接收机、气象仪、数据传输设备、基准站状态监测设备、供电设备、防雷设备。监测基准站还应包括卫星导航增强信息监测设备。

数据传输与综合处理系统由数据传输子系统和数据综合处理子系统构成。数据传输子系统由传输网络通道与网络控制设备构成。数据综合处理子系统由控制站和外围设备构成。

服务数据播发系统可由单个或多个无线播发设备构成，用于将数据传输与综合处理系统所产生的卫星导航增强信息及其质量信息播发给用户端。

（3）数字化交通标志标线

将交通标志标线承载的交通规则、道路状态等信息转化为更易于机器辨识的数字信息，并以信息化的手段进行发布或传输的交通设施。

数字化交通标志标线的技术方案多种多样，根据实际应用需要，可以分为静态和动态两种。静态数字化标志标线可使用成本较低的介质（例如 RFID、NB-IoT 等）进行大量布设。动态数字化交通标志标线可根据需要，按规定变换所承载的数字化信息，对自动驾驶车辆实施精准的交通管控，提供相关交通信息。

数字化交通标志标线的信息编码应包含属性编码与内容编码。属性编码包括该交通标志标线的自身属性信息，由位置、适用范围、有效时间等内容构成；内容编码包括该交通标志标线所承载的交通信息，由类别、交通规则、道路状态等内容构成，内容编码可参考《道路交通标志编码》（GB/T 30699）的相关内容。

（4）交通控制与诱导设施

公路交通信号控制设施主要包括以下 5 类。

① 路口信号灯，一般设置在高等级公路与普通公路、城市道路的连接段路口，包括红灯、绿灯、黄灯以及掉头信号灯。

② 车道通行信号灯，一般设置在收费站入口，以及隧道、特大桥等路段全线，部分双向八车道高速公路也全线设置，包括红灯、绿灯。

③ 匝道信号灯，设置在匝道出入口，包括红灯、绿灯、黄灯。

④ 隧道洞口信号灯，设置在隧道入口，包括红灯、绿灯、黄灯以及左转向箭头灯。

⑤ 避险车道信号灯，设置在长下坡避险车道入口，包括红灯、绿灯。

通信时延的选择标准：考虑现有的通信技术，对通信时延的要求划分为下列四档。

① 50 毫秒，LTE-V2X 控制面的上极限，高密度环境下，如采用单一或中低容量的 V2I 设备，则时延会显著提升，需要 5G 或高容量 LTE-V2X 设备。

② 100 毫秒，中低等容量 LTE-V2X 设备可保证。

③ 150 毫秒，常规 LTE-V2X 路侧通信单元即可。

④ 200 毫秒，现有 4G 网络即可满足。

公路交通信息发布设施主要包括以下 3 类。

① 可变信息标志，一般设置在收费站入口、避险车道前、互通式立交两侧、特大桥两侧及隧道内，发布路况信息、天气信息、警示信息、交通诱导信息等。

② 可变限速标志，一般设置在隧道入口前以及线形设计技术指标较低的路段。

③ 服务区信息屏及停车诱导设施，设置在服务区内。

交通警示设施主要包括以下3类。

① 黄闪警示灯，一般设置在线形设计技术指标较低的路段。

② 雾灯，一般设置在收费站入口、雾区路段。

③ 临时安全警示灯，一般设置在施工路段。

（5）交通感知设施

适应自动驾驶的交通感知设施应能分别实现交通流检测、交通事件检测、基础设施状态监测、交通气象监测、交通参与者感知等功能，也可多种设备融合实现上述检测功能。

① 根据相关研究结果，部署间距小于1公里时，可以支撑实现交通流异常状态检测时间小于5分钟。

② 至少能够检测车辆停止事件、逆行事件、行人事件、抛撒物事件等异常交通事件信息。

③ 基础设施状态监测主要包括大桥及特大桥、长隧道、高危边坡以及可能发生失稳破坏影响行车安全的设施，根据基础设施分类组成、监测技术和设备的不同，将基础设施监测对象分为路面、边坡、桥梁和隧道四个方面。

④ 至少能够监测《公路交通气象监测设施技术要求》（GB/T 33697—2017）中规定的监测项目，重点监测项目包括能见度、路面温度、路面状况（干燥、潮湿、积水、结冰、积雪）、风速、风向等。路面状况检测设备应能够准确检测并区分路面干燥、潮湿、积水、结冰、积雪五种状态。

⑤ 交通参与者感知设备主要包括高清视频检测器、微波雷达检测器、激光雷达检测器等具备目标识别功能的设备，实现对路段、匝道和转角盲区范围内的机动车、非机动车、行人的识别检测以及定位。

（6）路侧计算设施

路侧计算设施根据与其对接的其他公路附属设施的数量，可分为节点路侧计算设施、区域路侧计算设施和广域路侧计算设施。路侧计算设施接入其他公路附属设施的数量如表3-6所示。

表3-6　路侧计算设施接入其他公路附属设施的数量

内容	节点路侧计算设施	区域路侧计算设施	广域路侧计算设施
接入其他公路附属设施的数量/个	＜16	16～100	＞100

路侧计算设施通过高精度地图静态数据与路端感知数据进行融合处理，形成的结果将根据实际功能需求通过通信设施或自动驾驶监测与服务中心发送给使用者。

例如,通过在路侧计算设施上部署新增算法,对新类别的交通事件进行检测识别,并将识别结果与地图数据匹配后,通过通信设施向指定区域的自动驾驶车辆进行发布。

3.2 5G车联网赋能城市智慧交通

3.2.1 城市车联网整体方案

城市道路交通是由点-线-面构成的。针对城市道路交通的特点,从"点"开始打造车联网方案,包括交叉路口、公交站场、城市立交、城市隧道、城市环岛等应用场景,实现城市交叉路口信号灯信息下发、防碰撞预警等应用;"线"包括城市主干道等应用场景,针对城市主干道的交通诱导、绿波控制、修路封路及限速等特点,实现城市主干道绿波通行、修路封路信息预警等应用;"面"包括封闭园区等应用场景,如图3-6所示。

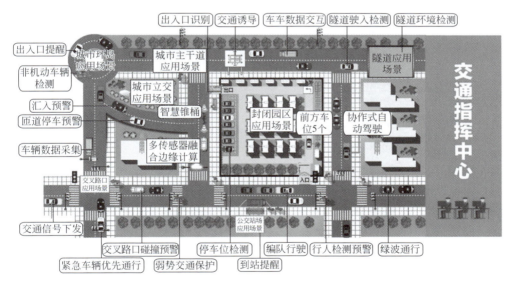

图3-6 城市车联网整体方案

3.2.2 城市车联网业务应用[6]

(1)智慧交通微观层面

在智慧交通微观层面,车联网能够将车辆行驶的环境信息、附近的交通运行情况、周边的交通事件等信息及时传送给车辆,从而使得车辆能够做到及时感知、快速合理决策，极大提高车辆行驶安全性，并提升出行效率。同时，由于多源感知和通信手段的存在，交警和交通委等管理部门可以对微观交通态势进行全面掌握，有利于进行交通指挥及应急事件处置。

随着国内消费者对汽车安全性、操作便利性、娱乐等方面提出越来越高的要求，引发车载智能终端市场需求加大。基于移动通信技术，内置移动通信模块的车载终端出货量快速增长，大量车辆安装车载OBU。智能车载OBU设备内置GNSS模块，支持外置式高精度定位信息输入，可精准定位特定范围内车辆位置。智能车载OBU通过接入车辆CAN总线获取车辆状态信息，后装产品通过OBD接口读取车辆信息。

同时，随着车联网纳入新型基础设施建设范畴，国内道路智慧化改造进程正在不断加速，一些新建的道路，已经按照智慧公路的标准进行建设，路侧感知设备及感知方式不断丰富。

目前的智能网联示范区项目中，摄像头、激光雷达、毫米波雷达等各类感知设备大量部署；同时，结合传统智能交通中集成的电子警察、卡口、交通流量、交通事件、汽车电子标识读写器等设备，极大丰富了智慧道路所能感知的信息。

对于获取的多源信息，需要在路侧进行汇聚，有些需及时进行处理。例如典型的车路协同应用场景"弱势参与者碰撞预警"，对处理时延有较高的要求。因此必须部署路侧边缘计算设备作为端侧的计算处理单元。

多源感知结合端侧边缘计算处理，使得道路真正实现"智慧化"，从而可以将环境信息（信号灯、各类交通标识标牌、停车场车位信息等）、微观交通运行情况、附近的交通事件（交通事故、故障车辆、道路施工、路面抛撒物、临时占道等）及时通过C-V2X网络下发给附近的车辆。

智能车载OBU可通过C-V2X技术与路侧设备进行通信，也可通过4G或5G网络接入互联网或C-V2X平台/控制中心。在路侧设备和控制中心的支持下，可实现车辆周边道路环境信息、交通运行状态、交通事件等的及时感知，从而优化驾驶决策行为，提升交通安全和交通效率。

智能车载OBU能实时上传位置数据、车辆数据等，为交通微观数据采集提供更加可靠的数据来源，并为智能交通领域的交通路况、交通流预测提供更加可靠的数据源。

（2）智慧交通中观层面

在智慧交通中观层面，由于可以及时获取大量联网数据，并通过C-V2X平台等平台化支撑，车辆本身及交通管理部门都可以获得及时的区域交通态势信息。再与传统的集成化ITS控制手段结合，可以更加有效地进行区域交通调度，并适时提供交通信号自适应调节、绿波通行、特殊车辆优先通行等服务，从而有效提升区域交通效率。

区域内的路侧感知设备所获取的各类感知信息以及车载OBU实时上传的车辆状态及运行等信息，将汇聚在V2X平台或区域级云控平台。大部分信息会在路侧边缘计算设备中进行处理并结构化，然后上传至平台；有些车辆采集的高精度地图信息，或者一些业务需要的视频数据，这些数据进入平台层中对应的各个平台，如高精度地图平台、AR平台、数据中台、AI中台等。区域级的数据往往需要边缘云进行处理，从而对相应的感知数据等进行边缘处理，以保证业务处理的及时性。

在区域级，由于有更为全面的车辆及路侧感知信息，从而可以对区域交通运行态势有更加精确、更加实时的分析。结合交通态势分析判断，将传统智能交通系统中所集成的各类交通控制系统与车联网进行结合和打通，可以显著提升区域的交通通行效率。

例如车联网与交通信号控制系统打通，能够实现红绿灯信息推送、车速建议、交通信号的自适应调整、车流的诱导、特种车辆优先通行等功能；通过与交警的交通监测云行系统、AR实景可视化系统对接，实现AR画面下的交通特勤线路等功能。

以车联网与AR结合的交通特勤线路功能为例，当特勤路线启动时，系统将根据预先制定好的信号机方案、诱导屏显示内容、低点切换时间等执行预案，并且通过对安装车载OBU的特勤车辆在二维地图和实景地图上进行定位显示，车载OBU实时上传特勤车辆的位置及坐标，到达路口后路侧RSU也可实时读取车载OBU信息，实时切换高点视频画面，实现安装车载OBU特勤车辆全程动态追踪。

（3）智慧交通全局层面

在智慧交通全局（城市或者大区）层面，随着道路智慧化改造逐渐完善、车载终端渗透率不断提升、分级云控平台逐渐部署，车辆等交通参与者、道路感知、环境信息、交通事件等各种信息将汇聚于云控平台，由云控平台进行协同感知、集中分析决策、反馈控制等，从而实现全局的决策和控制，全面提升交通安全性和交通通行效率，并为未来L4/L5级的自动驾驶提供支撑。

全局层面的车联网与智能交通结合主要通过云控平台来实现。智能网联云控平台由中心/区域云体系、边缘云体系、车路协同体系三个层次构成，通过互联互通模块、感知融合模块、决策控制模块、数据分析模块、监控管理模块、服务发布模块、运营管理模块为车路协同及其他服务输出基础能力。

云控平台通过提供能力和服务，也将成为智慧交通的综合管理支撑平台之一，解决智能网联汽车存在的信息孤岛、难以互联协同、有效管控的问题，通过定义互相可靠的信息交互规则，实现车与车、车与基础设施、车与平台之间数据互联互通。

云控平台主要包含五个方面的内容。

① 构建一套完整车联网技术框架，实现中心平台、边缘计算、智能路侧感知与车路协同三层架构。

② 打造覆盖"人-车-路-网-云"的车路协同平台，实现数据有效融合，信息决策等高效传递。

③ 通过三维高精度地图展示，实现车道级仿真演示。为车联网平台用户提供直观、多角度、可视化展示。

④ 依托大数据采集汇集和计算能力，构建各类交通事件监测和发布模型。

⑤ 打造车联网V2X平台场景应用池，布置并丰富V2I、V2V、V2P、V2N等车路协同场景应用。

云控平台将实时感知动态信息、决策控制信息、数据分析信息等各种信息，以及计算与决策支持、仿真、动态地图等各种服务能力，提供给ITS平台及系统。同时，ITS的交通信号控制、交通事件等信息也会提供给云控平台。两者的融合应用，将能实现全局的交通运行监控、交通运行优化、交通管理等，从而真正实现智慧交通和智慧出行。

3.2.3 城市车联网应用典型案例——全息路口

3.2.3.1 全息路口发展趋势

交叉路口是城市道路中环境最复杂、参与者最多、问题状况最频繁的交通场景。优化交叉路口是缓解交通拥堵，提升道路通行能力，降低交通事故发生率的有效手段之一。

在城市道路发生的交通事故中，有超过60%发生在交叉路口及附近。交叉路口是道路交通系统的节点和枢纽，承担了大量交通流量，交叉路口的畅通程度直接影响交通通行能力。传统交叉路口信息采集能力偏弱，多以地磁、线圈、断面雷达及电子警察感知设备组成，感知范围有限，感知信息不全，有些需要投入巨大的人力进行人工采集，缺乏有效的采集手段。由于受限于当时的技术条件，感知系统仅服务于特定业务，数据分裂，利用率低，可挖掘分析价值低，且因感知信息不全面，无法完整体现交通的实际情况。

在智慧道路的建设过程中，需要掌握道路各时段的实时数据，路侧数据精准感知是各类业务开展的核心基础，目前市面上主流感知技术及其感知能力如表3-7

所示。

表3-7 目前市面上主流感知技术及其感知能力

项目	线圈	地磁	断面微波	视频	毫米波雷达	激光雷达
探测范围	定点检测单车道	定点检测单车道	断面检测多车道	约100米多车道	约250米多车道	约150米多车道
检测精度	检测精度高	检测精度高	检测精度高，低速目标不敏感	检测精度低，受天气、光线干扰明显	检测精度高，低速目标不敏感	检测精度高，受恶劣天气影响明显
流量检测	√	√	√	√	√	√
速度检测	√	√	√	×	√	√
占有率检测	√	√	√	√	√	√
排队长度	×	×	×	√	×	√
区域密度	×	×	×	√	×	√
交通事件	×	×	×	√	×	√
车辆结构化	×	×	×	√	×	√

当前路侧感知系统主要服务于交通管理业务，路侧智能感知系统普遍以线圈检测、地磁检测、断面微波检测、视频检测、人员驻点观察为主。实际应用当中，许多数据无法采集或精度不够而无法作为交通优化和交通治理的依据。

面对新增的智能网联车路协同业务，当前感知手段在定位、航向角、交通参与者尺寸等核心参数上均无法满足智能网联车路协同的需求。从表3-7中可以发现，视频检测加雷达检测可覆盖线圈检测、地磁检测、断面微波检测的检测能力，同时提供更全面的元数据采集能力，可满足智能网联车路协同业务感知能力需求，视频+雷达自然成为全息路口检测的优选方案。

在现有交通路口感知系统建设过程中，未充分考虑车联网应用需求。另外，因建设时间不同，建设需求不同，路口感知系统普遍存在各类数据相互独立，数据价值仅限对应业务系统，难以满足管理部门和最终用户的实际需求等问题。所以，全息路口建设应在智慧交通需求的基础之上，充分考虑车联网业务需求，通过多元感知融合，建设全息路口数字底座。

当前全息路口解决方案技术路线主要分三类。第一类为视频+毫米波雷达，第二类为视频+激光雷达，第三类为视频+毫米波雷达+激光雷达，三种方案对比如表3-8所示。

表3-8　全息路口感知方案对比

项目	视频+毫米波雷达	视频+激光雷达	视频+毫米波雷达+激光雷达
全天候	支持	雨、雪、雾等恶劣天气效果差	支持
低速识别	识别能力弱，依靠算法补偿	精准感知	精准感知
速度感应	精准识别	识别	精准识别
物体尺寸	不支持	支持	支持
目标分类	支持	支持	支持
方位角精度	支持，精度±0.5度	支持，精度±0.05度	支持，精度±0.05度

由表3-8可知，视频+毫米波雷达方案存在低速移动物体识别能力较弱，需要依靠算法补偿，不支持识别交通参与者尺寸等问题。视频+激光雷达方案则受雨、雪、雾等天气影响明显，无法满足全天候要求。视频+毫米波雷达+激光雷达三者融合方案，相互取长补短，可实现全时、全域、全量、精准的全息数据感知。

综合来看，全息路口发展趋势在技术层面，将以视频+毫米波雷达+激光雷达为主的多元感知融合为主要发展方向。在业务层面，基于多元感知融合建设全息路口数据底座，统一数据采集、数据分析、数据应用，提供更全面和更精准的交通路口实时数据，为智能网联车路协同、交通违法处罚、交通管理指挥等业务系统赋能，最终实现智慧城市和智能网联的"双智"融合。

3.2.3.2　车联网全息路口建设需求

全息路口建设主要负责采集路口交通参与者的位置、速度、尺寸、属性、车牌等信息，基于元数据融合计算，得出流量密度、排队长度、加速度、航向角等各类业务数据指标，为赋能自动驾驶、交通指挥调度、交通执法等各类应用提供充分全面的数据。

针对智能网联车路协同业务需求，《合作式智能运输系统　车用通信系统应用层及应用数据交互标准（第一阶段）》（T/CSAE 53—2020）和《合作式智能运输系统　车用通信系统应用层及应用数据交互标准（第二阶段）》（T/CSAE 157—2020）共定义了30种车路协同应用场景。全息路口应能满足其中规定的车路协同各场景的应用定义、预期效果、通信方式、数据交互标准等要求。

根据智能网联车路协同业务场景，对全息路口感知能力技术性能亦有严格要求，基于技术实现性高、易落地、可规模化部署原则，目前车联网全息路口技术能力要求如表3-9所示[7,8]。

表 3-9 目前车联网全息路口技术能力要求

场景分类	感知范围/米	感知频率/赫兹	感知时延/毫秒	定位精度/米	尺寸检测精度	速度检测精度	航向角检测精度
绿波车速引导	≥150	1	≤100	≤1.5			
闯红灯预警	≥150	1	≤100	≤1.5			
红绿灯读秒	≥150	1	≤100	≤1.5			
交叉路口碰撞预警	≥150	10	≤200	≤1.5	√	√	√
左转辅助	≥150	10	≤200	≤1.5	√	√	√
匝道汇入/汇出预警	≥300	10	≤200	≤1.5	√	√	√
公交优先通行	≥200	1	≤200	≤1.5			
动态车道通知	≥150	5	≤200	≤1.5			
路侧辅助的盲区预警	≥150	10	≤200	≤1.5	√	√	√
弱势交通参与者碰撞预警	≥150	5	≤200	≤1.5			
特殊车辆提醒	≥200	5	≤200	≤1.5	√	√	√
占道/施工提醒	≥150	5	≤200	≤1.5			
拥堵提醒	≥150	≤1	≤500	≤5			
交通标志标牌提醒	≥150	1	≤500	≤1.5			
危险路段提醒	≥300	5	≤200	≤1.5			
车辆异常行为提醒	≥150	10	≤200	≤1.5	√		
交通态势感知	≥150	10	≤200	≤1.5			

3.2.3.3　车联网全息路口建设方案

在智慧城市与智能网联"双智"协同发展的大前提下,全息路口的建设既要满足传统智慧交通需求,又要满足智能网联需求。车联网全息路口具有"N+1+2+3"系统架构。

(1)"N"指的是全息路口部署的各种信息化设备

例如在交通路口,通过建设激光雷达、毫米波雷达、AI摄像机、边缘计算单元、信号控制机、RSU通信设备实现路口基础信息采集、数据融合计算及道路信息发布。通过非机动车识别一体机等设备实现非机动车信息采集。通过AR全景云眼,实现实景地图信息采集。

(2)"1"指的是大数据平台

包括计算、存储和网络资源,以及服务中台、数据中台和AI中台、算法仓库等。

(3)"2"指的是三维数字孪生世界和AR增强现实世界

一方面结合数字孪生技术,构建三维数字孪生世界,实现真实世界的数字化;

另一方面通过与 AR 技术结合，构建 AR 增强现实世界；最终，实景和孪生融合，实现真实世界数字化，虚拟世界可视化，构建全息路口数据底座。通过打造全息路口数据底座，完成智慧城市和智能网联所需数据采集，提供统一的、标准的、精确的业务数据，实现一套系统、一套数据、一套标准，多重使用。

① 三维数字孪生世界

基于激光雷达、毫米波雷达、AI 摄像机等路侧感知设备，实现对道路信息、基础设施、交通参与者、交通流、排队长度、区域密度、交通事件等信息的精准感知，对交通要素实时位置、方位、经纬度、速度、加速度、尺寸等信息全面感知。激光雷达、毫米波雷达、AI 摄像机感知数据三者融合，通过三维建模，提供最全面、最准确的交通路口信息，实现交通路口全息感知数字孪生应用。

② AR 增强现实世界

基于数字孪生世界及 AR 增强现实技术，通过 AR 全景云眼融合地面视频资源、地图资源，快速构建数字孪生世界与 AR 增强现实世界的融合，实现虚拟数据及现实数据融合，为城市大数据、智慧城市建设提供实时、完整、全面、准确的交通路口信息。

（4）"3" 指的是 V2X 云控平台、实景指挥调度平台、非机动车管理平台这三个业务应用系统

① 赋能智能网联 V2X 云控平台和智能网联车路协同业务

通过精准采集路口全量数据，推动"车-车/车-路/车-人"通信的交通流预测预警、交通事件预测预警、事故自动报警、行驶策略指引、交通管控信息的交互与协同控制，实现智能网联道路交通全要素管控，有效减少交通事故，提高道路及车辆利用率等。

② 赋能智慧交通指挥调度、智慧城市治理等业务

通过精准扫描路口全量数据，实现 40 多种路口级交通参数输出。基于全息路口数据，可以支持各种解决方案优化，比如路口交通事件检测、路口优化、信号配时调整等。当数据积累到一定时间后，还可以进行交通隐患、交通黑点的识别，交通热力图刻画，提供交通黑点优化方案、交通组织优化方案。通过赋能智慧交通指挥调度系统，解决全息路口只能看，但是不能帮助交警解决实际工作的尴尬局面；为全息路口交警业务提供抓手，形成业务闭环。

③ 赋能非机动车管理业务

基于全息感知数据底座，感知非机动车在交通路口的数据，建设 RFID 射频技术的汽车电子标识系统，发挥射频和视频双基结合优势，利用射频数据对视频数据进行补充和校正，系统自动识别、抓拍电动自行车超载、闯红灯、逆行、占用机动车

道及不佩戴头盔等违法行为，对电动自行车进行24小时全天候的非现场违法查处，提升违法行为精准查缉效率。

3.2.3.4 车联网全息路口典型应用

车联网全息路口应用主要分为感知、通信、计算及决策环节，为智能网联车辆提供完整、精确、实时的道路信息，同时提供安全类预警服务、效率类服务、信息类服务[7, 8]。

（1）行人及非机动机车检测

通过全息感知能力检测到有弱势交通参与者，包括行人、自行车、电动自行车等进入车道，存在碰撞危险时，通过RSU向路过车辆广播该信息，还未进入该路段的车辆会收到预警，提前减速避让。

（2）前方事故预警

通过全息感知能力自动检测前方事故，迅速通过车路协同设备，将事故信息实时推送给周围车辆，同时通过本地情报板预警，以节省人工判断时间，优化应急处置流程，减少二次事故伤害。

（3）交叉路口来车提醒

通过全息感知能力实时感知道路车辆位置，车辆驶向交叉路口时，存在视觉盲区，车路协同车载终端根据两车轨迹计算是否存在碰撞可能，并提供碰撞预警信息。

（4）逆行车辆预警

通过全息感知能力发现异常逆行车辆，及时发起对向来车逆行预警，避免交通事故发生。

（5）左转辅助

车辆在左转时可能存在盲区，通过全息感知能力，若检测到车辆左转方向有来车，则下发左侧来车预警，通过本地计算，辅助安全驾驶决策，有效避免交通事故的发生。

（6）道路施工预警

通过全息路口感知，对占道施工进行上报。当智能网联车辆行驶经过修路路段或者事故路段时，实现路政修路信息或者事故信息发布预警。

（7）匝道汇入预警

基于全息路口感知，辅助智能网联车辆在确保安全汇入的前提下，通过选择合理的汇入时间、汇入位置和汇入车速，减少汇入车辆对主路车流的影响，提高快速道路入口匝道处通行安全和通行效率。

（8）信号灯相位提醒及绿波引导

交通信号灯相位提醒为辅助机动车驾驶、降低交通安全隐患、解决交通安全问题提供帮助。与交通信号灯可能相关的常见安全问题如下。

① 在交通环境能见度较低情况下，车主因看不清楚交通信号灯容易误闯红灯。

② 小型机动车前面有中、大型车辆遮挡视线导致无法看清楚交通信号灯而误闯红灯。

③ 交通信号灯没有读秒功能，导致车主闯黄灯或者在信号灯前车速过快来不及急刹车而闯红灯，或者因急刹车导致车辆追尾事故。

④ 自动驾驶车辆依赖车载摄像头来识别红绿灯信号，在环境能见度较低情况下，误读信号灯，导致自动驾驶车辆闯红灯。

RSU 定时向外广播当前红绿灯状态信息，车辆接收到路侧设备发来的红绿灯状态信息，并在车载终端显示。车载终端通过当前车辆的速度、位置、信号相位剩余时间，计算出对车辆驾驶员提示的建议行驶速度，为车主提供驾驶决策参考。若遇到紧急情况，车载终端可通过告警声音信号提醒车主，避免上述交通安全违规行为的发生，极大降低事故发生概率。

（9）前方拥堵提醒

通过全息感知能力识别拥堵事件，并将识别结果发送给路侧RSU。路侧RSU可直接将拥堵信息发送至周边RSU，并由周边RSU向附近车辆广播拥堵信息。

平台也可以发布实时拥堵信息，并传送给对应路侧设备，车辆进入拥堵路段前就会收到路侧设备的提醒信息。

（10）特殊车辆优先通行

基于车路协同技术，车辆在经过有信号控制的交叉路口时，车辆与路侧系统之间自动发生信息交互，通过发送优先通行请求使信号灯主动调整。利用安装在道路上的读写设备读取车辆信息进行判断，路侧系统识别请求车辆为需要优先通行的车辆，需要授权优先通行权，对路口信号灯进行相位触发"信号优先"干预，使主车当前车道变为绿灯。信号优先策略主要采用红灯早断和绿灯延长的方式，保证主车快速、便利地通行。当车载系统识别到紧急车辆通过交叉路口后，将自动发送优先通行结束信息至路侧系统，路口信号控制方案恢复为正常状态。

3.3　5G车联网赋能高速智慧交通

3.3.1　高速公路车联网整体方案

智慧高速公路总体架构可分为全要素感知、全方位服务、全业务管理、车路协同与自动驾驶、支撑及保障、新技术应用6部分内容，其中支撑及保障、新技术应用主要服务于其他各项建设内容[9]，如图3-7所示。

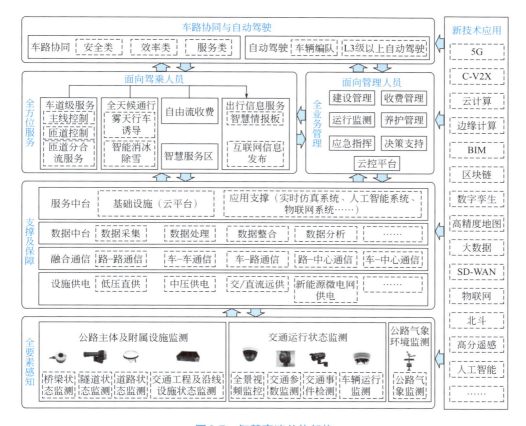

图3-7 智慧高速总体架构

全要素感知包含公路主体及附属设施监测、交通运行状态监测和公路气象环境监测，主要是融合应用多种监测设备实现人、车、路、环境的状态感知，为全方位服务、全业务管理、车路协同与自动驾驶提供数据支撑，如图3-8所示。

全方位服务包含车道级服务、全天候通行、自由流收费、出行信息服务和智慧服务区，主要面向驾乘人员，实现出行即服务（MaaS），如图3-9所示。

全业务管理包含建设管理、运行监测、应急指挥、收费管理、养护管理、决策支持和云控平台，主要面向管理人员，实现管理提质增效。

支撑及保障包含设施供电、融合通信、服务中台和数据中台，确保各类数据有效传输和高效处理，为业务应用提供支撑。

车路协同与自动驾驶，近期重点实现车路协同，支撑安全辅助驾驶，为全方位服务、全业务管理提供更便捷的手段，远期支撑实现自动驾驶，提升高速公路整体技术水平与服务能力。

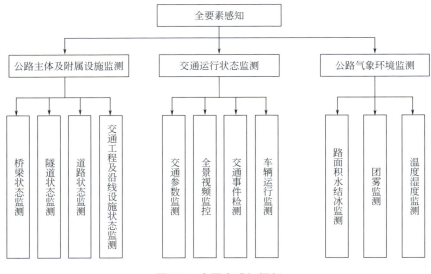

图 3-8　全要素感知框架

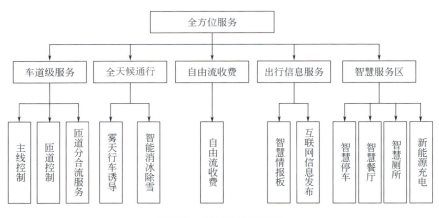

图 3-9　全方位服务框架

3.3.2　高速公路车联网业务应用[10]

3.3.2.1　智慧高速车联网基本应用

智慧高速车联网基本应用主要内容包括但不限于：实时交通信息监测系统、多网融合通信系统、云控平台、伴随式信息服务系统、车道级交通控制系统、收费站智慧化系统、服务区智能化系统、桥隧安全提升系统、自由流收费系统、基础配套系统（设施）。

（1）实时交通信息监测系统

应采用主要由路侧设备采集信息、辅以移动终端/车载终端采集信息及一路多方和气象等多个部门共享信息等多源数据融合的技术路径，实现高速公路实时状况信息获取，为伴随式信息服务、实时交通管理服务等应用提供支撑。高速公路路侧交通信息监测设备包括但不限于：交通流检测设备、车牌识别检测设备、交通事件检测设备、气象监测设备、单兵设备/视频巡逻车/无人机等移动信息采集设备、RSU设备。实时交通信息监测系统信息采集内容如表3-10所示。

表3-10　实时交通信息监测系统信息采集内容

信息类型	信息内容
交通运行状态信息	包括断面交通量、收费站交通量、地点速度、平均速度等监测信息，基于浮动车/手机信令采集的速度信息、行程时间信息等
交通突发事件信息	包括交通事件检测信息、道路巡查、用户主动上报事件信息、突发事件处置信息等
公路气象环境信息	包括公路沿线气象监测数据以及气象、国土等部门/第三方气象信息服务平台共享气象数据等
车辆微观行为信息	包括车辆身份信息、实时定位信息、运行状态信息、行驶轨迹信息等

车辆微观行为信息采集RSU设备宜遵循以下布设原则。

① 高速公路互通式立体交叉出入口匝道、服务区出入口、隧道出入口等特殊位置，易发生重特大突发事件、恶劣气象条件频发等路段宜设置RSU设备。

② 交通流量大（服务水平三级及以下）、事故发生率高（年均每公里事故数＞20.3起）的路段宜按照0.5～1公里间距设置RSU设备。

③ 交通流量大（服务水平三级及以下）或事故发生率高（年均每公里事故数＞20.3起）的路段宜按照1～2公里间距设置RSU设备。

④ 交通流量小（服务水平二级及以上）、事故发生率较低（年均每公里事故数≤20.3起）的路段，宜根据实际情况，按2～5公里间距设置RSU设备。

（2）多网融合通信系统

应充分考虑多网连通情况下链路、带宽配置，实现高速公路通信信息网络与卫星通信信息网络、互联网等深度融合，实现广覆盖、低时延、高可靠、大带宽的网络通信服务。

（3）云控平台

应采用云-边-端协同控制的逻辑架构，由省级云控平台、路段/区域级云控平台、网络安全设施等组成，共同构成云控平台体系。

（4）伴随式信息服务

应通过公路沿线可变信息标志、FM广播、移动终端、普通车辆车载终端、智能网联汽车车载终端等多种方式实现，提升交通信息发布的覆盖面和及时性，以提高通行效率，确保交通安全。伴随式信息服务系统信息发布内容和时效性要求如表3-11所示。

表3-11 伴随式信息服务系统信息发布内容和时效性要求

信息类型	信息内容	信息时效性要求
公路基础设施信息	包括公路基础信息、特殊构造物信息等	不定期
服务设施状态信息	包括收费站、服务区、停车区设施状态信息等	≤10分钟
出行规划信息	包括行程时间信息、推荐路径信息等	≤10分钟
交通运行状态信息	包括交通流、阻断和拥堵信息等	≤5分钟
交通突发事件信息	包括突发事件基本信息、突发事件处置信息等	≤1分钟
公路施工养护信息	包括道路施工基本信息、通行限制或封闭信息等	≤5分钟
公路气象环境信息	包括公路气象信息、预报信息、预警信息等	≤1小时
应急救援信息	包括应急救援机构信息、应急救援服务信息等	≤1分钟
安全辅助驾驶信息	包括车辆基本安全信息、路侧安全信息、周边车辆状态信息等	≤100微秒
其他信息	包括ETC通行费用、电子发票、优惠活动、车辆违章等	—

（5）车道级交通控制系统

应具备车道级交通监测诱导、施工管理和应急响应等功能，并能提供车道车型允许/限制、速度推荐/限制、车道开放/关闭等信息。车道级交通控制信息发布方式应通过高速公路车道控制标志、手机应用软件/小程序、微信公众号、车载终端等多种方式实现。

（6）收费站智慧化系统

应具备基于C-V2X与ETC融合的出入口不停车收费与快速通行，并能实现基于AR与AI融合的车辆云行诱导与可视化监测，和基于C-V2X的车辆安全预警。

（7）服务区智能化系统

服务应包括但不限于移动服务、信息发布、停车指引、功能导视、客户评价等功能。

（8）桥隧安全提升系统

应在《高速公路监控技术要求》（交通运输部2012年第3号公告）、JTG D70/2—2014规定的基础上，通过云计算、大数据、物联网、无线通信等技术，最大限度地降低事故发生率及事故影响程度。

（9）自由流收费系统

应采用ETC辅以车牌识别、多种支付融合应用的技术路径，实现对多条车道上自由行驶车辆的收费，提高道路通行效率，降低车均运行延误。

（10）基础配套系统（设施）

包括但不限于：设施智能运维系统、供配电系统、紧急停车带预警、抛撒物吸附车辆、移动作业智能警示装置、基础设施监测设施、绿色环保设施。

3.3.2.2 智慧高速车联网创新应用

智慧高速车联网创新应用是根据项目实际和交通特点，结合自身业务需求与支撑技术形成具有特色的智慧化应用，包括但不限于：准全天候通行、全寿命周期智能养护、物流卡车编队行驶、治理拥堵、自动驾驶支持。

（1）准全天候通行

总体架构宜由智能车载终端、交通信息监测、新一代无线通信、高精度定位、边缘计算、智能行车诱导及主动式融雪化冰路面或自动喷淋等设施构成。

（2）全寿命周期智能养护

应布设桥梁、隧道、路基路面、边坡、机电设施等状态采集设施，也可结合监控系统，利用图像比对技术，系统性监测、分析设施的衰变情况。

（3）物流卡车编队行驶

宜采用环境感知、V2V/V2I通信、高精度定位等多技术融合及管理办法的技术路径，实现3辆及以上卡车同时行进队列，每辆车在行驶过程中自动保持车间距离，跟随车辆实时同步完成所有动作，提高道路通行能力。

（4）治理拥堵

宜通过拥堵监测、拥堵研判、拥堵消除等阶段来治理常态拥堵和突发拥堵。

（5）自动驾驶

宜采用先进的传感技术、网络技术、计算技术及控制技术等，对道路和交通环境进行全面感知，并考虑不同的车辆自动化程度和不同的交通系统集成阶段，高效实现感知、预测、决策和控制。

3.3.3 高速公路车联网应用典型案例

案例1：智慧收费站案例

高速公路收费站是造成高速公路拥堵缓行的一个重要因素。取消省界收费站是国家深化收费公路改革、降低物流成本、提高通行效率的有力举措。根据《取消高速公路省界收费站工程建设方案》，2019年底前全国已基本完成高速公路收费站ETC改造。高速公路收费站出口ETC通道建设可以实现车辆的快速通行，提升通行效率，是高速公路保通保畅的重要方式，但同时也出现了一些新的问题。

ETC用户量成倍激增，收费广场上大量ETC车辆和非ETC车辆无序交叉降低了通行速度。与此同时，少量未成功扣费或无法成功扣费的车辆，需要倒车退出ETC通道改到人工车道，加剧了拥堵的可能性；传统的高速公路监控系统采用普通摄像机，单台设备监控范围较小，画面割裂，监控画面无法兼顾整体与局部，且视频监控系统和收费业务系统界面难以统一整合，与业务的联动能力较弱；交通业务和数据孤岛急剧增长，缺乏可视化的展示和整合的手段。

可以通过C-V2X与ETC、视频三者融合的技术，有效实现不停车收费，解决收费站快速通行问题，并融合安全预警应用，让高速公路出行更安全和更便捷。具体可实现如下功能。

（1）基于C-V2X与ETC融合的出入口不停车收费与快速通行

通过对高速公路出口区域进行改造，融合C-V2X技术和ETC技术实现车辆不停车收费与快速通行，极大提升高速公路通行效率。

车辆在进出高速公路出入口时，依靠ETC技术实现不停车收费通行。由于装有ETC的车辆需要与车道的环路地感线圈进行短距离（一般25米）无线信息交互实现扣费功能，并且要求车辆低速行驶（一般30公里/时），当前V2X使用的PC5直连通信具有远距离（300米以上）和移动性高的特点，因此可以在原有的ETC技术基础上结合V2X技术实现高速公路出入口提前收费的功能，在一定程度上缓解出入口拥堵问题，提高通行效率。

（2）基于AR与AI融合的车辆云行诱导与可视化监测

基于AR和AI技术，采用ETC前置收费、智能情报板诱导、车辆自动跟踪与预警等设计思路，以车辆"快速通行""缴费零误差"为目标，打造基于泛在车路协同的智慧收费站AR诱导与跟踪系统。

系统由基于撤销省界站的主线/匝道自由流收费系统、基于AR的智慧标定云行诱导系统、基于分架式主备交易的快速ETC收费系统以及综合防逃费收费管理系统四大子系统构成，通过数据共享融合处理，打破收费广场界限，实现了对车辆从主线到广场的全程管控及快速放行。

在收费站前800米左右处设门架，部署900万像素高清摄像机及智慧诱导屏，结合在高点部署的AR摄像机，通过基于AR的智慧标定云行诱导系统，实现对通行车辆的智能诱导；同时，基于AR增强现实技术，通过标签的形式将视频画面中的车辆信息、收费状态等信息进行结构化描述，并能实现GPS坐标映射、方位感知、视频联动等功能，增强实时图像与信息的结合，建立诱导警示走廊，并展示给广场管控人员，以便现场对异常车辆进行快速疏通。在收费广场前设广播系统，进一步方便现场人员管控。

对高速公路收费站出口区域进行改造，分为深测感知廊道、信息发布与诱导警示廊道、现场管控区域。通过三个区域的有机结合，对业务流程全程贯通，实现车辆的快速导流。具体流程如下：

① 当车辆经过深测感知廊道区域时，针对即将到达收费站的车辆，系统实时获取车辆号牌、收费交易情况、车身颜色、车型等信息，通过在高点AR实时视频上标注跟踪车辆位置并叠加车辆相关信息显示，车辆情况一目了然。

② 当车辆继续行驶到信息发布与诱导警示廊道区域时，监控指挥中心系统软件已提前与缴费业务系统对接，获取到每辆车的车辆状态及ETC收费情况，当监测到ETC收费情况异常车辆信息时，中心系统把该车牌信息实时发送到LED诱导屏上面显示，提前通知车主将相关车辆行驶到右侧区域，进行导流。此时在指挥中心的高点AR云行监测系统也通过AI视频智能分析技术，实时跟踪每辆车的行驶轨迹，并在每辆车的图像上叠加不同颜色的标签进行区分。

③ 当车辆行驶到现场管控区域时，监控指挥中心的高点AR云行监测系统对视频监控画面中的每辆车进行实时轨迹跟踪，一旦发现异常车辆进入ETC快速通行车道，系统就会实时报警，第一时间告知指挥中心联动现场工作人员进行拦截处理，从而整体提高收费站服务水平，提升收费站运行效率。

在高速公路出口收费路段设计布设AR可视化交通监测系统，采用3200万像素、长焦镜头、全天候监控的方式，实现大场景、大视野的监控画面全局覆盖，编织成高速公路上层的监控网络，实现总揽全局的效果。同时，系统采用增强现实技术，通过标签联动画中画调用低点视频、收费系统等资源，做到监控画面的整体与局部同时覆盖，真正做到由上到下、由内到外的立体化防控追踪体系。

打破传统的二维电子地图虚拟化、平面化、不直观的弊端，针对高速路段指挥调度、交通管理的要求，依托于高点AR视频，通过增强现实技术对视频信息结构化描述，借鉴传统GIS地图的经验，整合城市地理信息、高速管理信息化电子设备信息，汇聚融合到高清视频当中，通过编解码技术、地理信息图层概念等,打造高速公路收费路段实战基础支撑一张图——视频实景地图。

基于AR可视化的车辆自动检测和跟踪技术,自动识别车辆位置,跟踪车辆轨迹,精确而高效地为视频中的车辆生成高度匹配车辆特征信息和扣费信息,形成AR标注,并实现车辆AR标注信息的动态跟随,建立通行车辆的时空坐标系。

在线上实现收费站态势全息感知,打造数字孪生的智慧收费站:在实景地图上叠加展示每辆车的状态、结构化数据、缴费情况等车辆精细化管理数据;并能经过大数据分析形成整个收费站的态势分析,直观展示收费站周边宏观态势变化;同时能对异常事件系统自动发出声光报警。

在线下实现车辆的精准诱导,打造泛在车路协同:在信息发布与诱导警示廊道区域精准识别通过的车辆。对于普通车辆,通过诱导屏准确推送该车辆的扣费情况并进行实时导流,而一旦发现扣费异常车辆即将进入ETC快速通行车道,系统将实时报警,通知指挥中心联动现场工作人员进行拦截,形成业务的闭环;对于智能网联车辆,可以通过C-V2X给驾驶员推送精准信息。

系统可将常规ETC交易范围的6~12米拓展到500~800米,ETC交易抬杆率由行业的95%提升到98.5%,同时交易成功率达99.9%。车道通行耗时由平均4秒降到1.6秒。系统建成后基本无拥堵,通行能力提升25%,通行速度提升33.3%。收费站通行效率大大提高,给司乘人员带来更加舒适便捷的服务。

(3)基于C-V2X的车辆安全预警

车辆在行驶过程中,通过不断接收前方正常车辆的行驶状态信息,分析前方车辆与智能网联车辆相隔间距,当与前车距离过近时,及时对智能网联车驾驶员进行预警,提示车辆注意行车距离。

案例2:智慧服务区案例

高速公路服务区人、车较多且杂乱,由于缺少监管措施,遇到紧急事件难以有效组织人员疏散及事后案件追查,现场停车不规范等问题经常发生;服务区经营主体涉及餐饮、商品零售、加油站、客房、修理店等行业,管理对象繁多,服务区卫生、安全、经营监管难度大;服务区设施种类繁多,部分运营时间较长的设备陈旧且故障率高,由于缺乏设备维护管理机制,维护工作不及时,不能做到事先预防,为服务区正常运行带来困扰。

基于车联网、融合感知、AR立体防控等技术,可以提供服务区车流、人流、客流的有序管理,实现智慧管理服务、智慧运营服务、智慧出行服务一体化。

(1) 智慧管理服务

可以实现客流、车流统计（如客流拥挤预警、旅客行为分析、黑名单人员报警、车辆信息记录及统计、车位统计及停车引导、车流拥挤预警、车辆停车规范管理、黑名单车辆报警等），设施管理（如重点设施区域轮巡、保护财产安全等），盗窃违法防控（如"油耗子"现象），危化品车识别，应急指挥（支持应急预案功能，支持联动服务区内的摄像机、诱导屏、广播系统、移动终端等进行指挥调度）等。

(2) 智慧运营服务

可以实现后勤保障管理（如巡查计划制订、物资供应计划制订、智慧公厕、工作人员监督等），人员考勤管理（如支持人员精准排班、细化时间和区域管理、关联管理人员的移动设备进行可视化考勤和调度等），联动运营管理（如实时检测车辆饱和情况、各服务区共享车流数据、自动检测排队情况、引导车流等），商业数据分析（如餐饮、住宿、加油、商超等），数据报告推送（支持告警数据、客流车流量、事件处理等信息上报推送，支持数据对比分析）等。

(3) 智慧出行服务

可以实现信息发布、出行诱导、信息增删、信息查询等。例如服务区车辆驶出安全预警，在服务区出口安装RSU、MEC和高清视频监控，路侧设备感知到车辆驶出服务区时，将车辆驶出信息通过MEC向周边车辆发出预警，周边车辆驾驶员提前做出决策，提升通行效率和安全性。

服务区车位信息播报服务，在服务区入口安装RSU和MEC，与服务区管理系统对接，能够实时获取服务区停车位的信息并发送给高速公路上行驶的车辆，车辆可以提前获取停车场的实时车位信息，做出决策，提高交通体验和效率。

服务区车位诱导服务，服务区停车位上安装由雷达和视频组成的感知设备，可以自动获取管控范围内的车位信息，这些信息经MEC处理后连同高精度地图信息一起发给待停车辆，待停车辆驾驶员根据车位的占用情况，智能选择合适的停车位置和驾驶线路。

案例3：智慧隧道案例

高速公路隧道的安全系数取决于隧道长度、车道数、隧道平面线形、隧道纵面线形、横断面指标、洞口一致性、视距、相邻隧道间距、路面抗滑性能、路面排水性能、通风系统、照明系统、隧道噪声、逃生线路、救援通道、紧急出口距离、逃生人员规模、消防及救援设施、监控设施、实时通信、可变情报板、标志标线、洞口护栏过渡等因素。

基于车联网、物联网感知、机器人、数字孪生等技术实现隧道全要素感知和全流程监管，为隧道实时运行监测、隧道实时信息服务、应急联动指挥、决策分析、管理养护提供基础支撑[11]。

（1）隧道实时运行监测

通过隧道视频系统、智能感知设备等，实时监测隧道内的交通、车辆、环境状况，精准识别隧道内交通事故、交通违章、火灾、隧道病害等事件，及温湿度、风速、照明、烟雾等异常指标，并及时发布预警。还可以通过隧道机器人实现智能巡检服务，完成烟火检测、红外测温、有毒与可燃气体探测、视频监控、交通状况检测、突发情况处理、交互式指挥等。

（2）隧道实时信息服务

可以基于C-V2X技术提供智能隧道驶入及驶出诱导服务、隧道内高精定位服务等。智能隧道驶入及驶出诱导服务通过C-V2X技术提供隧道距离、隧道长度、隧道内交通状况、车道车型允许/限制、速度推荐/限制、车道开放/关闭等信息。隧道内高精定位服务通过C-V2X技术实现时间自同步、车道级定位精度、多点定位等。

（3）应急联动指挥

当隧道发生应急事件时，平台将自动匹配预先设置的应急预案，经过对事件类型、级别审核确认后，启动应急联动，实现设施设备一键联动控制，提升应急事件处置效率及通行安全。同时，平台可记录事件处置流程进展，模拟呈现设备联动状态，实现应急联动全流程可视化监管。

（4）决策分析

基于隧道历史交通流量、交通指数，分析流量高峰期、拥堵常发路段，进行重点监管；对隧道历史事故、车速进行分析，辅助制定合理限速值；分析隧道历史事故数据，结合隧道高精度地图数据，对隧道所在路段的坡度、曲率、环境、天气、光照等因素进行关联分析，为制定隧道事故预防策略做参考；根据隧道内环境监测数据，计算相关指标的变化规律、分布规律，并结合交通流量、事件等信息，为隧道内风机、照明的动态工作提供决策参考；综合隧道交通运行、事故、环境、养护等因素，构建隧道安全风险评估模型，为隧道应急救援预案、隧道交通诱导规划、巡检养护规划等提供决策支撑。

（5）管理养护

可实现设施设备可视化管控和智能巡检养护。对隧道内所有机电设施、智能感知设备进行可视化监管,实时监测设备运行状态,并根据隧道内通风、照明需求远程控制设备状态,同时基于设备运行监测数据进行节能管控;通过隧道智能巡检设备,对隧道内路面异物、隧道内墙壁、顶部渗漏水等异常情况进行检测并预警,同时基于每日巡检数据,生成统计分析和预警报告,实现隧道病害趋势预测,为制订科学的隧道养护计划、巡检计划提供重要支撑。

案例4:智慧高速物流案例[12]

车联网可实现物流卡车的车道级定位、控制和诱导。利用北斗定位和V2X路侧单元获取车辆定位信息,判断物流卡车驾驶行为,通过路侧单元向车辆发送诱导控制命令,以及事故多发路段实时消息等。同时,车联网还可以实现物流卡车的编队行驶。例如车辆编队的过程管理和数据通信,包括创建车队、加入车队、编队巡航、离开车队、解散车队等状态的切换。

如果按照卡车1米车距的编队要求,在速度为80公里/时的情况下,车辆处理时间需要10毫秒,制动感应需要30毫秒,那么网络时延必须小于5毫秒,即(5毫秒+10毫秒+30毫秒)×80公里/时=1米,如图3-10所示。

图3-10 编队行驶场景时延要求

编队行驶能减少运输企业对于驾驶员的需求,降低人力成本,以及降低驾驶员的劳动强度。另外,编队行驶中的后车可以减小风阻,降低车辆油耗。荷兰研究机构TNO研究报告指出,卡车编队行驶之后,后车可降低10%~15%的燃油消耗,以百公里油耗35升、油价6元/升、每年行驶20万公里计算,油耗降低10%一年可节省4.2万元。

在编队行驶状态下,后车能瞬间跟随头车指令,降低车辆安全事故。此外,编队行驶让卡车以较小的间隙距离行驶,可以释放更多车道给其他车辆通行,提高高速公路吞吐量,显著改善交通拥堵并提升运输效率,进一步缓解交通压力。

案例5：智慧高速治堵案例[11]

高速公路拥堵是高速公路面临的艰巨挑战之一。高速公路拥堵通常包括常态拥堵和突发拥堵两类。常态拥堵例如高峰时段大车流拥堵、高速公路出入口拥堵、节假日拥堵、服务区拥堵等；突发拥堵例如交通事故、施工占道、路面异物、天气环境、慢速车辆导致拥堵发生。

利用车联网方式治理拥堵需要经过拥堵监测、拥堵研判、拥堵消除等阶段。

（1）拥堵监测

拥堵监测手段主要通过雷达+视频融合方式，并通过MEC设备在前端处理和判断。拥堵监测内容包括车辆监测、异常事件监测、道路状况监测和天气状况监测。其中车辆监测包括车速、车辆类型、车道密度、车流量、排队长度等；异常事件监测包括交通事故、施工占道、非法停车等；道路状况监测包括路面异物、路面积水、路面破损等；天气状况监测包括雪天、雨天、雾天等。

（2）拥堵研判

拥堵研判主要基于交通态势进行分析研判，包括车流分析、路径对比、预测预警、分析统计等。

（3）拥堵消除

拥堵消除手段主要包括车路协同手段（I2V）、车车协同手段（V2V）、动态诱导与提醒、拥堵处置等。车路协同手段（I2V）通过路侧智能化设施向车辆提示前方实时路况、车速建议、交通事故提醒、道路施工提醒、路面异物提醒、匝道合流等；车车协同手段（V2V）提供前车碰撞提醒、车道汇合碰撞预警、盲区提醒等；动态诱导与提醒包括导航APP、交通信息屏、诱导屏等；拥堵处置包括自动喊话（违规停车、事故处理后尽快离开）、无人机、交警现场处理等。

3.4 智慧城市产业概述

3.4.1 新型智慧城市体系

智慧城市的概念源于"智慧地球"。IBM于2008年11月提出"智慧地球"的概念，分成三个要素，即"3I"：物联化、互联化、智能化（Instrumentation，Interconnectedness，Intelligence），是指把新一代的IT、互联网技术充分运用到各行各业,把感应器嵌入和装备到全球的医院、电网、铁路、桥梁、隧道、公路、建筑、供水系统、大坝、油气管道,通过互联网形成"物联网";而后通过超级计算机和云计算,使得人类以更加精细、动态的方式生活,从而在世界范围内提升"智慧水平",最终就是"互联网+物联网=智慧地球"。

按照IBM的定义,"智慧地球"包括三个维度。

① 能够更透彻地感应和度量世界的本质与变化。

② 促进世界更全面地互联互通。

③ 在上述基础上,所有事物、流程、运行方式都将实现更深入的智能化,企业因此获得更智能的洞察力。

我国的城市化进程带来的城市治理与产业发展等问题,及金融危机等外部环境因素,加速了智慧地球概念在我国的落地,"孵化"出了"智慧城市"。当然,智慧城市要实现所谓的"智慧",还需要有效的技术、工具和方法等。

2014年八部委联合发布智慧城市定义:智慧城市是运用物联网、云计算、大数据、空间地理信息集成等新一代信息技术,促进城市规划、建设、管理和服务智慧化的新理念和新模式。建立智慧城市的目的是让城市成为一个连续、高效、整合、开放的生态系统,营造流畅便捷的生活体验、高效的交通系统、有活力的商业环境、持久的产业发展动力,成为城市持续竞争力和创造力的源泉。

无论从城镇化的内容或内涵上讲,还是从智慧城市的定义或理念上讲,智慧城市都是通过生产力的进步,尤其是以新一代信息技术为代表的新兴生产力的快速演进与发展催生出来的。反过来讲,城市化进程中所产生城市治理等问题,恰好可以通过以新一代信息技术所赋能并构建的智慧城市逐步解决。所以,城市化进程与新一代信息技术的发展,是一种相互依存、相互助力的闭环关系。从这个角度上来定义,我国智慧城市是城镇化进程与新一代信息技术发展时期,高度重合与融合后的历史性选择和必然产物。

从评价智慧城市是否成功的角度看,城市有活力才是评判其成功的唯一标准。智慧城市无非是通过技术和模式的探索,来使城市更富有活力。诸如,实现城市的精细化治理、产业蓬勃发展、市民安居乐业,既有获得感,又有幸福感。

2020年3月,中共中央政治局常务委员会召开会议提出,加快5G网络、大数据中心等新型基础设施建设进度,并确定了新基建的七大领域:5G基建、特高压、城际高速铁路和城际轨道交通、新能源汽车和充电桩、大数据中心、人工智能和工业互联网。2020年4月,发改委给出了权威的解释与解读:经初步研究认为,新型基础设施,是以新发展理念为引领,以技术创新为驱动,以信息网络为基础,面向高质量发展需要,提供数字转型、智能升级、融合创新等服务的基础设施体系。主要包含三大方面内容。

① **信息基础设施**:主要是指基于新一代信息技术演化生成的基础设施,比如以5G、物联网、工业互联网、卫星互联网为代表的通信网络基础设施,以人工智能、云计算、区块链等为代表的新技术基础设施,以数据中心、智能计算中心为代表的算力基础设施等。

② **融合基础设施**:主要是指深度应用互联网、大数据、人工智能等技术,支撑传统基础设施转型升级,进而形成融合基础设施,比如智能交通基础设施、智慧能源基础设施等。

③ **创新基础设施**:主要是指支撑科学研究、技术开发、产品研制的具有公益属性的基础设施,比如重大科技基础设施、科教基础设施、产业技术创新基础设施等。

新基建的提出,事实上从国家战略和新一代信息技术应用层面重构和规范了智慧城市的设计与建设逻辑。再基于智慧城市应用场景建设的"供给侧改革",进一步推动城市基础设施智慧生态形成。

关于智慧城市的发展阶段,产业界有多种逻辑和版本。主流的有发展模式、数据应用、技术演进三种版本,如图3-11所示。

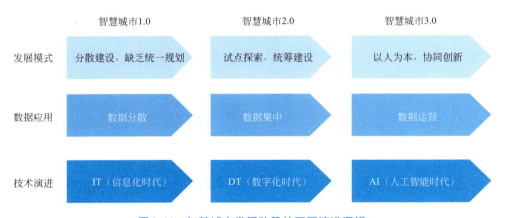

图3-11　智慧城市发展阶段的不同演进逻辑

(1) 发展模式

从发展模式来看,我国智慧城市建设历经三个发展阶段:2008年开始,智慧城市属于概念导入的分散建设阶段,各领域分别开展数字化改造工作,建设分散,缺乏统一规划;2012年开始,国家部委牵头开始试点探索,统筹建设和运营的意识逐渐崛起，智慧城市进入试点探索的规范发展阶段；2016年开始，正式开启以人为本、成效导向、统筹集约、协同创新的新型智慧城市发展阶段。这一时期重视顶层设计、趋向以人为本的建设理念，大量市场力量开始进入，各种新兴技术融合应用。

（2）数据应用

从数据应用来看，智慧城市建设分为数据分散、数据集中和数据运营三个阶段。在智慧城市建设的过程中，始终都是围绕数据治理与应用展开的。

初期的智慧城市，各个行业领域分散建设与规划，打造垂直应用，故而造成数据分散、割裂，形成各种数据孤岛；随后，智慧城市开始统筹规划，并进行顶层设计，在互联互通与数据共享的需求下，使得数据开始汇聚与集中；近年来，随着城市规划与技术融合越来越科学与成熟，以大数据运营为核心的理念和实施方法也越来越普遍，通过数据运营，城市治理效率大幅提升，产业生态发展越来越迅速，民生公共服务越来越智慧与便捷。

（3）技术演进

从技术演进来看，智慧城市建设可分为三个阶段，适用于全球范围。

① **IT（信息化）时代**：这一阶段以互联网为主导的新兴技术应用最具代表性，各行各业纷纷加入信息化改造，如电子商务、电子政务的发展与应用。

② **DT（数字化）时代**：这一阶段以大数据为代表的应用，开始渗透进各个领域。与此同时，移动互联网（3G、4G通信技术驱动）、物联网、云计算等技术也开始大规模应用，政府与行业数字化转型开始，并初步形成一体化设计与部署。

③ **AI（智能化）时代**：这一阶段在大数据治理与应用不断成熟的基础上，行业智能化开始出现，同时5G、物联网、云计算、边缘计算、区块链等多种技术融合应用，技术生态越来越丰富，智慧城市建设开始回归"以人为本"的初心，系统化的顶层设计理念越来越受到重视，数字孪生城市、城市生命体等概念和理念在业界也被广泛认同。

上述智慧城市发展的三种逻辑是相互关联的，技术演进会推动模式创新，模式创新会促进不同的数据应用，数据应用又"反哺"模式创新，并"拉动"技术演进。因此，这三种发展逻辑本身是一个相互关联且闭环的逻辑。

3.4.2 新型城市基础设施建设

城市基础设施建设是指为保证城市社会生产和生活正常运转的物质设施建设的总称。它包括六个系统。

① **能源系统**：包括电的生产及输变电设施，人工煤气的生产及煤气、天然气、石油液化气的供应设施，热源生产及供应设施。

② **水利资源及排水系统**：包括水资源的开发、利用和管理设施，自来水的生产和供应设施，污水排放、处理和下水道设施。

③ **交通运输系统**：包括城市内部交通设施和城市对外交通设施。城市内部交通设施有道路、电车、汽车、轨道交通、出租车、公用货运汽车、货物流通区、交通管理等设施。

④ **邮电通信系统**：包括邮政设施，电信设施，即市内电话、国际电话等设施。

⑤ **环境绿化系统**：包括环境卫生、园林绿化、环境保护等设施。

⑥ **防灾和战备系统**：包括防火、防洪、防地面下沉、防风、防雪、防地震及人防战备设施。

住建部提出加强新型基础设施和新型城镇化建设，加快推进基于信息化、数字化、智能化的新型城市基础设施建设，简称"新城建"。以"新城建"对接新型基础设施建设，提升城市基础设施运行效率和服务能力，更好地满足人民群众美好的生活需要；推进落地实施一批"新城建"项目，带动有效投资，激发消费潜力，促进实施扩大内需战略。

"新城建"试点任务中包括协同发展智慧城市与智能网联汽车。以支撑智能网联汽车应用和改善城市出行为切入点，建设城市道路、建筑、公共设施融合感知体系，打造智慧出行平台"车城网"，推动智慧城市与智能网联汽车协同发展。

随着汽车加速朝着智能化、网联化、电动化、共享化、绿色化方向发展，对于城市建筑、道路、设施等数字化、智能化的要求也越来越高，汽车比以往任何时候都更加需要新型城市基础设施的支撑和保障。另外，智慧城市的建设和发展也需要以智能网联汽车发展为切入点和驱动力，通过合理规划和优化发展城市基础设施改善出行服务，提高城市的运行效率。因此，智慧城市和智能网联汽车将在基础设施、城市平台、应用场景等方面实现最大化的协同。

智慧城市基础设施和智能网联汽车协同发展主要围绕四个方面展开[13]。

① 探索建设城市智能化道路，支持车路协同发展。

试点城市在部分道路两侧建设5G网络，安装摄像头、雷达等感知设备和计算设备，提供北斗定位和高精度地图服务，既能支持不同等级的自动驾驶汽车测试示范，也能支持非自动驾驶车辆的智能化出行。

② 建设车城网平台。

已在主要省会城市建成了CIM（城市信息模型）平台，这些地方的建筑已经有了数字身份证，初步实现了对建筑的数字化管理。在CIM平台基础上，探索建设车城网平台，将城市道路设施、市政设施、通信设施、感知设施、车辆等进一步数字化,并接入统一平台进行管理,实现全面感知和车城互联。从平台应用上看,基于车城网平台,可以对车辆进行实时动态监测和管理,对城市交通进行优化,为城市精细化治理提供更强大的支撑。

③ 支持5G、自动驾驶、车路协同、人工智能等新技术、新产业在城市开展多场景应用。

基于城市建设发展中的实际需要,不断释放应用场景,提供应用条件,促进新技术的落地,开展智能网联公交、环卫、物流、出租车、自行车等方面的示范应用。

④ 创新体制机制,鼓励多主体参与建设和运营。

智能化基础设施建设需要更好地发挥政府的作用,使市场在资源配置过程中发挥决定性作用,政府加强引导,提供政策支持,为企业和用户搭建创新平台,目的是探索形成智能汽车与智慧城市协同发展的政策机制和商业模式。

3.5　5G车联网赋能智慧城市

3.5.1　车城网整体方案

车城网整体方案包括数据接入层、大数据支撑层、应用平台层、业务层、信息安全体系、运维保障体系、标准规范体系,如图3-12所示。

图3-12　车城网总体架构

（1）数据接入层

通过各种车联网基础设施、市政感知基础设施和交通感知基础设施采集各种相关数据。其中，车联网基础设施包括路侧单元（RSU）、边缘计算（MEC）等；市政感知基础设施涵盖城镇供水、排水、燃气、热力等基础设施升级改造和智能化管理，包括智慧灯杆、智慧井盖、智慧道钉、地下管网和地下管廊等；交通感知基础设施根据智能汽车与智慧交通应用需要，在城市道路交叉路口及道路两侧加装雷达、摄像头等道路感知设备，对车道线、交通标识（包含警告标志、禁令标志、指示标志、指路标志、道路施工安全标志、辅助标志、旅游区标志等）、护栏等进行数字化改造，支撑车路协同发展。

数据通过C-V2X区域级MEC、交通集成网关、市政集成网关进行汇聚。

（2）大数据支撑层

完成数据汇聚与管理、数据查询与可视化、平台分析与模拟、平台运行与服务、平台开发接口等。大数据支撑层提供计算、存储和网络资源。车城网的网络资源主要涵盖通信网（4G/5G）、车联网（C-V2X）、位置网、能源网。另外，大数据支撑层还提供服务中台、数据中台和AI中台能力。服务中台主要提供技术支撑能力、业务开放能力、应用开发能力、业务运营能力。数据中台主要提供数据集成采集、数据资产管理、数据融合分析、数据治理开放。AI中台主要提供AI算法中心、AI原子能力中心、AI运营中心、AI工作室。

（3）应用平台层

包括C-V2X云控平台、智能交通平台、视频平台和物联网平台。

（4）业务层

分别对应车联网应用、交通应用、视频应用和物联网应用。

（5）信息安全体系

按照国家网络安全等级相关政策和标准要求建立。

（6）运维保障体系

保障车城网平台网络、数据、应用及服务的稳定运行。

（7）标准规范体系

指导车城网平台的建设和管理，应与国家和行业数据标准及技术规范衔接。

3.5.2 车城网业务应用

车城网的车联网应用和交通应用在前文已经描述。车城网提供如下的视频应用和物联网应用。

（1）视频应用

推动综合利用城市视频监控，充分利用大数据、云计算、5G等技术，升级改造公共安全与管理视频监控技术手段，加快设置视频边缘计算技术，支撑多部门视频数据共建、共享、共用,并提供管理指挥调度系统,实现对重要路段、重要地域、重要活动场所相关人员、设施和问题的有效调度及管控。具体来说,车城网视频平台可以提供城市的日常安防维护、警情事件处理、一体化交通管理等各种应用。

① 日常安防维护

车城网视频平台通过动态感知、智能视频分析等方式对社区里的人、车、房、物进行日常安防维护。社区内的实有单位,室内的水、电、燃气、烟感,室外的门禁、车辆、消防等一切设施均接入车城网平台,车城网平台对社区布控告警、接报事件、人口感知、车辆感知、告警感知等警情事件的智能分析和流转处理,做到管理闭环。一旦出现安全隐患或紧急情况,相关人员就能立刻获知并上门处置。

② 警情事件处理

车城网视频平台可有效辅助公安设计巡防区域、警力卡点、警力分布等资源配备与布置。同时还可以直接进行布控模拟演练,从全空间的角度有效检验方案的完备性,降低方案验证成本。一旦布控区域发生紧急事件,可快速调取周边视频,掌握现场情况,通过一键分析获取事件周边最近的警力布控点、最优支援路线等,提升布控区域快速响应能力,保障布控区域安全[14]。

③ 一体化交通管理

车城网视频平台可以实现贴合"情、指、勤、督"的一体化交通管理应用。全"情"感知方面,实现交通视频整合、交通多维数据研判;高效"指"挥方面,实现交通指挥集成化、交通指挥专业化、交通指挥扁平化;精准助"勤"方面,实现立体化勤务管理、精细化勤务管理;全程"督"查方面,实现全程跟踪执法过程。

(2)物联网应用

物联网可以应用在城市各个领域,例如智能化市政基础设施建设和改造、智能化城市安全管理体系建设、城市综合管理服务建设等。

① 智能化市政基础设施建设和改造

智慧供水系统:通过水源监测设备、供水生产水质监控设施、管网调度压力监控设施、用户智能水表等传感设备,形成完善的水质、水量、水压的传感网络。基于传感网络,构筑一个集生产、管网、营业、水质于一体的智慧供水物联网平台,实现分析预警和辅助决策。

智慧排水系统:通过排水全面智能化感知设备,实现排水设施统一融合管理。基于传感网络,建立城市排水动态监测体系,实现查询统计、分析预警、状态模拟、维护更新、信息共享、辅助决策为一体的物联网平台决策辅助应用。

智慧电力系统：通过在电力管廊中应用支持NB-IoT等技术的智能传感器，构筑基于互联网的云端能量管理服务新模式，提供多种能源优化组合方案，形成综合能源服务新业态。

智慧燃气系统：通过无线智能物联网燃气表，可以让用户足不出户缴费和查询，同时对管道燃气实施动态监控，一旦发现异常用气或泄漏，在提醒用户的同时可远程遥控关闭供燃气阀门，保证用户用气安全。并且，通过物联网技术可以实现对各类燃气管线数据的采集、处理、标准化、传输装载和管理，辅助审批管线规划。

智慧管廊系统：由于管线用途的特殊性和复杂性，其布设遍及地下、空中、水下等，只有通过三维方式才能真实反映其空间位置关系。物联网感知技术加上三维可视化技术可以提高城市市政管网信息管理水平，实现管廊运行状态的统一监管，应急情况下的统一指挥调度与各项运营指标智能化分析，保障城市综合管廊安全运行。

② **智能化城市安全管理体系建设**

重要基础设施和房屋建筑安全监测预警系统：对重点关注的基础设施安设先进的传感设备，建立安全监测预警体系，提升城市基础设施和房屋安全保障水平。

地质灾害智能化管理系统：对地质灾害隐患点、削坡建房、道路及水利设施沿线等风险点开展智能化专业监测，全面提升城市地质灾害智能化管理水平和预防能力。

突发自然灾害智能感知系统：通过完善城市垂直气象观测网络布局，建设城市智慧气象立体监测体系，开展城市边界层气象梯度观测、城市污染气溶胶浓度观测和大气温湿度廓线观测。

③ **城市综合管理服务建设**

智能生态环境系统：依托卫星、无人机、地面监测站、汽车采集的信息等，形成陆海统筹、天地一体、上下协同、信息共享的生态环境监测网络，对环境质量、重点污染源进行监控。

智慧城管系统：在建废处置、垃圾分类、环卫保洁、燃气管理、广告牌管理、综合执法等领域建设智能感知、智能分析、智能研判、智能调度和智能评价的智慧型城管。

3.5.3 车城网典型案例

案例1:电动自行车管理

中国电动自行车市场广阔,2020年社会保有量达3亿辆,2020年产量达2966.1万辆,日均出行7亿次。私家电动自行车持有比例高,城镇居民家庭平均每百户电动自行车拥有量为57.5辆,农村居民该指标则达74.8辆。

由于电动自行车骑行人安全行车意识淡薄,各种交通违章行为不断,给交通安全带来了巨大隐患。如何进行电动自行车出行安全管理,已成为城市管理的核心问题,更是关系人民群众生命和财产安全的民生问题。

在电动自行车交通事故高发区,建设基于RFID射频技术的新型电子警察监控系统,发挥射频和视频双基结合优势,利用射频数据对视频数据进行补充和校正,系统自动识别、抓拍电动自行车的闯红灯、逆行、占用机动车道及不佩戴头盔等违法行为,对电动自行车进行24小时全天候的非现场违法查处,提升违法行为精准查缉效率,助推智慧交通建设,打通信息化全流程管控。

电动自行车管理主要涉及以下内容。

通用违法行为抓拍:包括不佩戴头盔、加装伞篷、违法载人等,前端设备安装覆盖监测范围,根据场地实际情况新建杆件或重复利用旧杆件。

闯机动车红灯抓拍:该行为通常伴随电动自行车占用机动车道一并触发,可能存在逆行违法行为,前端设备安装在停止线后20~30米位置,宜重复利用机动车电子警察抓拍系统杆件。

闯人行横道红灯抓拍:该行为包括闯人行横道红灯及占用人行横道(有区分非机动车道及人行横道界线,且对应道路达到一定宽度可预警),前端设备安装在停止线后20~30米位置,多数需新建杆件或根据现场实际情况重复利用旧杆件。

占道抓拍:该行为以电动自行车占用机动车道为主,前端设备安装覆盖机动车道及非机动车道,宜重复利用机动车电子警察抓拍系统或卡口杆件。

逆行抓拍:该行为包括非机动车道(如有指向路标)及机动车道,前端设备安装根据需要覆盖机动车道及非机动车道,根据场地实际情况新建杆件或重复利用旧杆件。

案例2：智慧杆塔

　　智慧杆塔是综合承载多种设备和传感器并具备智慧能力的杆、塔等设施的总称，包括但不限于通信杆/塔、路灯杆和监控杆。智慧杆塔具备的功能由其挂载的设备和传感器决定。这些设备和传感器可通过各种通信技术接入网络和平台，并在互联网、人工智能、大数据等ICT（Information and Communication，信息与通信技术）的赋能下提供丰富的智慧应用。

　　智慧杆塔优越的点位、广泛的分布使其成为5G基站的良好载体，优化的5G网络是众多"5G+"创新应用的基础；搭载了多种设备的智慧杆塔，在ICT技术的赋能下，可以高效节能地提供市政、交通、安防、环保等多领域的新型公共服务；合理布局的城市智慧杆塔网络，可以为智慧城市大脑实时提供海量城市运行数据，是构建数字孪生城市的基础。

　　智慧杆塔集智慧照明、无线通信、环境监测、智慧交通、公共安全（视频、图像采集等）、电力供应等于一身，一方面可以为城市综合治理提供边缘感知数据，另一方面可以通过丰富的杆塔资源，作为新型智慧城市"云边协同""算力下沉"的重要载体，真正实现城市基础设施智能化。对于车联网来说，智慧杆塔是数量庞大甚至超过基站数量的路侧单元（RSU）的绝佳站点。

参考文献

[1] 高德地图, 毕马威. "智能出行"社会经济价值研究蓝皮书 [R]. 2019, 10.
[2] 关志超. 数字交通基础设施加速自动驾驶与车路协同发展 [N]. 2021, 2.
[3] 中国智能交通产业联盟. 智慧高速公路车路协同系统框架及要求 [S]. 2020, 12.
[4] 美国联邦公路管理局. 自动驾驶对公路基础设施的影响 [R]. 2021, 3.
[5] 交通运输部公路局. 公路工程适应自动驾驶附属设施总体技术规范（征求意见稿）[S]. 2020, 4.
[6] 吴冬升, 金伟, 李凤娜, 等. 车联网跨产业融合创新应用探索 [J]. 信息通信技术与政策, 2020, 8（8）: 32-36.
[7] 中国汽车工程学会. T/CSAE 53－2020 合作式智能运输系统　车用通信系统应用层及应用数据交互标准（第一阶段）[S]. 2020.
[8] 中国汽车工程学会. T/CSAE 157－2020 合作式智能运输系统　车用通信系统应用层及应用数据交互标准（第二阶段）[S]. 2020.
[9] 江苏省交通运输厅. 江苏省智慧高速公路建设技术指南 [R]. 2020, 11.
[10] 浙江省交通运输厅. 浙江省智慧高速公路建设指南（暂行）[R]. 2020, 3.
[11] 中国青年报. 数字孪生隧道推动基础设施安全风险管控 [N]. 2021.8.
[12] 吴冬升, 王传奇, 金伟, 李凤娜. 高速公路 5G 智能网联技术、方案和应用 [J]. 电信科学, 2020, 36（4）: 46-52.
[13] 5G 智联车. 重磅！支持建设车联网平台 [N]. 2021, 1.
[14] 百人会. 车路协同发展新体系 [R]. 2021.

车联未来
5G车联网创新商业模式

第 4 章

5G 车联网赋能智慧出行

本章在分析智慧出行（MaaS）产业情况的基础上，探讨 5G 车联网赋能智慧出行及其商业价值，并着重探讨智慧出行的典型场景之一——智慧停车。

4.1 智慧出行产业情况

4.1.1 智慧出行产业概述

近年来,"出行即服务"是全球交通出行领域流行起来的一个比较火热的概念。这个术语是芬兰智能交通协会主席桑波·希塔宁先生(Sampo Hietanen)参照云计算的服务模式(PaaS、IaaS 和 SaaS 等)首次提出并定义的。同时,在 2014 年欧盟智能交通系统(Intelligent Trasportation System, ITS)大会上,MaaS(Mobility as a Service)概念被首次公开提出,并在 2015 年世界 ITS 大会上逐渐成为全球智能交通领域的热门议题。紧接着,2016 年欧盟 ITS 协会牵头成立了全球首个区域性 MaaS 联盟,为全球 MaaS 理论、模型方法和技术应用等奠定了基础。

当 MaaS 概念被引入我国时,我们通常根据其意译为"出行即服务",在智慧交通领域则更多地被称为"智慧出行"。

"出行即服务",即通过一个数码界面(如 APP 等)来掌握及管理与交通相关的服务,以满足每一位消费者的交通出行需求。其内涵为,以交通出行者为核心,以深刻理解公众出行需求为基础,将多元交通工具(模式和方式)全部整合在统一的服务平台或体系的基础上,基于数据的共享服务原理,充分利用大数据技术进行资源配置分析、决策与优化,建立交通出行的无缝切换与衔接,最大限度满足不同出行需求的端到端一体化出行服务系统,并以统一的信息与数据服务平台为消费者提供出行规划、预订、支付与评价等服务,进而打造一个更为灵活、高效、经济的出行服务体系。

MaaS 通过将离散交通子系统向一体化综合交通系统的转化,打造一个比自己拥有车辆更方便、更可靠、更经济的交通服务环境,让出行者从拥有车改为拥有交通服务,实现由私人交通向共享交通的转变。当下的交通系统中,最常见的转变,即通过公共交通工具或系统尽可能减少对私家车的依赖。

4.1.2 智慧出行与出行领域的主流发展趋势高度契合

随着交通领域变革与发展的深入,考虑到交通以人为本、提高效率、降低成本、与城市规划协同、与城市环境匹配等,出行领域呈现出四大主流发展趋势。

(1)共享化

强调出行即服务更应注重交通服务的提供而不是对车辆的拥有;对乘客而言,他既是交通服务的受益者,同时也是交通数据的提供者与分享者,并基于数据的挖掘分析使整个出行服务得以优化。

（2）一体化

基于时间或费用等敏感因子，高度整合多种交通出行方式，实现最优出行方案的动态推荐，并完成支付体系的一体化。

（3）以人为本

提倡以人为本，强调为人服务而不是为了汽车，它主要的目标是为民众提供更高效率、更高品质、更具安全的出行服务、无缝衔接等出行体验。

（4）绿色低碳

出行即服务将更多地鼓励民众使用公共交通方式出行，提升绿色出行的比例，减少私人机动化的出行，节能减排。

所以，共享、一体化、以人为本、绿色低碳的出行即服务将是未来出行的必然趋势。智慧出行（MaaS）基本上可以认为是出行主流发展趋势下的必然产物。

4.1.3 智慧出行在我国快速发展的多重因素

智慧出行（MaaS）在我国之所以会快速流行、发展和应用，得益于多重因素的叠加与融合应用，包括但不限于城镇化进程加速、智慧城市建设方兴未艾、出行工具多元化发展、新一代信息技术突飞猛进等。

（1）从我国城镇化进程加速来看

城镇化是国家现代化的重要标志之一。我国第七次全国人口普查数据显示，城镇常住人口为9.02亿人，城镇化率63.89%，首次突破60%。自2010年以来，有1.6亿乡村人进入城镇，变成城镇人口。近10年来，我国城镇化率平均每年提高约1.42%，基于庞大的人口基数，这是一个不小的指标，因此未来还有大量的乡村人口进入城市。

随着城镇化进程加速，大量乡村人口涌入城市，势必对城市空间承载与规划、城市系统管理与治理带来诸多需求与挑战，譬如居住成本上涨问题、公共安全问题、交通拥堵问题、环境污染问题等。基于以人为本的城市治理理念，市民的"衣食住行"是最基本的底层需求和刚性需求，分别对应了"消费"（衣食）、"住房"（住）、"交通出行"（行）。这些刚性需求将直接关系和影响到城市居民的工作生活体验与幸福感指数。

因此，从这个意义上讲，城镇化与交通出行密切相关，且影响到方方面面。《新型城镇化与交通发展》一书中，论述了新型城镇化与交通发展的关系，包括交通与区域发展、交通与服务业发展、交通与城市成本、交通与房地产、交通资源配置与市场、交通配置标准与城市发展、交通港站与城市发展七个方面。

我国的城镇化带有较为明显的中国特色，一方面前面提到过，城镇化是国家现代化的标志之一，同时也是经济社会发展到一定水平的重要标志，大量乡村人进入城市，在经济上获得了一定的空间和自由度，首先会在住房和出行工具上进行投资，尤其是出行工具，即购买私家车，必然会为城市机动车保有量贡献不小的增量，势必会加剧交通拥堵和环境污染，为城市治理带来更大挑战。

另一方面，不少扩张型城市，城镇化的进度一般都先于城市空间规划和交通规划的速度，这就导致城市预留规划空间不足、交通规划滞后，必然带来环境污染和交通拥堵等一系列问题。

从这两方面来看，站在城市治理者的角度，如何引导新市民交通出行理念（如尽可能选择公共交通，放弃私家车出行方式），如何规划和发展城市公共交通和新型交通（如更便捷、更高效、更舒适的交通出行方式），就是摆在城市治理者面前最紧迫的任务之一。

所以，城镇化进程加速，必然为交通出行带来问题与挑战，进而也就成为智慧出行（MaaS）发展的重要诱因和推动力，即智慧出行就是解决交通拥堵、出行效率等问题的最佳方式。

（2）从智慧城市建设的角度来看

智慧城市的概念从2008年引入，至今国内智慧城市建设方兴未艾。其中，无论是较早的智慧城市建设，还是最近和最新的智慧城市打造，智慧交通都是非常重要的领域。因为交通是一个城市人流、物流和多种时空交互的生命线和通道。

同时，对于智慧城市建设，基于可建设与可落地的领域来看，有三个主流方向：智慧交通与平安城市，智慧园区与智慧社区，中小城市整体解决方案。由此来看，智慧交通依然是智慧城市建设的核心内容之一。

另外，我国智慧城市也是城镇化进程与新一代信息技术发展高度重合与融合后的必然产物。故而，结合前文介绍，基于智慧城市的发展环境与要素，智慧交通的发展也同样受到城镇化进程与新一代信息技术发展的影响与推动。

所以，智慧交通是基于智慧城市的大框架下提出的，强调如何将交通系统全面融合到城市总体发展和建设中，发挥其对城市各个要素的连接、传导和交换功能，是智慧城市建设的重要组成部分。

公众出行是智慧交通重要的领域，所以"智慧出行"也必然是智慧交通的重要分支。另外，"出行即服务"将会成为私人和商业用户的最佳价值主张，这是因为出行即服务关注的是服务而不是方式，核心理念是以用户（出行者和货物）为运输服务的核心，为他们提供基于个人需求的量身定制的出行解决方案，有助于满足个性化出行或运输需求，并提高整个运输系统的效率。因此，从这个层面来理解，智慧出行也是智慧交通的"终极目标"。

基于上述的分析，智慧出行作为智慧交通的终极目标，在如火如荼的智慧城市建设中，亦占据着非常重要的地位，会直接影响到智慧城市建设成效与可感知的智慧城市美好生活体验。

（3）从出行工具多元化角度来看

出行工具多元化，既是人类技术进步的标志，也是现代化社会的重要标志。人类出行工具经历了从畜力（骑马或马车）时代，走向蒸汽机动力时代，进而演化出了火车、汽车、轮船、飞机等现代社会的主流交通工具。

再到当代，随着城镇化进程加速，城市生活成为多数人群的主流生活方式。由此，就衍生出了城市化交通工具，包括自行车、私家车、出租车、公交车、地铁（轻轨）、中短途巴士、城际高铁等，以及近年来基于互联网技术和模式诞生的共享出行，如共享单车与共享电动车、网络约车等，还有滴滴打车等新的便捷出行方式。

这些城市化交通工具，一方面呈现多元化的交通出行方式，另一方面也表现出交通方式的碎片化。在这种趋势下，既带来了交通出行的便捷性，也带来了多样化交通工具在出行过程中转换与衔接的多种挑战，反而增加了交通出行的不确定性。

在这种背景下，就急需一种系统或平台，来对多元化的出行工具、碎片化的出行方式进行整合，为出行消费者提供一种可预见、可掌控、统一的出行规划。因此，智慧出行（MaaS）就是非常好的系统或平台。

（4）从新一代信息技术突飞猛进的角度来看

新一代信息技术，包括但不限于高速通信网络（5G）、物联网、互联网、大数据、云计算、人工智能等，这些新兴技术正在构建起新兴产业，一方面推动自身数字化与信息化产业发展，另一方面影响和推动传统领域数字化革命和转型升级。交通出行作为传统行业，也毫不例外地参与到这场由新一代信息技术引导的数字化革命大潮中来。

对于交通领域，新一代信息技术最大的价值就是通过感知技术对物理交通世界和要素（包括人、车、路、物等多种要素）进行感知与连接，通过大数据计算与人工智能分析决策，打造出更智慧的交通出行方式和体验，譬如"更聪明的路+更智能的车"，通过车路协同，构建智能网联汽车与车联网，实现一体化出行方式。

正如前文所述，出行即服务，重点和核心目标在"服务"，即通过新一代信息技术对物理世界的路和车进行关联与整合，为出行消费者提供更好的服务为导向，屏蔽掉复杂的路网规划和多元的交通工具，基于信息与数据的多维优化，为出行消费者提供更高效、更便捷与更舒适的出行服务，比如缩短出行全程时间、减少交通工具换乘、提供无缝转换与衔接引导和说明。因此，从新一代信息技术的角度来看，其快速发展与融合应用，为智慧出行（MaaS）提供了更好的技术基础与保障，也让智慧出行（MaaS）的迭代与发展驶入了快车道。

4.1.4 智慧出行国内外进展与发展策略

4.1.4.1 国外智慧出行进展

智慧出行（MaaS）源起于国外，引入我国后得到了快速的发展与应用。桑波·希塔宁在为《欧洲运输》杂志撰写文章《出行即服务——新型交通方式》中，把出行即服务描述为通过一个服务提供商的界面来实现用户交通需求的出行配送模式，整合不同交通方式为客户提供量身定制的出行套餐（类似每月的手机资费套餐）。他还阐述了出行即服务的核心特征：客户需求、服务捆绑、交通方式和服务提供商之间的协作与互连。

芬兰赫尔辛基成为第一个实践出行即服务的城市。为建立具有公共价值的出行即服务系统，政府强调通过数字化技术来改变城市交通策略，并考虑到公共交通创新、商业创新和标准化的生态系统，实现多种交通方式的融合发展，鼓励市民减少私人汽车使用，在比较分析几种管制模式之后，采用市场方式来推进出行即服务。

在这样的背景下，2015年赫尔辛基本土运营商MaaS Global公司注册成立，2016年6月发布MaaS产品Whim，同年10月在赫尔辛基进行示范应用，2017年11月全面上线运营。

作为全球第一家MaaS服务商，Whim的根本目标是向用户提供一种异于私家车出行的新型出行方式。Whim的口号是"One APP for All Your Transport Needs"，意译就是"一个APP走遍天下"。

再从"Whim"的意义上来看，Whim翻译过来是"心血来潮，一时兴致，突发奇想"，特别契合我们国人常说的"来一场说走就走的旅行"，这也可能是Whim公司的初心和愿景，即"你只负责出行，剩下的事情都交给我了"。

Whim官网上有一段文字描述，翻译过来就是："Whim基于MaaS的概念，结合了多样化的交通方式，使出行比以往任何时候都更容易。MaaS概念的核心是让你日常的出行可以通过一个平台的服务来满足。这就是Whim的核心：它负责从出行计划、路线规划到预订购票和支付的所有事务。"

Whim在2017年11月上线后，大约有4万多名注册用户（约占赫尔辛基居民数量的4%），大多数人使用的是Whim to Go（即走即付）。全面上线1个月后进行的调查显示，下载最多的群体是18～54岁的男性（一半有家庭和小孩），年收入为5万～8.5万欧元。

Whim提供的赫尔辛基的交通方式分为两类：一类是赫尔辛基地区交通管理局管理的公共交通，包括有轨电车、市郊铁路、地铁、公交车、轮渡和共享单车；另一类则是共享汽车、出租车这一类市场化运营的交通方式。

Whim 平台通过开放接口，先后接入出租车公司、城市公共交通公司、共享单车服务商、共享汽车服务商等独立出行服务平台，由面向消费的单一平台转向面对独立出行服务平台的综合接入平台，并在此基础上集成开发新的出行服务。

Whim 平台在具体应用过程中操作便捷，可供选择的交通工具广泛，并针对不同需求制定了相应的套餐内容和收费标准。用户可通过绑定银行卡或信用卡，或使用"Whim Point"为出行付费，按月结付出行费用，无须提前锁定出行成本，如图 4-1 所示。

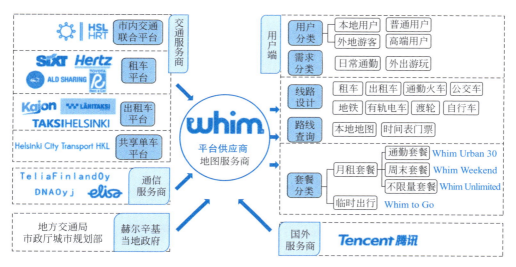

图 4-1　Whim 平台系统技术架构[1]

目前，Whim 为用户提供了 4 种可选方案，如图 4-2 所示。

图 4-2　四种出行方案包含三种套票方案

（1）Whim to Go

即走即付，不需要注册费、附加费等。

（2）Whim Urban 30

价格为30天59.7欧元，包括30天的公共交通票（公交车、地铁、轮渡和通勤火车），无限次的共享单车服务（30分钟内免费，之后1欧元/分钟），距离小于5公里的车费上限10欧元的出租车服务，49欧元/天的租赁特定车型，标准价格的电动踏板车。

（3）Whim Weekend

价格为30天249欧元，包括任意周五15：00到周一14：00的特定车型租赁（高级车型需增加费用，超出这个时间段按照相应优惠价格收费），使用赫尔辛基地区的出租车全部享受15%折扣，限定区域内30天的公交车票，无限次的共享单车服务（30分钟内免费，之后1欧元/分钟），标准价格的电动踏板车。

（4）Whim Unlimited

每月499欧元，共享单车与电动踏板车服务与Whim Weekend相同，限定区域内无限次的公交车票，可多次使用车辆租赁服务，5公里内最多80次的出租车服务。

Whim开创了MaaS服务先河，并积累了宝贵经验，供全球参考学习。同时，Whim能够持续运营至今，其成功得益于多方面的支持。

（1）获得了当地政府的铺垫与支持

Whim能够在赫尔辛基实现MaaS的重要原因是赫尔辛基地区交通管理局已经完成了各个公共交通方式的整合，从票制上统一了公交车、地铁、有轨电车、市郊铁路和轮渡。赫尔辛基实施的是区域票制，无论单程票还是周期票都针对特定的区域间。赫尔辛基划定了A、B、C、D四个区域，行程的票价与跨越的区域有关，而与采用的交通方式无关。这完美体现了MaaS的特征，只关注用户实际的空间移动。

（2）获得了生态合作伙伴的支持

除了通过开放接口与出租车公司、城市公共交通公司、共享单车服务商、共享汽车服务商等交通服务商进行互通外，Whim还与其国内数据提供商（地图服务提供商、通信运营商、大数据平台等）、当地政府和国外服务商共同构成了MaaS生态系统。其中，Whim的国外服务商是腾讯，两者联合开发了专为中国游客设计的赫尔辛基"城市行囊"微信小程序，用户可使用微信支付购买不同有效期的电子车票，在赫尔辛基市内无限制地享受地铁、公交车、有轨电车、火车和芬兰堡渡轮等全部公共交通的通票服务。

（3）获得了用户的认可

2017年，凭借Whim APP独特的服务设计，Whim团队相继获得芬兰视觉传达设计师协会颁发的服务金奖和创新银奖、2017芬兰最佳移动服务奖以及德国通信设计奖；2018年，获得IF设计奖和欧洲最佳初创公司（出行领域）两项荣誉。

业界评价Whim的成功是全面的成功，即想法、设计和企业运营每个部分都受到了用户、政府、投资人等多方的认可。Whim作为它山之石，对于国内MaaS运营商来说提供了很好的参考和借鉴，包括政策保障、生态支持、用户体验和资本支持等。

另外，芬兰模式的创新，也促使芬兰的出行即服务计划项目得到欧洲智能交通协会的支持，其下属的ERTICO机构积极地推进智慧城市项目，专门成立出行即服务联盟，通过出行即服务的创新计划或启动，帮助运输运营商、服务提供商和用户进行合作，解决与用户需求、监管挑战、治理及商业模式、技术和标准化相关的问题，把出行即服务当作新的交通范式来推进，在欧洲建立迅速发展的出行即服务生态体系。

因为出行即服务与欧盟成员国在交通运输领域推动使用公共交通代替私家汽车作为应对全球变暖对策的政策方向是一致的，有助于人们从基于所有权的出行转变到基于使用的交通范式。

放眼国际，在智慧出行（MaaS）领域，除了芬兰的Whim，还有不少运营商参与其中，积极尝试改变当地的交通出行方式，向更高效、更便捷、更绿色和更好出行体验的方向发展。较为典型的如下。

（1）瑞典哥德堡的UbiGo

2012年，瑞典启动了一项智慧出行项目，该项目的目标是推广更好的可持续出行方法，通过示范新的商业模式来观察提供"出行服务"如何能降低对私人小汽车的需求。该项目持续2年，投入2000万瑞典克朗，包括了多个子项目，UbiGo就是其中一个。

（2）奥地利维也纳的SMILE

奥地利维也纳的城市发展战略希望将小汽车的出行分担率从2012年的27%降低到2025年的20%，因此，需要大力发展及推动公共交通等绿色出行方式。2013～2015年，维也纳试点MaaS项目（SMILE），1000多名用户对该应用进行了测试。2017年6月维也纳正式上线WienMobil，开始提供MaaS概念下的集成出行服务，该款APP可以让出行者预订和购买的出行服务包括共享汽车、租赁汽车、出租车、共享单车以及公共交通。

（3）德国奥格斯堡的 Mobil-flat

Stadtwerke Augsburg 是一家市政公用事业公司，投资、运营了奥格斯堡的公共交通系统。除了有轨电车和公共汽车外，Stadtwerke Augsburg 还运营着该市唯一的汽车共享系统（包括无桩的和有桩的）以及自行车共享计划。这种多式联运服务组合有助于 Stadtwerke Augsburg 同时将自己定位为该市的公共交通运营商和移动服务中间商。根据他们的长期多程联运战略，Stadtwerke Augsburg 于 2017 年 10 月启动了一个名为 Mobil-flat 的 MaaS 项目。

（4）澳大利亚悉尼的 Tripi

Tripi 试验项目是澳大利亚首个 MaaS 试验项目，由 iMOVE 合作研究中心资助，悉尼大学运输与物流研究所、澳大利亚保险集团（IAG）和应用程序开发商 SkedGo 合作。它的目的是促进人们对 MaaS 在改善出行方面的理解，使用多种补充交通服务的体验，通过提供一种与拥有和使用私人车辆相关的替代方案来促进更广泛的社区福利。

从上述的多个典型案例来看，都有一些共通点，即地方政府支持，企业与研究机构合作，多方交通运营商和产业链构建出行生态，通过小范围的实验获取系统改进的宝贵经验。

4.1.4.2　我国智慧出行进展

2021 年 11 月 18 日，交通运输部发布了关于印发《综合运输服务"十四五"发展规划》[2]，提出构建协同融合的综合运输一体化服务系统，即"围绕实现客运'零距离换乘'、货运'无缝化衔接'目标，推动各种运输方式功能融合、标准协同、运营规范、服务高效，不断提升综合运输服务一体化发展水平。"

在加快旅客联程运输发展中，提到以下三方面的内容。

① 推广"出行即服务"理念，发展基于智能终端的"一站式"出行服务。积极发展空铁、公铁、公空、公水、空水等模式，大力发展"行李直挂""徒手旅行"等服务。推进"高铁无轨站"、国际枢纽和区域枢纽机场城市候机楼建设，推行异地候车（机）、行李联程托运等服务。

② 推动运输方式间票务数据信息互联共享，发展旅客联程运输电子客票，努力实现"一站购票、一票（证）通行"。加快推行跨运输方式安检双向或单向认可，开展安检流程优化试点工作。

③ 支持建立旅客联程运输企业联盟，推动运输线路、站场资源等共享，合理划分联运安全与服务责任，完善客票退改签、行李托运等合作机制。

提出构建舒适顺畅的城市出行服务系统，即"提高城市轨道交通服务能力，推进城市轨道交通一码通行、一键问询、信息推送等客运服务，推动全自动列车、智慧车站、无人值守设备房规范化运行，提升城市轨道交通智慧化水平。"

提出打造数字智能的智慧运输服务体系，即"加强大数据、云计算、人工智能、区块链、物联网等在运输服务领域的应用，加速交通基础设施网、运输服务网、能源网与信息网络融合发展，推进数据资源赋能运输服务发展。"其中，包括推动城市交通智能化发展，即"全面提升城市交通基础设施数字化管理水平，推动大数据、5G、人工智能等技术在城市出行服务领域的应用，构建城市交通运行监测与信息服务平台。深化基于大数据的多模式资源优化、协同调度技术应用，实现智能动态排班、跨模式的协同调度和各要素的全局优化配置。提升城市交通运行分析和预判能力，研究推进都市居民交通调查，构建城市交通数据采集体系，推动城市交通精准治理。"

从上述规划中可见，我国的智慧出行或综合运输服务体系，在国外的 MaaS 的理念上做了更大的拓展与扩充。智慧出行或综合运输服务，不限于无缝换乘、联程转运等，还包括随身行李的无缝转运服务、一码通行与安检流程优化、运输线路与场站资源共享以及通过交通基础设施网、运输服务网、能源网与信息网络融合发展（四网融合），其中信息网络，即利用新一代信息技术（5G、大数据和人工智能等）对前三张"网"的设施、服务和能源等要素进行连接、汇聚与融合，最终通过数据资源的分析、优化和匹配，去赋能出行和运输服务的发展。

目前国外的典型案例，基本都聚焦在一座城市内部的出行服务领域，并且只限于"人"的出行，不包括关联的行李与货物、通行许可（一码通行，尤其是在后疫情时代，这显得尤为重要）、物理空间和基础设施资源的关联、优化与配置（运输线路、场站资源和能源网，比如新能源充电桩或充电站资源）。

如果我们把基于人的出行即服务看作是海面冰山上的部分，那么要获得更便捷、更高效和更顺畅的美好出行服务体验，就需要海面冰山下更智能的基础设施、更敏捷的服务体系和更优化的资源配置来做支撑。进而实现更广义的出行即服务体系，让人、车、物（行李与货物）、基础设施（运输线路规划，道路资源匹配，如充电网点、共享单车停放点、智慧停车系统等）实现立体空间的联动，构建出行即服务的最优解。而要打造冰山下更智能的基础设施、敏捷的服务体系和优化的资源配置，则需要包括但不限于 5G 通信、车联网、大数据和人工智能等技术。

（1）上海

除了国家部委，地方政府也在积极行动。2021 年 6 月，上海市就印发了《上海市综合交通发展"十四五"规划》。其中提到，推进一站式出行体系建设，即"加快道路交通、公共交通、长途客运、航空、铁路、水运等多方式出行信息融合。探索政企联合机制，实现实时、全景、全链交通出行信息服务共享互通，融合地图服务、公交到站、智慧停车、共享单车、出租汽车统一预约服务平台、市级充电服务平台等既有出行服务系统,推进MaaS建设。进一步丰富交通卡、不停车电子收费（ETC）系统应用场景,推进交通卡（含虚拟卡、二维码）全国互联互通应用。"

2021年11月,上海市又正式公布了《上海市道路运输行业"十四五"发展规划》,其中提到上海今后还将鼓励具备条件的主城区、新城区、重点区域发展中运量公交系统,在重点地区将试点应用自动驾驶公交、MaaS等新交通技术。

从上海市的两份"十四五"规划不难看出,我国在智慧出行领域,更着眼于"大出行",即广义的出行即服务,既包含基于人的智慧出行体系建设,也包括非人属性的一体化运输服务体系。这种立体式的泛在出行体系构建,相较于国外,战略层面更高,将会大力推动我国智慧出行体系服务建设。

（2）北京

我国智慧出行体系应用,不仅在政策上积极规划与部署,也在推动具体的项目落地。2019年11月,北京市交通委员会与高德地图签订战略合作框架协议,双方采用政企合作模式,共享融合交通大数据,依托最新升级的高德地图APP,打造北京MaaS平台,为市民提供整合多种交通方式的一体化、全流程的智慧出行服务。高德地图也从驾车导航工具升级为综合出行服务平台,积极倡导和推动市民绿色出行。

北京MaaS平台整合了公交车、市郊铁路、地铁、步行、航空、铁路、骑行、网约车、长途大巴、自驾等交通出行服务,还可以为市民提供智慧决策、行中全程引导、行后绿色激励等服务,这样的一站式服务可以基本解决居民日常出行问题。在出行之前,人们可以查看当前道路是否拥堵,然后应用将提供路线规划、步行导航、换乘引导、下车提醒等服务,还会将路线的各种细节呈现出来,为使用者提供全面的引导服务。

北京MaaS平台还可以查询公交车、地铁的实时拥挤度,公交车已覆盖95%区域,匹配准确率高达97%,北京全市所有地铁站点可实时在线查询当前的拥挤情况。通过最新版的高德地图,北京市民能够方便地查看要乘坐的公交车的实时位置,掌握车辆抵达时间,减少等待时间,享受绿色出行。

4.1.4.3 智慧出行发展策略

基于出行即服务的智慧出行,已经成为全球各主流国家在交通出行领域的战略规划与核心目标。基于我国的现状,要想在智慧出行领域获得实质性的成功,还有很长的路要走。参考芬兰Whim,不难发现Whim的成功得益于政府的引导和政策支撑、多方合作的生态支撑、便捷的用户体验和服务。因此,我国要在智慧出行领域获得突破,对于出行领域的头部企业或是新兴创业企业,不妨先从这几方面入手,不断夯实基础建设,并持续创新应用服务体系,或可探索出一条适合中国特色的智慧出行发展路径。

（1）关于政府的政策支撑

需要从两方面去推动和实现。

① **需要协调多方利益相关方**。即MaaS平台建设需要协调多方利益主体，包括车辆服务供应方、基建服务商、政府交通监管和平台运营方等。在规划、管理、决策等问题中容易出现权责不明现象，所以需要打破传统的利益格局，形成新的商业发展模式。

② **需要加快统一技术标准建设**。我国具备发展MaaS的技术支撑水平，移动端在用户渗透领域已进入成熟期。移动网民规模为9.86亿，移动网民渗透率达70.2%。与此同时，5G网络通信也在大力建设和快速应用中，5G和车联网技术是智慧出行的关键支撑技术。然而，我国仍存在发展MaaS的技术壁垒。目前我国尚未开发出"一端对多端"的多出行模式平台，现有的出行服务应用虽然提供出行方案，用户仍需要跳转到其他平台进行支付。尤其在大数据产业中，数据流标准化和共享开放仍存在业务壁垒。这些都需要政府通过政策规划，推动统一的技术标准建设[1]。

（2）关于多方合作的生态支撑

需要从两方面去推动和实现。

① **行业生态构建**，包括交通服务商、地方政府、通信服务商和国外服务商，以及产业资本等。

② **技术生态构建**，包括通信服务商（通信设备提供商和通信运营商）、交通运营商或服务商（市内公交车、租车服务、出租车、网约车、共享单车等）、整车制造商、高精度地图服务商、互联网平台（包括大数据、云计算和人工智能，以及APP应用开发等）运营商等，需要全产业链生态协作，才能更好地赋能智慧出行。

（3）关于便捷的用户体验和服务

要实现便捷的用户体验和服务，需提高产品用户体验，构建"千人千面"的精准营销服务。移动互联网产品用户具备全天候、低容忍度和缺乏专注性的特点，因此软件开发与设计需要提高用户使用体验，增强用户忠诚度。

消费者对产品的使用体验由实效价值和享乐价值两部分构成，实效价值指的是用户能有效地、高效地使用产品，而享乐价值指的是用户能表达个性价值，追求新奇和刺激。受实效价值的影响，产品体现了可用的特点；受享乐价值的影响，产品体现了美好的特性；如果受两种价值的综合的影响，则产品体现有益的特性。

应确保出行软件使乘客高效地达成出行目标，并为乘客定制个性化的出行方案，实现虚拟环境中乘客、交通和社会的三方交互。同时，通过线上电子车票将新出行与新零售深度结合，实现便捷出行与商业热点相结合，为消费者提供"千人千面"

的精准营销服务，在满足乘客出行服务的基础上，拉动生活服务、娱乐服务、商业服务等多方需求，实现多方互惠共赢。

4.2　5G车联网赋能智慧出行

智慧出行是一个多维度综合性的服务体系，尤其是政府的政策支撑和行业的生态体系构建，是智慧出行体系建设和成功的关键。其中无论是政府的政策支撑，还是生态体系构建，都离不开技术体系的支撑，包括技术标准的统一和规划、技术合作生态体系的打造。在技术支撑体系里，5G和车联网技术，则是底层的核心技术。

出行场景包括出行前、出行中和出行后。出行前的方式选择和路径规划、出行中的路径诱导和接驳换乘、出行后的停车诱导和一体化支付，基本涵盖了当下出行领域的主流应用场景，如图4-3所示。

图4-3　出行基本场景

车联网是利用新一代信息技术，尤其是通信技术、物联网感知技术和大数据技术等，对交通中的多要素进行连接与整合，即车与车、人、路、服务平台之间的多维连接与融合。这与智慧出行的"一体化"融合理念不谋而合。因此，车联网技术从技术基因看，其终极目标就是为"智慧出行"而生。通过车联网对出行全场景的多维度和多要素进行整合，并以此实现智慧出行的共享化、一体化、以人为本和绿色低碳的目标。

车联网可以深度参与出行前场景的出行方式预约、出行路径规划和多路径选择。

（1）出行方式预约

预约出行主要分为公共交通方式（公交车、地铁、高铁、飞机、高速、轮渡等）、共享出行方式（出租车、网约车、共享租车、共享单车等）或个人化出行方式（私家车）。基于车联网技术对共享出行交通工具进行整合，一方面可以对共享出行资源进行统一调配，另一方面也有助于交通管理部门对共享出行交通工具进行高效管控。对于私家车，在出行预约阶段，则可以通过车联网匹配线路规划、路径诱导和停车诱导等全程预约服务。

（2）出行路径规划和多路径选择

基于不同的出行方式，出行路径规划和多路径选择方式也不同。通过车联网与公共交通网络对接，则可以将公共交通方式、共享出行方式和个人化出行方式进行融合，基于路网资源、交通工具资源等数据融合分析，可以进行快速出行路径规划，并提供多路径选择，最终诱导出行者选择适合自己的最佳出行方式。

车联网可以深度参与出行中场景的路径诱导和接驳换乘。

（1）路径诱导

出行中意味着已经进入出行的实际场景，通过车联网技术，对路网资源实际占用情况、拥堵情况和交通突发情况等，进行实时反馈，并基于这些实时数据，对当前的出行方式和路径规划进行预测分析，实现错峰出行诱导，以提供最佳的规划路径。

（2）接驳换乘

对于出行中的不同交通工具，可以通过车联网技术，进行匹配和规划，提供全程的接驳换乘规划，包括衔接方式、路径和耗费时间等。一方面有助于优化公共交通接驳换乘资源的整合（道路规划、场站资源共享，如公交车、地铁、高铁、飞机、出租车与网约车的场站资源整合与共享，以实现无缝接驳），另一方面也为出行者提供了以人为本、更加便捷的路径诱导。

车联网可以深度参与出行后场景的停车诱导、一体化支付与充电和换电诱导等。

（1）停车诱导

这主要针对个人化出行方式（私家车等），在出行后提供停车场资源诱导。可以通过5G、NB-IoT、高精度定位导航等，对场站资源进行汇聚与连接，对出行后的车辆进行智能诱导，以实现智慧停车。其中值得一提的是自主代客泊车（Autonomous Valet Parking，AVP），是在智慧出行领域能让用户有良好感知的应用场景之一，可部分解决找车位难、找车难的问题，减少停车和取车的无效时间。城市停车资源供给不足是停车场景的一大痛点，另外寻找停车泊位、不合理出入口设置等问题还会导致停车场周边道路拥堵。因此,网联自动驾驶和智慧停车协同,提供L2级的自动泊车辅助系统(APA)、L3级的远程遥控泊车辅助系统(RPA)、L4级的自主代客泊车(AVP),可以无缝连接动态交通和静态交通。

(2)一体化支付

针对通过公共交通工具和共享出行交通工具已经进行了出行消费的,则可以通过车联网技术和互联网技术进行融合,并通过统一互联网金融平台或工具(电子货币)实现一体化支付。如整合多源支付,实现一票制出行。

(3)充电和换电诱导

近年来无论从政府战略规划,还是从整车制造商的发展趋势看,新能源汽车都是大势所趋。因此,充电和换电诱导也是出行前与出行后关键的应用。其原理与停车诱导类似,即基于5G技术,通过泛在连接能力,对充电和换电资源进行有效整合,以提供出行前后的新能源服务。

4.3　5G车联网赋能智慧出行商业价值

MaaS产业生态包括用户、MaaS平台运营商、出行服务运营商、消费服务运营商、支付服务提供商、空间信息服务商、ICT企业及科技公司、保险公司、政府管理部门等,其中核心是MaaS平台运营商,如图4-4所示。

MaaS平台与用户之间的商业活动需要外部条件支撑,例如ICT企业及科技公司为MaaS提供通信服务、架构设计和云服务;空间信息服务商为出行服务运营商和消费者服务运营商提供地图和定位服务;支付服务提供商作为打通平台和用户之间的桥梁,为用户提供一站式的线上支付服务;保险公司为交通工具、运营主体和乘客提供保险服务;政府管理部门则需要为MaaS做好顶层规划,营造有利的发展环境,并履行基础设施建设、监管、定价干预等职责[3]。

MaaS平台运营商主要由专属运营商、ICT公司、OEM或者政府来担任。

(1)专属运营商

专属运营商通常是出行服务运营商,通过其掌握的出行服务运营能力,为用户提供便捷、高效、舒适、安全的出行服务,获得票务收入。出行服务运营商拥有支撑MaaS最关键的出行服务工具(公交车、出租车、轨道交通等)以及出行服务一线员工(驾驶员、站务员、机务员等),同时,还可以掌握用户出行信息、客流量、运营收益与成本等重要数据。出行服务运营商的收入来源较为单一,主要依靠出行服务运营的票务收入等。按照运力大小来划分的话,小运力包括网约车、共享单车等,中运力主要是公交车,大运力主要是地铁、轻轨等轨道交通。相比小运力和大运力,

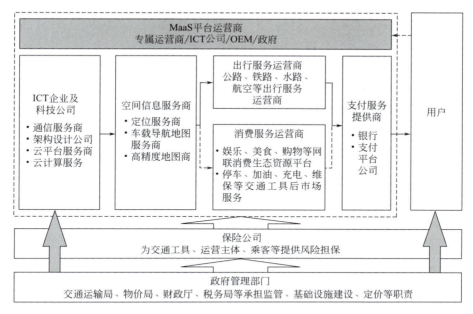

图4-4　MaaS产业生态

中运力的公交公司有可能成为MaaS运营主力。首先，公交公司拥有足够多的站场和停靠站点；其次，公交车可以利用MaaS增强其智能化调度水平；最后，公交公司面临地铁、网约车等冲击，自身必须做出变革。

（2）ICT公司

ICT公司掌握互联网、通信、消费电子相关技术研发能力，部分互联网平台企业还掌握生态整合能力、引流能力和营销能力，为用户提供优质的ICT产品和丰富的网联生态资源。ICT公司往往都有丰富的出行场景，已经初步具备整合出行规划的能力，ICT公司作为MaaS平台运营商，有利于创新MaaS服务形式，并快速积累用户流量。ICT公司主要收入来源是互联网业务收入、通信业务收入、消费电子产品收入、运输工具零部件销售收入以及互联网平台抽成收入等。

（3）OEM

OEM掌握汽车全生命周期相关技术能力，为用户提供满意的汽车产品和汽车服务，并承担节能减排和环境保护责任。OEM可以为汽车全生命周期的不同阶段提供技术支撑，拥有汽车生产制造车间，还拥有大批汽车用户甚至是忠实"粉丝"，可获得用户出行的一手数据，且可增强用户黏性。OEM目前主要收入来源是汽车产品的销售收入，部分车企还有零部件及技术方案收入，未来从产权交易转变为使用权交易，整车销售不再是一锤子买卖，对用户出行服务进行按需收费。

（4）政府

政府能够统筹引领不同参与方，整合各类关键资源，并为MaaS的发展做好顶层设计，完善法规和标准，营造良好的MaaS发展环境，从而收获社会效益，例如由MaaS带来的环境影响降低、生活质量提高等。政府掌握社会管理的行政权力，可以打破出行服务运营商之间的壁垒，将所有利益相关群体召集在一起，便于推动MaaS项目落地；同时，拥有财政资金支持，可以对MaaS项目进行投资或者补贴。另外，国有企业还拥有一定的技术研发、生产制造能力，可以为政府参与MaaS产业提供技术支持。政府的主要收入来自税收等。

5G车联网赋能智慧出行的商业价值体现在便捷出行、安全出行和绿色出行[4]。

（1）便捷出行

利用5G车联网技术可以实现：

① 交通流分析与车辆智慧诱导，扫描城市交通拥堵和风险根源节点，精准预判道路交通状况，对车辆行驶路线进行诱导，可提供给MaaS平台运营商、出行服务运营商、政府管理部门、用户等使用；

② 路线规划与拥堵规避，实现大规模路网中交通流的最优动态分配，提前分流和规避拥堵路线，可提供给MaaS平台运营商、出行服务运营商、政府管理部门、用户等使用；

③ 交通事件实时发布，可以向用户精准推送交通信息并诱导车辆通行路线，促进信息和指令的及时传递与响应，可提供给政府管理部门、用户等使用；

④ 智慧信号灯，通过限流疏导交通流过饱和路段，可提供给政府管理部门、用户等使用。

（2）安全出行

利用5G车联网技术可以实现：

① 辅助驾驶安全风险提示，对各种道路、车辆、非机动车、行人、环境风险进行有效预警，避免各类交通事故发生，可提供给MaaS平台运营商、出行服务运营商、保险公司、政府管理部门、用户等使用；

② 特种车辆监控和保护，缩短特种车辆通行时间，提高救助成功率，可提供给MaaS平台运营商、出行服务运营商、保险公司、政府管理部门、用户等使用。

（3）绿色出行

打造"精准、安全、科学"的公交出行，吸引居民绿色出行，有效改善整体出行结构，可提供给MaaS平台运营商、出行服务运营商、消费服务运营商、支付服务提供商、政府管理部门、用户等使用。

4.4　5G车联网赋能智慧出行典型应用之智慧停车

4.4.1　停车现状

2021年5月，国务院办公厅转发国家发改委等部门的《关于推动城市停车设施发展意见》，提出到2025年，全国大中小城市基本建成以配建停车设施为主、路外公共停车设施为辅、路内停车为补充的城市停车系统，社会资本广泛参与，信息技术与停车产业深度融合，停车资源高效利用，城市停车规范有序，依法治理、社会共治局面基本形成，居住社区、医院、学校、交通枢纽等重点区域停车需求基本得到满足。到2035年，布局合理、供给充足、智能高效、便捷可及的城市停车系统全面建成，为现代城市发展提供有力支撑。

停车场主要分为三大类：配建停车场、公共停车场、路内停车。

（1）配建停车场（居住小区和公共建筑）

在各类居住小区、公共建筑建设，为与之相关出行者提供停车服务的停车场。其中公共建筑为配套商业、文化娱乐、医院、机场、车站、码头等附属设施。

（2）公共停车场

为社会车辆提供停放服务，投资和建设相对独立的停车场所。主要设置在公共设施周边，面向社会开放，为各种出行者提供停车服务。

（3）路内停车

马路边占道供公众停车的地方。

停车存在空位难求（城市核心区域很难找到有空余车位的停车场，一方面表现为无车位资源可用，另一方面是有车位但是车主未能有效获取空位信息，甚至需要下载多个停车APP以应对不同区域的停车需求，使用体验差）、进场排队（车辆在车场排队进场，其中医院、商场等排队尤为严重）、价格不低（停车场收费高，养车价格不菲）、"停车困难"（偌大的停车场找空位全凭视野和感觉）、缴费烦琐（支付通道单一，支付页面烦琐，造成通行效率低下，严重阻碍出行及车主体验）、无法确保停车安全（部分露天停车场无法确保车辆安全）、交通拥堵（不少车辆未能在规定泊位内停放造成城市交通拥堵，或者是停车场出入口容易造成城市交通拥堵）等各类问题。

停车难问题产生的实质是稀缺资源供需不平衡的矛盾，即当前有限的停车位资源无法满足日益增长的日常停车需求。国际惯例汽车保有量与总车位数量的比例应为1∶1.3，目前我国大城市小汽车与停车位的平均比例约为1∶0.8，中小城市约为1∶0.5。

解决停车位供需不平衡的关键在于先逐步提高供给端的供应，路径如下。

（1）新增供给

随着汽车保有量增加，以及未来车位比向国际惯例靠拢，未来停车场增建的空间巨大。

（2）存量改造

效仿国外，对存量停车场进行集约化的改造，比如向上可搭建立体停车楼增加容积，向下则挖建立体停车库，硬件化改造实现单位面积的停车位增加。除此之外，通过安装智能化停车设备提高停车的效率，实现一站式停车。

（3）互联网提高车位利用率

借助互联网方式，可以通过智慧停车串联各车场车位信息，从而盘活停车资源存量，充分配置现有车位资源。打通车场信息，实现车辆引流，将繁忙车场需要停车的车辆引流到周边闲置车场的车位[5]。

4.4.2 智慧停车

智慧停车是指将人工智能、无线通信、定位技术、车联网技术、云计算技术等综合应用于城市停车位的状态采集、管理、查询、预订、支付与导航服务，实现停车位资源的实时更新、查询、预订与导航一体化服务，实现车主停车服务最优化、停车场利润最大化、停车位资源利用率最大化。采用智慧停车方案，具体可以实现如下目标。

（1）提升市民停车体验

道路和场库停车管理系统均采用视频高清识别技术等，准确记录出入车信息，实现无卡化停车体验。接纳车主各种支付习惯，支持车主APP绑定微信/支付宝/银联等各类支付方式，在授权开通支付免密的情况下，实现出场自动扣费，减少出入口岗亭人工收费环节，提升通行效率和车主体验。实现统一账号体系，一个APP停全城，具备跨区域车位查询、预约和路线导航，并有效引导车辆在目的地附近快速寻找车位，加上APP中其他发票管理、后市场服务等丰富应用与可操作性，让车主有更良好的停车体验。

通过车联网手段，实现：

① 车主能够实时获取出行目的地附近停车位信息，实现车位查询、车位预订和路线导航等停车服务，让出行和停车更便捷；

② 价格透明、流程规范、支付便捷，使停车消费更舒心；

③ 多渠道了解车场配套充电桩、洗车服务等信息，让停车点选择有的放矢；

④ 及时了解停车优惠信息，使停车消费更实惠，对停车服务质量进行评价与投

诉，监督停车运营服务质量，享受更优质的停车服务。

(2) 优化运营服务能力

实现自动计时收费并逐步向"无感支付"升级，改变以往依赖人工的收费模式，有效规避"跑冒滴漏"与收费纠纷等负面状况，降低管理成本。城市停车运营管理平台通过多种媒介向公众发布实时车位和诱导信息，提高车位使用效率。通过数据对车位使用情况和规律进行分析，及时调整运营策略。实时掌握停车管理系统设备设施的使用维护状况，及时进行故障抢修，保证正常运营。通过技术手段对车主进行画像分析，构建城市停车征信体系，有效缓解逃费现象，提高运营水平。

通过车联网手段，实现：

① 车主能与停车场之间实时交互信息，让驾驶员不用再苦苦寻找车位；

② 解决大量车位利用率和周转率较低的问题，解决核心区域车位爆满而周边区域停车场车位空闲等情况；

③ 减少收费人员数量，避免收费人员直接接触现金，加强管理力度，降低管理成本；

④ 向公众发布实时的车场资费信息和车位利用率信息，增加营收；

⑤ 能获得实时、全面的运营数据，了解车位使用情况、营收情况和系统运行状况等信息；

⑥ 扩展商业引流等增值应用，如汽车维修、保养、充电等服务，为运营工作提供更丰富的盈利模式。

(3) 改善城市停车秩序

配合停车执法部门做好停车规范引导和数据采集，协同城市道路监控体系，加大执法力度和处罚手段，疏堵并用。用政策约束车主自觉性，改变停车习惯，减少停车乱象，间接改善城市停车面貌和交通状况。

通过车联网手段，城建规划部门可以有效掌握城市整体停车数据，结合停车数据和城区汽车保有量趋势进行研判，协同城市功能区域划分、人口分布、时间规律等信息，形成动静交通管理有机衔接，提供停车负荷分析、停车潮汐分析、停车需求分析等服务，优化停车设施布局规划。

(4) 加强停车换乘衔接

出行停车与公共交通有效衔接，大中城市轨道交通外围站点建设"停车+换乘"(P+R)停车设施，公路客运站和城市公共交通枢纽建设换乘停车设施，优化形成以公共交通为主的城市出行结构。

通过车联网手段，可以将静态交通和动态交通的数据结合在一起，统筹停车设施资源、道路资源、公共交通资源，实现停车、充电桩、出租车、智能公交、自行车、轨道交通等出行服务的有效衔接，用一套APP、一套出行接口为市民提供服务。

4.4.3 自主泊车

停车场是智慧交通最后一公里的延续，随着智慧交通的不断深化，高速公路、城市内交通、停车场之间的连通效应进一步增强。自主代客泊车（AVP）技术，正是动态交通与静态交通连通的桥梁。通过"自主泊车"+"智慧停车"为解决停车困难提供新思路，自主泊车既是自动驾驶的必备功能，也将是智慧停车的基础服务。

自主泊车主要有单车智能方案、强场控方案和车场协同方案[6]。

（1）单车智能方案

全部由车端进行感知、决策和控制，不需要对停车场进行任何改造工作。现阶段获得车企青睐，利益相关方仅为车企与解决方案供应商，落地推进难度小。其优点是，对停车场设施依赖性小，具备向其他自动驾驶场景的迁移性；缺点是车端成本高，对传感器、计算平台要求高，功能可靠性低，在停车场不标准、反光等复杂环境下受限，无法全部解决障碍物遮挡、定位、全局调度等刚需问题。

（2）强场控方案

感知、决策和控制全部在停车场端，车辆开放控制接口，车企对于开放控制接口的安全隐患存在顾虑，商业化落地难度大。其优点是车端改造较少，前装落地相对容易；缺点是停车场投资大，需要较高密度传感器，停车场投资回报周期长，而且需要车辆开放控制接口，较难适配多种车型。

（3）车场协同方案

在车场协同AVP路线中，AVP系统的三个组成部分车辆、停车场、管理中心分别承担不同的责任。

① **车辆**：确定周边安全，沿场侧指定路径低速行驶，完成停车。

② **停车场**：与普通车辆/行人通道分离规划和建设，布置摄像头、雷达等设备确保安全。

③ **管理中心**：发送地图，规划AVP车辆行驶与停车路线。

车场协同方式的优点是降低场端投资，仅需提供辅助感知、地图定位等信息，传感器要求低，另外降低车端成本，可复用量产车现有传感器与自动泊车入位功能，也可为自动驾驶功能安全提供双份冗余，确保车辆行驶安全；缺点是未形成统一方案，产业涉及利益相关方较多，协同困难，车场协同涉及场端改造与车端适配，产业需要统一通信、数据、地图等标准，商业模式有待探索。

参考文献

[1] 李川鹏,王秀旭. MaaS国外发展经验借鉴[R]. 2019,11.

[2] 交通运输部. 综合运输与服务十四五规划[S]. 2021,11.

[3] 宋昊坤,肖睿轩,李瑞敏. "出行即服务"(Maas)的发展及商业模式探索[R]. 中国共享出行发展报告,2021,5.

[4] 高德地图,毕马威. "智能出行"社会经济价值研究蓝皮书[R]. 2019,10.

[5] 天风证券. 智慧停车:百亿赛道群雄逐鹿,"头号玩家"谁主沉浮?[R]. 2018,7.

[6] 中国电动汽车百人会. 自主泊车技术发展机遇、应用场景与政策环境[R]. 2019,12.

5G车联未来

5G车联网创新商业模式

第 5 章
5G 车联网赋能行业应用

5G 车联网将为保险公司、金融支付公司、能源公司、互联网公司、行业大客户（例如运营商）等提供各种应用，带来相应的社会价值和经济价值。

5.1　5G车联网赋能车险行业

5.1.1　车险行业现状

几十年来，我国汽车保险业务经历了曲折的发展历程，在若干次大规模调整中实现了快速发展。车险已逐渐成为财险的第一大险种，占据非常重要的地位。但近年来，车险收入放缓，竞争激烈，经营承压。受经济基本面及机动车辆保有量增速下滑的影响，车险行业收入增速逐渐放缓，经营面临压力，如图5-1所示[1]。

图5-1　2015～2022年我国车险保费收入情况

中国银行保险监督管理委员会（简称银保监会）的数据显示，2020年财险业原保费收入为13584亿元，同比增长4.5%，但车险和非车险增速均有所下滑。其中，车险和非车险原保费收入分别为8245亿元和5339亿元，同比增速放缓。

随着行业景气度下滑，车险竞争日益激烈，车险保费收入在财险保费收入中的占比处于持续下滑状态，从2015年的77.5%下降至2020年的60.7%，车险市场竞争压力与日俱增，如图5-2所示。

2021年前7月，全国车险综合成本率为100.93%，其中，赔付率为73.35%，费用率为27.58%。这意味着从全行业来看，车险经营陷入了阶段性的全面亏损局面。车险综合成本率超过100%。

自2015年起，新一轮车险改革大幕开启。2018年3月，银保监会通知继续调整部分地区商业车险自主定价范围。

银保监会研究制定了《关于实施车险综合改革的指导意见》，自2020年9月19日起开始施行，以"保护消费者权益"为主要目标，具体包括市场化条款费率形成机

图 5-2　2015 ～ 2020 年我国车险保费收入占财险保费收入的比例

制建立、保障责任优化、产品服务丰富、附加费用合理、市场体系健全、市场竞争有序、经营效益提升、车险高质量发展等。短期内将"降价、增保、提质"作为阶段性目标。

自实施车险综合改革以来，车险市场呈现保费价格、手续费率"双降"和保险责任限额、车辆商业险投保率"双升"的新局面。

我国车险产业已形成较完善的产业链，包括需求端、渠道端、供应端（承保与理赔）、监管端、风控端、服务端等。

（1）渠道端

在渠道端，行业普遍存在工作流程冗长、人力成本较高、人员组织复杂、工作效率低、专业度低等问题，导致渠道费用居高不下。

（2）供应端

在供应端，我国车险行业一直以来盈利性较差，其中理赔是重要因素之一。在理赔成本中，人伤赔付占据相当大的比重。2016 年我国大型保险公司的人伤在车险理赔中的占比约为 30%，2019 年已接近 40%，且仍以年均 20% 以上的速度在增长。人们购买车险时人伤保额也逐渐提高，已从早前的 50 万元提升到 100 万元甚至 200 万元。人伤赔付数额越来越大除了给保险公司造成成本上升之外，也给许多不法分子以可乘之机。人伤赔付中涉及的"黄牛"、欺诈案件屡见不鲜，给保险公司造成了大量的赔付渗漏和风险。近年来人伤理赔成本越来越高，理赔漏洞不断增多，已成为困扰车险行业的顽疾之一。

（3）风控端

在风控端，方式相对落后，数据留存度低，缺乏真实性，不可控风险较多。比如，在人伤处理环节，由于缺乏好的科技手段，赔付尺度难以拿捏，伤情诊断一直堪称世界级难题。与人体伤情所涉及的结构化数据处理及积累的量级和复杂程度相比，车损板块根本无法同日而语。由于缺乏精细化的风控手段等问题，车险领域的人伤理赔处理尚处于初期的电子化阶段。

（4）服务端

在服务端质量也有待提升。保险公司不能很好地利用人车损伤智能模型等先进的技术和工具来预测、分析伤情，即便聘请了很多具有医疗背景的专业人士，在判断伤情是否属实，是否由本次事故造成，伤情与诊疗方案是否匹配，有无过度，诊疗方案与赔付金额是否精准挂钩等问题时仍显力不从心，仍需依赖面对面、半手工的方式来处理大量案件，工作效率之低可想而知。而在车险人伤案件中有70%～80%属于轻微案件，如果运用相关技术处理得当，不仅赔付成本可控，而且赔付效率也能提高，进而提升服务质量。

另外，由于新能源汽车和传统燃油汽车在成本结构、风险因素、费率等方面大相径庭，传统车险无法满足新能源汽车的保障需求。

成本结构上，新能源汽车的核心动力系统由电池、电机和电控系统组成，替代了燃油汽车的发动机、变速箱等装置，如图5-3所示，传统车险关于汽车核心部件的保障已不适配新能源汽车；风险因素上，传统车险条款中的责任范围无法覆盖新能源汽车面临的电池故障、充电故障责任等因素，发生风险后难以索赔；费率上，新能源汽车出险频率和赔付率都高于传统燃油汽车，沿用传统车险产品长期来看不利于车险行业的良性发展[2]。

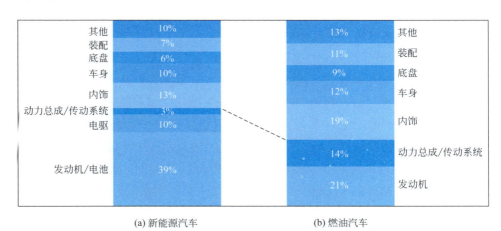

图5-3　2020年新能源汽车与燃油汽车成本结构对比

5.1.2　5G车联网赋能车险行业

随着车联网、人工智能、大数据、云计算等技术的发展，车险行业转型已经开始。车联网可助推车险产业链在产品设计、市场营销、定价核保、理赔等方面不断变革，数据在车险中将发挥其核心作用。在安全合规的前提下，车主的驾驶行为、行驶里程、用车时长、车辆的状态信息，以及环境道路的数据可进行一定的采集和分析，在车险的保前、保中和保后发挥重要作用，解决经营中的诸多痛点，为运营效率提升和成本降低提供更多创新的可能性。

（1）产品设计

在保险产品的一般设计流程中，保险企业需要经过市场调查、产品设计、产品鉴定、产品报批等一系列流程，才会进入市场进行售卖。传统商业车险在定制时，常常以机动车辆为保险标的，遵循近因、直接损失和责任比例赔偿原则，主要保障标的车辆损失和第三者损失，设计上存在一定局限。

随着车联网技术的发展，依托数据的开发模式成为可能。依赖车联网所产生的大量人、车数据，可辅助精算师进行风险定价及定制化产品开发。有助于开发出更多场景化、碎片化、生态化的车险产品。比如，通过车、路、基础设施等数据的综合分析，对涉及的不同设施都可通过车联网做评估，计算事故发生率，设计出对应的场景化的产品，带来新的业务增长点。

（2）市场营销

传统模式下，车险营销渠道包括中介、直销和兼销三种模式。其中，中介模式包括专属代理人、专业中介机构等渠道；直销包括营业网点、电话和互联网等；兼销包括车商、第三方网络销售渠道等。在这样的营销体系下存在人力成本高、业务规模扩展难、规模化水平低等缺点。

利用车联网积累的数据进行用户精准画像，有助于更方便找到优质保险客户。也可通过车联网有效掌握、监测车辆在历史驾驶行为中是否有风险触点，不仅能提升车辆与驾驶人的安全性，也能够向不同客户推送定制化的保险产品，比如意外险、健康险、财产险、车险等，实现保险产品的精准营销和服务定制化。

（3）定价核保

传统模式下，车险定价问题突出。国内车险定价以车型为基础，同时考虑无赔款优待系数、自主核保系数、渠道系数及交通违法系数等，最终完成定价。定价的因子主要围绕车型、购置价、使用性质、车辆、历史出现情况、交通违法次数等。这种模式在实际应用中存在不足，也无法同现有的费率浮动方案完全兼容，不够精细化。

从美国、日本等国家的车险定价因子来看，车险因子覆盖车、人和环境多个方面。车联网通过实时的数据采集、输送，将海量的人、车、驾驶习惯、环境等数据进行积累，进而分析出不同人、环境和车之下定价因子和风险地图，基于人、车数据的定价核保模式成为可能,有助于提升定价核保的精细化水平,实现企业差异化的管理。

(4)理赔

保险事故风险控制水平是影响保险公司成本的重要因素。车险理赔成本一直居高不下,随着车险产品的费率改革,保险公司更加注重成本的管控。但对于保险公司来说,风险控制一般呈现明显的滞后性,需要使用大量人工成本对保险事故进行审核,或通过外部举报及其他信息来解决质量管理的渗漏点。

理赔环节频繁出现欺诈事件是让保险公司头痛的现象之一,车联网的引入可将被动式的风控变成主动式的风控。通过搭建基于车联网数据的汽车风险评估体系,提升对车险欺诈案件的预测和识别,降低车险赔付支出,进而实现过程管理风控和前置风控。这种前置化的作用使保险公司变被动为主动,从事故发生后理赔转变为事故未发生前就已经完成了风险的转移和规避,如图5-4所示。

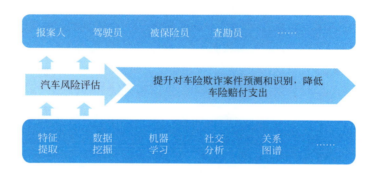

图5-4 车险风险评估体系搭建

传统车险理赔流程比较复杂,包括六大步骤:报案、查勘定损、签收审核索赔单证、理算复核、审批、赔付结案。在车联网赋能下,驾驶员如果在车祸中受伤严重,通过车载传感反馈信息,保险公司可第一时间进行事故判断,立即通过车载系统与客户联系,同时利用数据分析推算人员伤情,做好急救准备,调派救援资源。同时,平台通过传感器判断撞击位置和程度,预判维修方案,发送维修信息给附近的汽修厂,并要求配件供应商准备物料供应。从而让定损、维修这一整套流程更加快速、透明、简便,大大提升客户体验感[3]。

5.1.3 5G车联网赋能保险行业商业价值

从产业发展角度看,在车联网技术不断成熟、智能汽车渗透率日益提高的背景下,基于车辆及行驶中的大量数据,车险的商业逻辑将发生变化。汽车在行驶中通过摄像头、激光雷达、毫米波雷达等多种传感器可积累大量行驶数据，通过车联网实时传递给车联网数据平台，连同环境道路的数据进行综合分析研判，为车险提供全方位支撑，改变车险商业逻辑。

通过重新打造人、车、路的各方关系，车联网赋能保险行业可产生巨大的商业价值，主要体现在以下三大方面。

① 对保险公司来说，能够带来多样化的产品、合理的定价、精准的营销、主动的风控、赔付率下降、赔付成本降低、运营效率提升、客户体验感提高。

② 对车主来说，驾驶行为记录良好的车主可享受优惠的车险费用，能享更适合其特点的产品，能享受更高的服务效率、更好的服务体验。

③ 从综合社会效益来看，车联网的赋能不仅能合理反映出驾驶者的保险和风险成本，体现保费的公平，而且可以通过价格的调节，改善引导安全的驾驶行为，缓解城市交通拥堵，同时可以提高事故处理时效，协助追踪盗窃车辆等。

基于车联网的UBI（Usage-Based Insurance）车险服务模式将成为重点发展方向。UBI一般集成六轴陀螺仪算法和碰撞识别技术。三轴陀螺仪分别感应Roll（左右倾斜）、Pitch（前后倾斜）、Yaw（左右摇摆）全方位动态信息，六轴陀螺仪是指三轴加速器（三轴加速器就是感应X、Y、Z立体空间三个方向，前后左右上下轴向的加速）和三轴陀螺仪合在一起的称呼。

有了UBI设备，保险公司可以实现针对不同客户的精准定价，还可以实现无须人员现场出勤的索赔管理等业务。同时，车企还能够利用UBI数据进行产品优化，消费者可以利用UBI数据进行驾驶行为分析等。

UBI是基于使用量而定保费的保险，主要分为驾驶行为付费和按里程付费两种。UBI车险可理解为一种基于驾驶行为的保险，通过车联网、智能手机和OBD等联网设备将驾驶者的驾驶习惯、驾驶技术、车辆信息和周围环境等数据综合起来，建立人、车、路（环境）多维度模型进行定价。据不完全统计，目前全球有超过300家保险机构推出UBI车险产品。

从商业模式来看，目前基于车联网技术的UBI车险生态正在加速形成。商业模式可大致分为两种。

（1）前装Telematics+UBI：整车企业主导

整车企业联合数据服务公司、保险公司，基于CAN总线数据判断车主的驾驶行为和习惯、事故发生的状态等，协助保险公司量化保费、调查事故，如图5-5所示[4]。整车企业不完备、非标准化的数据库，与保险公司不清晰的商业模式，是导致前装UBI模式车险进展缓慢的重要因素。

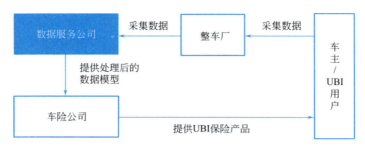

图 5-5　UBI 保险商业模式（一）

（2）后装 OBD+UBI：保险公司主导

大型保险公司在 UBI 项目合作中占主导地位，但缺乏互联网思维，项目进度慢。中小保险公司对 UBI 项目的研发更加迫切，作为获客手段，与 UBI 方案服务商等第三方企业的合作方式比较开放，项目进度较快。UBI 方案服务商采集车主历程、轨迹、事故等数据，同时向保险公司提供数据服务，以收取智能终端费和数据服务费作为主要收入来源，如图 5-6 所示。

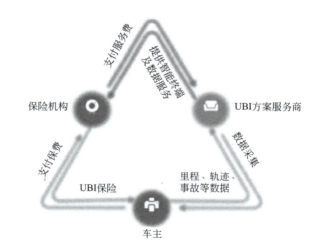

图 5-6　UBI 保险商业模式（二）

5.1.4　5G 车联网赋能保险行业典型案例

案例 1：美国 Progressive

Progressive（前进保险公司）是美国第四大汽车保险公司，成立于 1937 年，一直是美国汽车保险业的创新力量。2009年，Progressive推出MyRate项目，引入了UBI业务，是美国最早引入UBI模式的保险公司，也是该领域的行业领导者。

用户参加UBI车险计划后，会获得一个Snapshot硬件，即OBD盒子。插到车上可以实时记录数据。装完30天后进行保费初步定价，半年后再计算优惠折扣。数据采集结束后用户需要将设备还给公司。采集的数据包括车速、时间、车辆ID、加速度、设备车载总时长。用户可以通过自己的驾驶表现获得保险公司的现金奖励，最高获得车险的7折优惠。目前，Snapshot已经拥有了超过200万名车险用户。引入UBI业务后，Progressive的保费收入及渗透率逐步提升[5]。

案例2：英国Ingenie

Ingenie是英国的一家保险经纪服务公司，专注于为英国17~25岁的年轻驾驶员提供车险服务，通过安装车载设备黑匣子（Black Box）时刻采集驾驶员的驾驶习惯，从而通过分析这些数据实现年轻驾驶员的差别定价并培养年轻驾驶员良好的驾驶习惯。

Ingenie致力于通过以下三种方式为英国的年轻驾驶员节省保费。首先，相同条件下，年轻驾驶员通过Ingenie购买保险相较于传统渠道平均节省保费500英镑，并且黑匣子能够免费安装；其次，通过分析黑匣子返回的驾驶员的驾驶习惯，Ingenie每年会为驾驶员更新3次保费价格，统计显示70%的驾驶员都得到了保费折扣；最后，通过Ingenie购买车险的驾驶员在第二年平均节省45%的保费，大概可以少缴700英镑。

为了培养年轻驾驶员良好的驾驶习惯，Ingenie会对驾驶员的驾驶特点等分别给出颜色标签。安装黑匣子后的三个月，用户的保费价格会首次按照驾驶分数进行调整，之后每三个月都会调整一次。如果在整个投保年度内，Ingenie的驾驶员用户都没有出险索赔记录，将得到NCD（No Claims Discount），平台上近91%的新用户都在第二年得到了这一折扣，从而每年平均节省保费700英镑。这与Ingenie培养驾驶员良好驾驶习惯的理念不无关系[5]。

案例3：意大利OCTO

意大利OCTO作为驾驶行为分析的开拓者和领导者之一，为意大利UBI业务普及推广提供了坚实的技术基础，占据意大利75%市场份额。这家公司有超过16年的运营经验，服务540万名客户，并且积累了1860亿英里的行驶数据和43.8万起事故交通数据，目前在罗马、伦敦、波士顿等6个重要城市设有分支机构。

意大利的监管部门从一开始就对UBI车险创新持开放态度，而且在立法层面给予了大力支持。意大利议会于2017年8月批准市场和竞争法案，其中有相关条文推荐所有汽车保险采用Telematics技术（即UBI保单）。因为是在市场和竞争法案的大框架下，所以充分考虑了公平对待消费者，以及市场各方参与者的共同利益。根据新的法律，UBI设备产生的远程信息处理数据已经在意大利法院的民事诉讼中作为证据被认可[6]。

5.2　5G车联网赋能移动支付行业

5.2.1　移动支付行业现状

过去10年，移动支付迅猛发展。2010年，中国人民银行发布《非金融机构支付服务管理办法》，明确了移动支付企业的运营门槛。

2011年6月，中国人民银行下发第三方支付牌照，银联、支付宝和财付通等27家公司获得许可证，成为国内首批持牌支付机构。

2012年我国移动支付NFC标准统一。同年夏天，随着打车软件的出现，小额高频的应用场景与移动支付产品形成契合，移动支付逐渐渗入人们的日常生活，打车支付也成为移动支付较先普及的领域。

2013年及以后，移动支付的发展呈现出势不可挡之势。随着智能手机在国内得到大范围普及与应用，移动支付场景得以多层次开拓，移动支付用户量大幅增长。2013年支付宝推出了"余额宝"，2014年微信推出微信红包功能，进一步推动移动支付进入快速发展通道。

2015年12月，中国银联推出了"云闪付"产品。2016年2月，Apple Pay正式进入我国市场，同年3月三星推出Samsung Pay，8月小米的Mi Pay和华为的Huawei Pay也正式上线，商业银行与手机供应商纷纷凭借其用户基础加入移动支付阵营。

2016年后，随着移动支付行业生态体系的逐渐完善，移动支付行业全面进入高速发展期，移动支付的交易规模不断创新高。

2019年，我国移动支付用户规模约为达9.5亿。用户数量与用户黏性持续提升，应用场景与行业融合深度拓展，我国在移动支付的用户规模、交易规模、渗透率等方面都处于全球领先地位，移动支付逐渐发展成为提升生活体验与带动经济发展的有效推动力。

2021年三季度末，支付结算月活用户数（Monthly Active User，MAU）以及覆盖率均达近一年来的峰值，MAU达8.4亿，相较去年同期增长7.7%，覆盖渗透率则接近八成，较去年9月上升2.4个百分点，电子支付消费模式的普及率再攀新高。支付行业2021年第三季度日均新增用户数均值为355.3万，保持了与去年同期相当的水平，电子支付行业总体维持稳定发展。

独立支付应用中支付宝一枝独秀，运营商借势抢占营销阵地。2021年第三季度，支付宝渗透率达72.5%，同比增加6.1%，其在支付阶段行业中覆盖率达92.1%；云闪付渗透率达15.5%，较2020年同期上升了4.1%；电信运营商如中国电信、中国移动、中国联通纷纷加入电子支付应用行业，其中中国电信表现最好，翼支付MAU保持在千万级别上，2021年三季度末的MAU达2084.7万。同时，翼支付正式上线数字人民币钱包应用，帮助人们获得更安全、更便捷的支付体验，如图5-7所示[7]。

车载支付还处于发展初期，未来前景广阔。随着车联网、智能汽车的发展，汽车已经不只是交通工具，而是向大型移动智能终端演变，成为集办公、休息、娱乐、亲子等为一体的活动空间。传统的手机移动支付难以覆盖所有的使用场景，比如在一些加油站等特殊场景下，并不适合手机支付。

车载支付是指在车辆系统内置支付技术，通过车载支付，乘客可在汽车仪表板上购物，无须拿出卡或手机，可在很多特定场景下完成快捷安全的支付，提高效率，

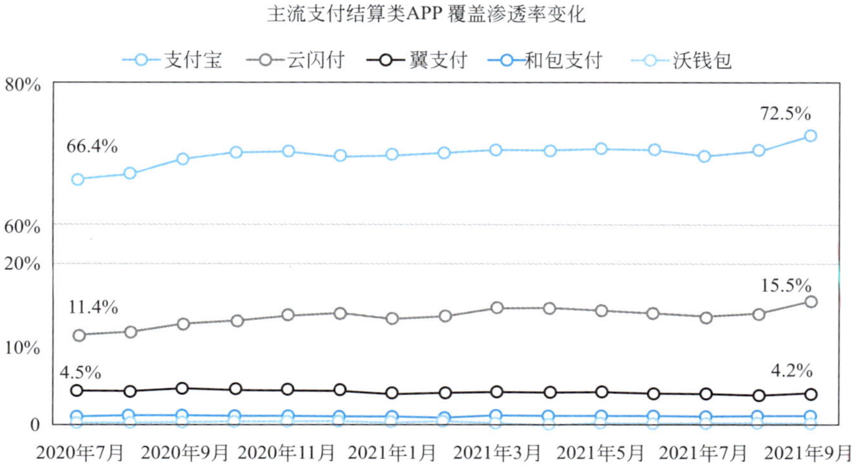

主流支付结算类APP覆盖渗透率变化

图 5-7

图5-7 主流支付结算类APP渗透率及MAU

节省时间。VISA、银联、支付宝等支付巨头以及众多车企相继将目光瞄向了车载支付。

根据Gartner预测,到2023年,通过车辆进行的交易支付总额将达到10亿美元,高于2020年的不到1亿美元。目前国外的车主已经可以通过Alexa、Xevo Market或Banma之类的应用来进行车内支付,以购买燃料、食物或支付停车费。随着汽车制造商、品牌和服务以及软件供应商的合作伙伴关系发展,可用的服务类型将继续增加。

5.2.2 5G车联网与移动支付行业

车联网能有效将车辆信息、车主信息、支付账户进行关联整合,并进行实时交互,从而在汽车加油、充电、洗车、停车、日常服务等方面发挥重要作用,提升车主体验感,优化商家运营效率,提高车辆行驶安全,缓解城市拥堵。

(1)车载支付提升加油站运营效率,提供数字化服务

我国汽车加油站数量庞大,截至2020年,我国境内加油站总量达119000座,其中两大主营加油站数量占据了我国境内加油站总数量的45%左右,民营等加油站占据50%左右。

加油站顾客流动性高,对运营效率有较高的要求。消费过程耗时,运营效率低下一直是困扰加油站经营的难题。

在加油站,用户主要是有加油、用餐、休息等基础需要,一般只做短暂停留,人员流转速度要求高，要求快速完成加油、出餐等。但一般情况下，加油站员工身兼多职，加油员既要加油，又要对数据进行记录、结算、找零，过程非常耗时，既增加了消费者的时间成本，也为加油站带来大量的重复性劳动，影响服务质量。

市场对在加油站使用手机的安全性尚有担忧。《加油站作业安全规范》（AQ 3010—2007）中明确在加油站内严禁使用手机，而移动支付对于支付终端的依赖增加了安全问题发生的可能。

车载支付可通过 ETC、车牌、车辆 VIN 码与支付账户绑定，在拉油枪时可自动识别车辆身份信息，油泵被自动激活，消费者只需简单地用油枪加油即可。此外，额外的加油奖励也会自动发送，收据显示在仪表板上并发送到消费者的电子邮箱。也可集成一些增值服务，比如查找最近的加油站或价格最低的汽油等。

借助车载支付，可把加油站打造成连接消费者的综合服务中心，提高加油站的经营效率，提升消费者的服务体验感，实现加油站收益最大化。同时，使用消费者数据和运营管理数据，积极与外部平台对接，运用车联网数据进行分析和处理，应用到高端油品开发、非油自有商品选择、物流效率提升、中央仓构建等多个方面，帮助搭建数字化平台，提供相关增值服务。

（2）车载支付应用在汽车充电场景，实现"插枪即充、拔枪即付"无感支付

随着新能源汽车的高速发展，充电桩未来将呈爆发式增长。截至 2020 年 12 月，全国充电基础设施累计数量为 168.1 万个，同比增加 37.9%。截至 2020 年底，全国新能源汽车保有量达 492 万辆，若按照这一数据计算，目前的车桩比约为 3∶1，远低于《电动汽车充电基础设施发展指南（2015～2020 年）》规划的 1∶1 的指标。

公共充电基础设施建设区域集中在北京、广东、上海、江苏、浙江、山东、安徽、湖北、河南、河北，这些地区建设的公共充电基础设施占比达 72.3%。全国充电电量主要集中在广东、江苏、四川、北京、河南、陕西、山西、山东、福建、浙江等地，电量流向以公交车、乘用车为主，环卫物流车、出租车等其他类型车辆占比较小。

从数据可以看出，充电桩在全国范围分布不均衡、数量不足等原因造成的里程焦虑成为掣肘能源汽车拓展市场的"短板"，是亟待突破的新基建之一。未来 10 年，我国新建充电桩将达到 6300 万个。

车联网可将庞大的充电桩信息和车辆信息及银行账户打通。相比传统汽车充电支付需要铺设专门的通信线路，成本高、限制多，用户支付操作烦琐、体验感差以及订单难以监管，存在一定安全风险。利用车联网进行车辆身份识别，可将车载支付应用在汽车充电场景，实现"插枪即充、拔枪即付"无感支付。同时，基于边缘计算服务承载充电场站运营监控等计算服务，提升商户数据运营能力，降低其运营成本。

5.2.3　5G车联网赋能金融支付行业商业价值

车载支付目前还处于发展初期，商业模式仍在探索阶段，目前主要有两种典型模式。

一种是车企和互联网支付服务提供商合作，在其车辆智能网联系统中开放支付功能，打通车辆账号和互联网账号，从而借助互联网支付服务提供商提供车载服务，支持充电、车机应用等。

在此模式下，只需要一个账号就能实现车辆支付服务场景全覆盖。在充电场景中，当车辆使用车企自建或合作的充电桩时，可以通过"车载支付"完成支付，无须充值扫码。同时，在车内车主购买流量套餐、音乐服务，以及查询并处理违章等都可以通过"车载支付"完成交易。互联网企业可提供LBS（基于位置的服务）查找并购买电影票、无感停车代扣等服务，这些也都能通过"车载支付"付款。安全性方面，该功能与手机相同，使用风控引擎、身份识别、数据保护三大安全核心技术确保车载端交易安全。

另一种是由银联等银行间结算组织主导，联合智能网联系统提供商，利用ETC、车牌、车辆VIN识别等多种方式，由车主通过特定APP，建立车辆信息与银行卡账户之间的绑定关系，使用时系统通过车牌识别等技术达到将车辆信息与车主及银行卡关联的目的。该模式下，也可实现"插枪即充、拔枪即付"的无感支付，充电结束后，支付信息被发送到物联网支付平台，完成交易。

5.2.4　5G车联网赋能移动支付行业典型案例

案例1：深圳龙华清荣充电站无感支付充电业务

2020年4月，中国银联在深圳龙华清荣充电站正式上线了无感支付充电业务，车主首次使用时通过"绿侠快充"APP扫描绑定行驶证和"62"开头的银联借记卡，在充电站即可实现相应车型的"插枪即充、拔枪即付"的银行卡自动扣费服务，无须扫码或现金支付。

案例2：小鹏汽车联合支付宝推出车载支付

2021年4月，小鹏汽车与支付宝宣布战略合作，成为国内首批将"车载支付"能力落地的车企。小鹏汽车P7车载系统全面互通，实现手机、汽车服务体验"二合一"，用户坐在车里无须手机，只要动动嘴，上至交通出行、影音娱乐，下到休闲购物、理财养生，各类生活服务统统安排。同时，基于支付宝车载支付技术，在车上通过语音即可购物。

小鹏汽车还能通过车辆驾驶状态等自主推荐小程序服务，从而实现车上生活从"人找服务"到"服务找人"。就像早高峰出行，过去是饥肠辘辘堵着车，未来餐饮相关小程序可自动提醒，甚至根据口味偏好提供订餐。

除了服务上车，小鹏汽车还在支付宝平台上开通"线上4S店"，通过小程序提供试驾、购车等服务，用户通过小鹏汽车小程序也可以远程调用车上服务，查看里程、门窗和充电状态，甚至上锁、解锁，支付宝APP成为汽车的安全钥匙。

案例3：Visa车载支付

Visa早在2016年就宣布与本田合作，未来为本田若干代汽车打造车载支付应用平台。2018年，Visa正式为汽车推出了一个专属的移动交易平台，该平台的最大特点是驾驶员可以通过车载支付应用快捷地完成缴纳停车、加油所产生的费用。

Visa的车载支付可以直接在车载中控台上支付停车费和加油费。最终的支付金额将直接显示在仪表盘上，驾驶员可以实现一键付款，不再与收银员打交道。该车载支付应用能让驾驶员在舒适的车内进行支付，这样不仅可以节省驾驶员的时间，让他们更快和更高效地到达目的地，而且能让他们在途中更安全。

5.3 5G车联网赋能新能源汽车行业

5.3.1 新能源汽车行业现状

全球气候变化的影响正对全人类生存发展带来重大挑战，主要国家和地区纷纷加速向碳中和迈进。据世界气象组织（WMO）发布的《2020年全球气候状况》报告，全球平均温度较工业化前的水平（1850～1900年平均值）高出1.2摄氏度，2011～2020年是自1850年以来最暖的10年。

气候变暖给全球自然生态系统和人类生产生活带来严重威胁，导致陆地和海洋温度上升、海平面上升、冰川消融和极端天气等，走向碳中和已成为全球共识。2020年9月，我国提出二氧化碳排放力争在2030年前达到峰值，努力争取在2060年前实现碳中和。

实现碳达峰、碳中和，是一项重大战略决策，也是一场广泛而深刻的经济社会系统性变革[8]。不仅是践行生态文明理念的重要举措，也是我国绿色低碳及高质量发展的内在要求。

交通行业是我国碳排放的大户之一，碳排放量约占总量的10%，降碳迫在眉睫。未来我国交通运输总体需求仍将保持增长趋势，意味着我国交通运输行业碳排放还将继续增长，2030年碳达峰存在一定挑战。

降低交通运输领域碳排放涉及全产业链条，通过大数据、车联网等技术进行资源配置优化、决策，助力构建更为灵活、高效、经济和环境友好的智慧绿色交通体系。新能源汽车与可再生能源协同是促进交通领域碳减排的核心着力点。

新能源汽车已由政策驱动转向市场驱动，呈加速发展势头。2009～2017年，在政策的支持下国内新能源汽车市场爆发式增长。2019年至今，新能源汽车市场正从补贴激励向产品驱动的方向转变。

2019年上半年，我国新能源汽车市场渗透率突破5%，初步形成市场化基础，补贴政策进入退坡期。随着《新能源汽车产业发展规划（2021～2035年）》与新版双积分政策的相继出台，进一步表明了我国提高标准、规范市场、坚定发展新能源汽车的决心。2022年后，补贴结束，市场进入完全市场化竞争的阶段。

在政策补贴及精准定位车型贡献下，国内市场2020年新能源汽车销量136.7万辆，同比增长13%，2014～2020年销量复合增长率达62.3%。

2021年新能源汽车继续爆发式增长，在行业面临缺芯等不利因素冲击下，仍然保持高速增长态势。2021年全年新能源汽车销售352.1万辆，说明新能源汽车发展已转变为市场驱动。

在政策支持，优质车型不断推出，新能源汽车在智能化体验不断提升的情况下，2022年我国新能源汽车销量有望突破500万辆，同比增长50%，依然是全球最大的新能源汽车市场。

汽车工业正经历百年以来的最大变革，电动化、网联化、智能化的时代已经到来。2020年10月，国务院办公厅发布《新能源汽车产业发展规划（2021～2035年）》。

到2025年，我国新能源汽车市场竞争力明显增强，动力电池、驱动电机、车用操作系统等关键技术取得重大突破，安全水平全面提升。纯电动乘用车新车平均电耗降至12.0千瓦时/百公里，新能源汽车新车销售量达到汽车新车销售总量的20%左右，高度自动驾驶汽车实现限定区域和特定场景商业化应用，充换电服务便利性显著提高。

力争经过15年的持续努力，我国新能源汽车核心技术达到国际先进水平，质量和品牌具备较强国际竞争力。纯电动汽车成为新销售车辆的主流，公共领域用车全面电动化，燃料电池汽车实现商业化应用，高度自动驾驶汽车实现规模化应用，充换电服务网络便捷高效，氢燃料供给体系建设稳步推进，有效促进节能减排水平和社会运行效率的提升。

提高技术创新能力，深化"三纵三横"研发布局，强化整车集成技术创新。以纯电动汽车、插电式混合动力（含增程式）汽车、燃料电池汽车为"三纵"，布局整车技术创新链。研发新一代模块化高性能整车平台，攻关纯电动汽车底盘一体化设计、多能源动力系统集成技术，突破整车智能能量管理控制、轻量化、低摩阻等共性节能技术，提升电池管理、充电连接、结构设计等安全技术水平，提高新能源汽车整车综合性能。

提升产业基础能力。以动力电池与管理系统、驱动电机与电力电子、网联化与智能化技术为"三横"，构建关键零部件技术供给体系。开展先进模块化动力电池与燃料电池系统技术攻关，探索新一代车用电机驱动系统解决方案，加强智能网联汽车关键零部件及系统开发，突破计算和控制基础平台技术、氢燃料电池汽车应用支撑技术等瓶颈，提升基础关键技术、先进基础工艺、基础核心零部件、关键基础材料等研发能力。

在新能源汽车核心技术攻关工程中，实施智能网联技术创新工程。以新能源汽车为智能网联技术率先应用的载体，支持企业跨界协同，研发复杂环境融合感知、智能网联决策与控制、信息物理系统架构设计等关键技术，突破车载智能计算平台、高精度地图与定位、车辆与车外其他设备间的无线通信（C-V2X）、线控执行系统等核心技术和产品。

随着节能减排、电动化、智能化、网联化和共享化理念的推行，智能电动汽车已经成为行业共识，智能电动汽车成为新的风口。

在我国市场上相继成立的智能电动汽车品牌超过百家，对外披露的融资金额超过2000亿元。由于特斯拉的成功模式与市值冲高，比亚迪在新能源市场中的地位逐步凸显，蔚来、小鹏、理想的相继上市，使我国智能电动汽车市场呈现欣欣向荣的景象，从而吸引了更多企业加入跨界造车的队伍，新一轮的造车运动就此拉开。车企纷纷顺应"新四化"的趋势，积极"拥抱"车联网、自动驾驶等新兴技术，使之为创新产品赋能。2021年上半年，我国市场有近20款智能电动汽车产品上市，我国智能电动汽车正在蓬勃生长，进入了扩张期。

5.3.2　5G车联网与新能源汽车行业

在5G车联网的驱动下,新能源汽车行业在产品设计方式(软件定义汽车)、智能化水平(智能座舱)、节能减排(动力电池)、日常经营(数据资产)、融合应用(智慧生活和新型能源体系)等方面正进行全面变革。

(1)软件定义汽车

在车联网、人工智能等技术的驱动下,软件定义汽车(Software Defined Vehicles,SDV)已成为产业共识。所谓软件定义汽车,即汽车内部软件逐步获得全栈化、完整化的控制权限,实现汽车多元化的应用功能,成为定义汽车产品力的关键因素。软件在汽车产品中的比重正在持续增加,汽车架构也从分布式走向集中式,从信息孤岛走向网联互通模式。汽车软件产品获得多维车辆数据和控制权限,实现复杂的功能和任务执行。以广汽为例,其使用一套标准化的硬件和软件系统,内容包括工具链、智能驾驶平台和自动化版本构建及测试系统,即可实现不同车型、不同配置的复用。

在新的架构下,可实现通过OTA服务持续为车辆升级完善。同时,软硬件解耦式开发与后端云平台的持续服务赋予了汽车开发创新生态。

(2)智能座舱

5G和车联网推动智能座舱不断创新。智能座舱主要涵盖座舱内饰和座舱电子领域的创新与联动,从消费者应用场景角度出发构建人机交互(HMI)体系。智能座舱通过对数据的采集,上传到云端进行处理和计算,从而对资源进行非常有效的适配,增加座舱内的安全性、娱乐性和实用性。

当前智能座舱主要满足座舱功能需求,对现有的功能或分散信息进行整合,提升座舱性能,改善人机交互方式,提供数字化服务。

智能座舱的未来形态是"智能移动空间"。智能座舱与高级别的自动驾驶相融合,逐渐进化成集"家居、娱乐、工作、社交"为一体的智能空间。

(3)动力电池

动力电池安全和寿命一直是新能源汽车发展过程中备受关注的问题。2020年国内发生124起电动汽车起火事故,使得电池安全逐渐取代里程焦虑,成为消费者关注的主要因素之一。

电池自燃本质上是热失控,而内短路和析锂是导致热失控的主要途径,可基于车联网采集实时车辆数据,构建基于电化学机理的模型,进行机器学习,实现电池故障检测、热失控预警、电池健康评估、电池寿命延长等功能,实现全生命周期的电池安全和寿命管理。

例如，结合电池机理和机器学习，通过实车样本数据的分析，可以构建电池热失控特征工程库。采用域自适应算法，利用在源域学习到的知识辅助建立目标域模型。

（4）数据资产

在车联网驱动下，积累核心VHR（Vehicle History Record）数据资产成为可能，借助这些数据可使能车辆运维监控、远程问题处理、客户服务支持、用户运营及精准营销等方面，从而实现数据采集与治理、车辆监控、故障诊断、分析洞察、预测等的一整套从数据洞察到策略执行的端到端闭环。

例如，在车辆状态监测上，可变被动为主动。不仅可通过车联网实时积累的数据进行状态监控，监测重大事故；还可以通过车辆数字孪生，可视化车辆状态、构建车辆模型，从而进行远程的智能诊断，解决复杂部件问题；同时对核心部件故障和车辆风险进行提前预测，防患于未然，主动关怀，降低投诉率，大大提升服务质量。

（5）智慧生活

在车联网的赋能下，还可以实现车与家之间的双向控制，将智能电动汽车与人们的生活实现无缝连接和控制。在此基础上，智能电动汽车通过将各维度空间进行融合，进而打造动静态全覆盖的"智慧生活"。

以人为核心的服务生态将从人体感知加判断的人为调控模式，进化为机器感知加判断的自动调控，结合智能电动汽车打造智能舒适的智慧生活。

（6）新型能源体系

智能电动汽车将作为重要参与者深度参与到新型能源体系的建设当中。通过车联网技术，系统可统筹智能电动汽车充放电、电力调度需求，综合运用峰谷电价、汽车充电优惠等政策，实现智能电动汽车与电网能量高效互动，降低智能电动汽车用电成本，提高电网调峰调频、安全应急等响应能力。

不仅可使电网效率低以及可再生能源波动的问题得到很大程度的缓解，还可为电动汽车用户创造收益。以数字技术助力车联网、车辆到电网（Vehicle to Grid，V2G）、车网双向互动开展试点。双向互动，可明显抑制充电网络的功率跳变，有效减少能量损耗[9]。

5.3.3　5G车联网赋能新能源汽车行业商业价值

在车联网支撑下，数字技术取代传统燃油系统，计算能力成为核心竞争力，功能上向软件定义汽车迈进。软件深度参与到汽车的定义、开发、验证、销售、服务过程中，并不断优化各个过程，为用户带来持续优化的体验。

在这样的趋势下，掌握智能网联、自动驾驶、电池等核心技术和零部件供应、新兴服务的企业价值量将大幅提升，传统生产制造价值降低，从而带来新的价值增长点。

为了应对行业面临的挑战，传统垂直集成的开发模式、人才模型、供应链及商业模式发生变化。基于新的数字架构和技术，从传统垂直模式向跨界融合的平台加生态合作模式演进，产业链深度协同，联合创新，软硬件迭代开发。

传统汽车软件产业中，产业链较短，产业结构较为简单。软件产品主要为一些基础软件程序或简单的嵌入式实时OS（如UCOS、FreeRTOS等），控制8位或16位ECU执行较为单一功能，与ECU深度耦合。产业链上游为软件产品供应商，中游为零部件集成商，下游为整车集成商。部分主流Tier1厂商（一级供应商）同时涉及上游和中游环节，构建核心技术壁垒，整车企业基于单个车型设计需求选择各个ECU进行搭配，零部件间关联较小，车型间设计经验无法积累，车型不具备持续升级能力，无法应对智能化、网联化变革趋势，及时追踪消费者使用需求，如图5-8所示[10]。

图5-8 传统汽车软件产业链

在车联网及智能汽车的浪潮下，车企商业模式也发生了巨大变化，与传统车企截然不同。车企以打造智能出行产品为载体，既是企业抢占市场的工具，也是连接企业与用户之间的重要纽带。

由于"软件定义汽车"已成共识，软件能力将成为汽车的重要竞争力，车企需要将塑造软件竞争力摆在突出的位置。在用户服务上，需要坚定地围绕"以用户为中心"来打造更加完善的用户服务，包括直营门店和用户社区等。产业生态上，车企越来越重视融合发展，通过包括产业投资在内的多种手段聚焦优质资源。

商业模式上，主要分为云端和车端两大部分。在云端，处理平台包括云服务、算法平台提供商，可提供完整的云服务。在车端，包括主机厂、汽车电子传感器、运算平台、车载信息服务商、车载通信模块提供商等，负责进行车辆端的硬件及软件服务。

新的商业模式下，软件和硬件在零部件层面解耦，软件独立成为核心零部件产品。汽车软件开发难度提升，传统的汽车零部件供应商研发能力难以满足需求。

汽车软件产业链被重塑，给具有软件研发优势的互联网和ICT企业带来机会，与传统汽车软件 Tier2 厂商（二级供应商）一起成为上游环节 Tier1 厂商；整车企业成为中游环节，同时部分车企向上游软件环节布局；下游向运营服务延伸，互联网类企业凭借与消费者的深度关联扩展汽车软件后续应用服务价值，如图5-9所示[10]。

图5-9　变革下的汽车软件产业链

从功能角度出发，智能汽车的软件产业可分为系统软件和应用软件两大领域，依据使用主体可分为车端软件和云端软件，各领域内依据细分产品进一步区分研发、应用和运营服务，对应产品相关企业。

产业链的变革使得造车门槛进一步降低，一些具备互联网基因、用户思维的新势力有机会加入造车的阵营。他们发挥对用户需求的深入理解，整合供应链，打造畅销款，成为一股造车新势力。

从各主机厂的发展动向来看，主机厂一方面力图掌握智能汽车底层软件和硬件的控制权，更倾向中立的操作系统；另一方面积极与软件供应商开展合作，利用开源软件组织，降低开发周期和成本。

从各操作系统的市场占有率和技术成熟度来衡量企业在系统软件上的竞争力。鸿蒙OS、特斯拉 Version 等已走在技术先进的前列，但市场占有率相对不高。技术先进性略差但是较为成熟的操作系统，如 QNX、AGL 等更多用于智能座舱、车载娱乐等系统上，系统层软件较少，但市场占有率较高。主机厂不仅获得了操作系统掌控权，还大大缩短了开发进程，降低了开发成本。和 AGL 相比，Android 的生态要成熟很多，被国内主机厂广泛采用。不过为了规避 Android 的相关风险，国内主机厂也积极为其他操作系统提供拓展机会。总体来看，主机厂更倾向中立和免费的操作系统。

在智能网联汽车背景下，车联网云服务商基于网联能力，可充分挖掘数据的商业价值，提供包括智能运维、三电云服务、智能增值服务、OTA 等系列服务。具体通过构建数据通路，汇聚数据资产，塑造数据服务能力，以开放 API 的形式使能第三方应用，在车辆维保和售后、产品质量和体验改进、汽车周边服务、个性化体验及智能座舱应用上创造价值。

5.3.4　5G车联网赋能新能源汽车行业典型案例

传统车企的IT架构不足以支撑较为庞杂的数据计算与网络支持，通常趋向于软件公司、科技公司提供的公有云服务，来打造自身的车辆云平台系统。

① 腾讯云与广汽、长安、吉利、东风、伟世通、蔚来等主机厂和零部件供应商合作，提供云服务的同时接入腾讯自身生态。

② 微软与大众集团共同开发大众汽车云平台，为丰田、宝马、日产、雷诺集团的部分车型提供云计算服务。

③ 亚马逊云与宝马、奥迪、丰田合作，为这些车企的部分车型开发定制化的云平台，为兰博基尼提供 SaaS（软件即服务）。

5.4 5G车联网赋能互联网行业

5.4.1 互联网行业现状

在变幻多样的新经济模式和新技术创新支持下，我国互联网经济迎来了良好的发展机遇。互联网用户基础不断增强，用户数快速增长，出现了多个全球市值靠前的互联网公司。但近年来，行业也面临流量见顶、竞争加剧等问题，在政策及产业的驱动下，逐步向产业互联网及融合应用方向发展。

我国互联网用户基础不断加强，100M成为宽带用户的主流选择。2020年我国光纤用户规模持续扩大，100M及以上用户达3.9亿户，占固定宽带用户的比重达85.3%，同期提升11.6个百分点。用户构成上，4G用户占比已超过八成。截至2020年3月，我国4G用户规模达12.8亿户，占移动电话用户的比重超80%，在全球233个国家和地区中排名第10，远高于法国（70%）、德国（52%）和全球平均水平（51.5%）。同时，互联网企业规模不断增长，全球市值最大的20家互联网企业中，我国占据6席，处于第二梯队领跑位置，仅次于美国。

我国庞大的人口基数和迅速攀升的互联网普及率，贡献了持续十数年的流量井喷。我国互联网行业从计算机互联网到移动互联网，早已融入人们衣食住行的每个角落。文化娱乐、消费生活、金融支付各领域众多细分赛道经历了从百花齐放到"巨头收割"的变迁，互联网产业上半场的竞争基本尘埃落定，"野蛮生长"的时代落幕，流量增长瓶颈成为每个互联网企业都不得不面对的问题。

传统"砸钱铺规模"的流量获取思路捉襟见肘。大赛道的垄断格局业已形成，流量价格持续攀升，中小互联网企业的话语权不断被压缩。互联网巨头以自身拳头产品为中心，构建产品矩阵、打造流量阵地，且已具备相当规模。同时，资本加持下的并购扩张使得优质流量进一步向头部产品集中。老牌互联网巨头BAT（百度，阿里巴巴，腾讯）加新近崛起的字节跳动，仅四家互联网公司旗下的产品就占据了移动互联网月度总有效使用时间中的57.3%,如图5-10所示[11]。

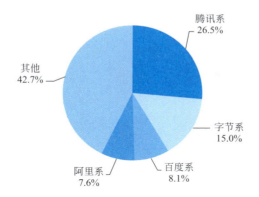

图5-10　2021年5月移动互联网应用阅读总有效使用时间分布

随着互联网渗透率的不断提升,新增流量都已然成为稀缺资源。寻找新的流量聚集地变得越来越困难,互联网企业必须从其他竞品手中争夺存量用户,不断推高流量价格。即便是对于身处金字塔顶端的互联网企业,为获得新增活跃用户所投入的营销费用都出现了明显的增长态势。而与头部互联网企业相比,中长尾企业想要获取新流量更是困难重重,并体现在用户基础、产品内容、机遇触探、融资渠道和伙伴生态等各方面。

元宇宙是未来20年的下一代互联网,通常认为元宇宙概念的源头是美国科幻作家尼尔·斯蒂芬森的科幻小说《雪崩》(Snow Crash)及其描绘的跨越不同平台的沉浸式共享空间。元宇宙的英文是Metaverse,其中Meta的意思是"超前",具有解构和重塑的含义,而Verse由Universe一词演化而来,Metaverse体现人类对事物本质和宇宙本源的探索,对理想化世界的追逐。

互联网实现的是人的视觉、听觉的数字化。互联网在空间上仍是二维呈现,移动互联网在计算机互联网的基础上,扩展了时间与空间的广度,可移动性使得人们能随时随地获取信息,但此时的空间呈现仍是以二维为主。而元宇宙在空间上则是三维呈现,且更强调感官体验的全面跟进,用户的感官体验得以高度仿真,如图5-11所示[12]。

按照Roblox公司定义,元宇宙产品应该具备八大要素。

① **身份(Identity)**:你拥有一个虚拟身份,无论与现实身份有没有相关性。

② **朋友(Friends)**:你在元宇宙当中拥有朋友,可以社交,无论在现实中是否认识。

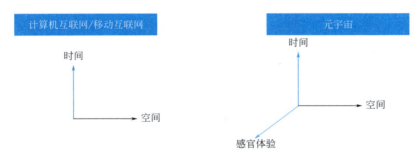

图5-11 从计算机互联网/移动互联网到元宇宙

③ **沉浸感（Immersive）**：你能够沉浸在元宇宙的体验当中，忽略其他的一切。

④ **低延迟（Low Friction）**：元宇宙中的一切都是同步发生的，没有异步性或延迟性。

⑤ **多样性（Variety）**：元宇宙提供多种丰富内容，包括玩法、道具、美术素材等。

⑥ **随地（Anywhere）**：你可以使用任何设备登录元宇宙，随时随地沉浸其中。

⑦ **经济系统（Economy）**：与任何复杂的大型游戏一样，元宇宙应该有自己的经济系统。

⑧ **文明（Civility）**：元宇宙应该是一种虚拟的文明。

元宇宙具有如下特征。

（1）极致的沉浸式体验

具有沉浸感的内容体验是元宇宙最为重要的形态之一，用户将拥有身临其境的感官体验。沉浸式不仅是人感官体验的视觉、听觉，也包括触觉、味觉、嗅觉等。软件工具上分别以纯素人制作（User Generated Content，UGC）平台生态和能构建虚拟关系网的社交平台展开，底层硬件支持需要VR/AR等移动设备，以及触感手套、触感衣，甚至脑机接口等各种各样的外部设备。沉浸式体验约等于感官的致幻性，这是身与心的分离，"实存"与"体验"的分离，虚拟世界中的体验有机会更接近真实世界。

（2）自主性取代提前设定

目前市场上绝大部分游戏的非玩家角色（Non-Player Character，NPC）与剧情都是由游戏开发商提前设定好、制作好的，用户并不能左右主线剧情。而元宇宙将用户从体验者转变为内容生产者，用户拥有非常高的自主性。元宇宙将虚拟世界与玩家社区结合成为了一个真正的小型社会，用户的行为都将对社区的发展产生影响。

元宇宙系统应该是开放的，一方面允许各类玩家加入并自主活动，另一方面向第三方开放技术接口,可以让它们自由地添加内容。

(3) 丰富的内容生态

在短视频和音乐领域,出现专业制作人（Professional Generated Content, PGC）、半专业创作者（Professional User Generated Content, PUGC）、纯素人制作（User Generated Content, UGC）等,配合颗粒度细腻的内容标签和AI推荐算法,显示了来自PUGC和UGC的创作能力及传播影响力。元宇宙时代到来之后,用户注意力/时长越来越多地向新媒介迁移,用户与互联网发生交互的时间将大大延长、频次显著提升,对内容的消耗规模将进一步提升,UGC内容有望在数量、形式、可交互性等方面进一步突破。

人工智能将更深入参与内容生产,直接替代人进行内容的生产,或者与人协作进行内容生产（AI作为工具辅助人,或人辅助AI）。

元宇宙将从游戏引擎发展到数字孪生,再到数字原生,最后虚实相生。

① 元宇宙从数字化设计起步,运用最基础的游戏引擎工具。

② 为解决现实世界的一些问题,在虚拟世界中对已知物理世界的事物进行仿真建模,通过高性能计算去推理,即数字孪生。"数字孪生"一词源自工业领域,通常的定义是充分利用物理模型、传感器更新、运行历史等数据,集成多学科、多物理量、多尺度、多概率的仿真过程,在虚拟空间中完成映射,从而反映相对应的实体装备的全生命周期过程。"全生命周期""实时""双向"是数字孪生的几个核心特征。

③ 当人工智能足够智能化时,可以在数字世界中原生出很多内容,或者用户通过轻便化的工具原创出在现实世界中不存在的内容,即数字原生。

④ 当数字原生的东西足够大、足够强盛时,必然会反过来影响现实世界,并且与现实世界相互融合,即虚实相生。

(4) 场景化的强关系社交

在现实世界,人类是社交动物,作为现实世界的替代品,元宇宙也必须以社交为一个核心功能。只是将基于法律与社会规范的现实社交,转变为基于规则与算法运作的虚拟社交。元宇宙将构建不同的生活和生产场景,实现共享时空和即时互动。由于各种场景时空有稀缺性,不同社交场景的门票将具有社交圈层的价值。

在基于虚拟社区的基础上,元宇宙还能让用户拥有身临其境的虚拟社交体验。更重要的是,还能带来更加去中心化的社交数据,而其他不管是公域流量社交平台,还是私域流量社交平台,最大的问题就是"中心化"带来的单向交流,用户缺失存在感,继而导致"弱关系"社交问题。相比之下,元宇宙不仅是去中心化的公域流量平台,而且能兼顾私域流量的属性。人们在元宇宙中可以轻松地建立"强关系"社交,用户潜力也能因此被进一步挖掘。

另外，用户本身将在元宇宙中呈现不同的化身形象，这些化身形象是形成自我认同的一种重要方式。现实世界中的人，在元宇宙中可以生成一个虚拟化身或虚拟分身。虚拟化身应用于有互动需求的场景，适用于偶像经济；虚拟分身可以给时间加杠杆，增加单位时间的曝光频次。另外，元宇宙中还将诞生大量的现实世界中不存在的数字人。

虚拟数字人有三种存在的形式。

① 建模与驱动均靠人力运用传统的 3D 建模/CG 技术，花费的时间长，成本巨大。
② 最初的形象建模靠人工，后续驱动靠 AI。
③ 形象建模与后续驱动均靠 AI。

（5）持续存在的运营

作为一个平台，元宇宙的运营将没有间断，这个世界将永久存在，不会停止。作为玩家，无论在线还是离线，元宇宙内部的事物仍然在发生、发展，并且对玩家操纵的角色产生影响。

（6）完备的经济系统

元宇宙赋予了用户"币权"，传统游戏的经济系统是封闭的，游戏资产仅限于游戏内流通，且资产不真正属于用户自己。本质上游戏身份、游戏资产是否存在，不是由用户做主，而是由中心化的运营平台拥有。但元宇宙是"去中心化"的，元宇宙中用户所生产的、所拥有的资产真正属于用户自己。在区块链加持的元宇宙中，非同质代币（Non-Fungible Token，NFT）为数字物品打上了唯一的标签。

例如，每一块土地都是一个 NFT，标识着谁是这块土地的所有者，这个 NFT 也清晰地界定了不同虚拟土地的产权。而产权的清晰界定是市场交易的前提，这为土地资产的买卖流转提供了可能。如此，现实世界的商业可以完全移植到这个数字世界中来，并催生出一个全新的虚拟商业社会。不仅仅是艺术品、音乐、图像、个人身份、游戏资产、土地，任何具备价值的事物都可以通过 NFT 记录在链上，并由此进行流转交易。

在元宇宙中，数据和存储基于去中心化的区块链，这确保了每个人的数据主权，没有任何人可以删改你账户中的内容，去中心化的网络赋予了数字资产最高的安全性，这与当前互联网社会有着巨大的差异。

该财产在现实世界中也可以用于购买生活物品，而真实世界的货币也可在元宇宙中流通，购买虚拟的道具和资产，元宇宙中的经济系统与现实世界是打通的。

5.4.2 5G 车联网与互联网行业

在智能网联进程中，车企和互联网企业之间的关系越来越密切，这也为互联网企业带来新的商业机会。比如在智能网联、自动驾驶和智能座舱等领域都为互联网企业提供全新的施展平台。

近年来，腾讯、阿里巴巴、百度等国内互联网巨头争相投资车联网相关领域，以期在车联网领域占据最有利的位置。高德目前已经与几乎所有的汽车厂家成为合作伙伴，包括一些核心零部件供应商。高德车联网业务聚焦导航，基于互联网车载导航，提供在线化导航产品；自动驾驶地图深度结合阿里云，为自动驾驶提供地图技术解决方案；交通大数据业务基于高德交通大数据平台，结合众包数据和交管部门的权威信息，提供精准实时路况；开放平台基于位置信息及阿里巴巴大数据推出的高德指数，为行业提供定制化的服务解决方案。

车联网使得互联网企业（如出行服务商等）竞争汽车行业核心地位成为可能。共享出行正成为未来汽车行业的发展趋势，出行服务商通过云端的智能调度能力以及运营自动驾驶汽车带来的低成本优势，有望彻底改变传统的汽车消费模式。出行服务商不仅可作为其他服务提供商进入乘车场景的接口，还拥有丰富的变现方式和极强的平台优势。还有一些互联网公司凭借其在人工智能、大数据分析等方面的优势，积极布局车联网和自动驾驶领域。

在车联网等技术的驱动下，汽车产业链重构使得智能汽车向智能终端方向发展。一些互联网终端企业利用自己在智能手机上的技术积累和运营思维，纷纷进场造车。对于互联网企业来说，由于底层的硬件和软件的平台化，使得他们可以把精力更多地放在自己擅长的领域，比如设计出更符合用户审美的产品，同时在软件上发挥对用户体验的深刻理解，为用户提供更多软件增值服务。

5.4.3 5G车联网赋能互联网行业商业价值

车联网产业链中主要有互联网平台、整车厂商、电信运营商、硬件终端、内容提供商等各个参与主体，其在车联网各主要领域的主导能力、商业模式均有不同。当前，汽车如同巨大的硬件，车联网技术型企业需要与车企做长期的适配，因此导致车联网应用落地周期长，同时还要不断地进行技术迭代，无形中增加了车联网技术型企业的资金压力。未来产业的价值链将呈现各参与主体交错模式，资金的流动也将呈现多向化、快速化的特点。

各主要参与主体中，互联网平台可提供大数据分析、O2O引流等后向收费模式，开发契合车主需求的车联网服务，累积车主流量再变现；整车厂商前期通过增值模块获得车辆销售差价收益，收取终端、内容、服务及网络等费用，后期通过车主续费、升级提供相关服务，续约率较低；终端厂商主要以终端销售差价及服务续费等方式获取收益，第三方终端设备对车辆及车主信息掌控不足，相关服务应用感知较差；网络运营商搭建车联网业务运营平台，通过网络经验为车厂提供网络解决方案，以流量优势进行车联网相关软硬件的捆绑销售。

互联网企业是进军车联网行业的先发力量，其业务应用兼容多种车机，打造行业大平台，创造了新的平台化盈利模式。而地图提供商、应用提供商、系统提供商、移动智能终端提供商等企业都有直接面向企业和车主的业务应用，且应用范围出现互相融合渗透的趋势。

后装市场，以新兴汽车企业、互联网企业为主的模式正在兴起，能够提供丰富的智能车载终端产品和服务组合，未来随着产业链各个价值主体的探索和创新，或将能产生满足不同用户需求的平台生态模式，平台企业将从平台租赁、大数据产品、增值服务等费用中获利。

我国创新车联网企业面临的最大商业模式问题是，无法获得汽车的核心数据，因而其所构建的车联网应用流于表面的信息娱乐。

从我国的车联网市场格局来看，在以娱乐车联网为主导的车联网产业链中，BAT等互联网巨头唱主角。不过，互联网企业的车联网商业模式依旧照搬其移动互联网时代的赚钱模式，将汽车看作小型移动的智能空间和智能硬件。未来，随着5G商用，娱乐车联网的发展将达到顶峰，以平台型、操作系统为核心的车联网企业以及互联网巨头将是最大的受益者。

在原有互联网的三大流量入口——社交、电商、搜索之外，在新时代下，语音将成为未来商业的全新入口。用户在使用智能车载设备时就像自然说话一样，无须进行任何手动操作，全程声控，免唤醒操作，也不需要开启不同的应用，通过语音唤醒便可直接享受各种导航、音乐、点餐、查找停车场、控制车窗和开关空调，非常方便。

传统汽车厂商、信息通信企业、互联网企业都意识到智能网联、自动驾驶等技术发展是一个长期演进的过程，产业的跨界合作成为趋势。传统汽车厂商与互联网企业、科技企业通过专利许可授权、合作研发、组建知识产权联盟等方式开展技术合作。

一种方式是专利许可合作，比如微软与丰田汽车达成专利授权交易，其中涉及大量车联网技术。专利许可协议将基于丰田和微软强大的合作伙伴关系进行，包括以非常著名的、基于微软Azure云技术平台的丰田大数据中心来展开合作。另一种方式是通过合作研发获得联合专利授权，例如宝马和华为公司就汽车主动安全信息交互技术进行联合专利申请。知识产权联盟也是跨界合作的重要平台，国际物联网专利联盟Avanci专利授权平台将通信行业的专利池跨界带入IoT行业，旨在使物联网设备制造商们可以使用无线技术，加速物联网的发展，同时侧重互联汽车的蜂窝技术授权。

5.4.4　5G车联网赋能互联网行业典型案例

> **案例：腾讯"生态车联网"**
>
> 2018年11月，腾讯发布了智慧出行战略，截止到目前，整合车联网、地图、位置服务、汽车云、自动驾驶、乘车码等业务，并不断加大网络安全、AI、内容服务、微信等生态能力的协同，面向汽车行业提供完整的、一体化的数字化解决方案。
>
> 腾讯"生态车联网"进化包含四个进化方向[3]。
>
> ① 以人为中心。结合对人、车、路三位一体的深度感知，主动发现用户需求并推送相应服务。
>
> ② 全时在线。通过超级ID和微信支付，实现跨场景、跨终端的全时互联，打通车前/中/后的无缝数字体验。
>
> ③ 与汽车行业合作伙伴共同打磨，让丰富的内容服务生态与车载场景充分适配、有机结合。
>
> ④ 与开发者共同创新，提供方便开发的车载应用框架，促进应用生态繁荣。
>
> 基于以上四大进化方向，腾讯车联汽车智能系统（Tencent Auto Intelligence，TAI）进行了升级，推出了"生态车联网解决方案"。
>
> 腾讯在车联网领域定位是成为车企出行服务化转型的Tier1，为车企提供用户服务和营销、车联网和平台运营、地图和云服务、生态服务和安全风控五大核心能力，目前已形成较为完整的布局。

5.5　5G车联网赋能电信运营商

5.5.1　电信运营商行业现状

国内三大运营商5G渗透率持续提升。截至2021年第三季度末，中国移动5G套餐用户达到3.31亿户；中国电信5G套餐用户达到1.56亿户；中国联通5G套餐用户达到1.37亿户。据此计算，三大运营商5G套餐客户数合计6.24亿户。

得益于5G的渗透率提升，三大运营商ARPU（Average Revenue Per User，每用户平均收入）值不断提高。其中，中国移动的移动用户ARPU为50.1元；中国电信的移动用户ARPU为45.4元；中国联通的移动用户ARPU为44.3元。

面对用户数增长见顶、5G庞大的建网支出和运营成本，三大运营商面临前所未有的挑战，纷纷加速转型，正处于一个起承转合的重要窗口期。过去运营商往往被当作"哑管道"，赋能了大量OTT（Over The Top，向用户提供各种第三方应用服务）互联网厂商，当前面临着重要产业环境的变化。5G方兴未艾，产业机会处于中下场，流量需求逐步向5G释放；运营商大力从CT（Communications Technology，通信技术）企业向ICT（Information and Communications Technology，信息与通信技术）融合企业转型，新业务引领动能强劲；管道智能化向业务赋能，给予运营商良好契机，深度挖掘资源变现。

从2021年前三个季度业绩来看，运营商转型成效初显。5G网络及用户扩大带动数据业务迅速增长，面向B端新兴业务收入和物联网业务增长势头明显。根据业绩报告，2021年前三个季度三大运营商营收、净利润均大幅增长。

同时，三大运营商积极布局产业数字化转型，创新业务领域、产业互联网、云计算等成为新的业绩增长点。

中国电信以5G、天翼云和安全为核心能力，2021年前三个季度，产业数字化业务保持快速增长，收入达到740.90亿元，同比增长16.8%。其中，凭借公有云、私有云、专属云、混合云的一云多态服务能力以及国内数量丰富、分布广泛的IDC资源，中国电信天翼云继续保持业内领先的市场地位。在家庭通信及信息化服务领域，中国电信聚焦全场景数字生活，发挥云网融合优势，打造5G+光宽+Wi-Fi6的"三千兆"高品质泛连接服务，设立天翼数字生活科技有限公司，搭建智家平台聚合内容应用和智能家居等产业生态。

中国联通凭借整合组建联通数字科技有限公司，加快5G+ABCDE（人工智能、区块链、云计算、大数据、边缘计算）融合创新的应用布局，并围绕能力平台化、研发集约化、产品标准化、集成交付自主化，打造数字经济时代独特创新竞争优势。2021年前三个季度，产业互联网业务收入409.25亿元，比去年同期上升25.3%。

中国移动则持续推进"云+网+DICT"融合发展，政企市场增长动能强劲。前三个季度，中国移动DICT（即DT云和大数据技术+IT信息技术+CT通信技术）业务收入达489亿元，保持高速增长。中国移动表示，下一步将统筹推进"业务+数据+技术"中台协同联动，对内支撑企业数智化转型，为生产经营、管理、服务等各环节注智赋能；对外拓展全社会数智化应用，支撑社会信息的多维采集、海量分析、实时处理，助力提升生产生活、社会治理数智化水平。

5.5.2　5G车联网与电信运营商

车联网市场空间广阔，电信运营商在面临传统个人业务增长放缓的背景下，在5G时代可通过车联网开拓新业务领域，而三大运营商也纷纷加大投入。

（1）中国移动

中国移动将车联网作为中国移动集团级战略项目，对5G自动驾驶给予了高度的重视和支持，可以概括为"三个前所未有"。

① **对自动驾驶运营体系的改革力度前所未有**。目前全国团队规模已超3000人，未来有望扩展到万人规模。

② **对自动驾驶能力的建设力度前所未有**。在自研方面，由上海产研院聚焦自动驾驶能力建设，以年均3亿元以上的投资规模，围绕车路协同、高精度定位、智能网联等核心领域开展深度攻关，实现关键技术突破，形成了一批工程化、产业化的成果与技术，实现了50余项成果转化，覆盖了上海、北京、浙江、江苏、湖北等20余个省份（直辖市）。

③ **自动驾驶生态的聚合力度前所未有**。中国移动联合47家单位牵头成立了"5G自动驾驶联盟"，目前已经扩大到近150家，涵盖高校、车企、研究院所、自动驾驶解决方案商，实现了在技术、标准、应用等多方面的成果共享。

（2）中国联通

中国联通全面推动车联网产业发展，积极参与车联网方面的技术研究和试点应用。在车联网安全方面，中国联通研发了车云、路云安全通信终端，打造终端到云端的安全通信管道，同时积极参与工信部安全认证试点，探索车联网安全认证的解决方案。

中国联通还积极参与车联网的应用实践，探索车联网的商业闭环模式。例如中国联通与大唐电信、厦门公交集团、厦门金龙等共同开展了国内首个5G BRT示范项目，希望通过技术创新真正赋能行业应用，改善人们的出行体验。

中国联通积极响应工信部"5G应用扬帆行动计划"号召，积极拓展5G+车联网在智慧交通中的应用，形成产业合作生态，积极推动5G车联网的发展。

（3）中国电信

中国电信的天翼交通科技有限公司定位于车路协同技术研发及服务运营，旨在攻克5G+北斗融合定位、多源异构数据融合、全域协同控制、5G/V2X融合网络等关键技术，构建"深度感知、可靠通信、智慧决策、高效运营"的国家级智能车路协同系统，实现L3～L5级智能车路协同技术和场景的大规模验证与应用，服务苏州并逐步向全国推广。

在运营商加速向行业市场转型的进程中，车联网提供了很好的着力点。通过构建车联网平台，运营商可提供数据、计算、管理、分析、预测及决策全方位智慧交通基础共性能力。同时面对各个子行业，还可依据自身在网络和平台数据上的优势，提供包括安全监控、车辆电池分析、动力分析、车辆运营管理、新能源车监控、智慧园区、智能停车、智慧公路、智能铁路等应用。

通过车联网平台的打造，运营商可积累行业服务能力，加速生态的构建，有助于不断拓展行业客户，逐步扩大行业服务能力和版图。

5.5.3　5G车联网赋能电信运营商商业价值

对于电信运营商来讲，最大的优势在于网络覆盖和平台生态。在网络覆盖上，三大运营商拥有得天独厚的管道优势，5G加速普及为运营商加入车联网产业链奠定了基础。在平台上，运营商正在加速构建存储和计算能力，试图向车联网云服务提供商方向发展。

电信运营商提供云服务，主要通过构建通用的车联网基础平台及面向行业的平台两个方式进行。基础平台方面，提供实时接入、海量存储、高效计算、融合分析和动态托管五大能力。能够将多元异构终端实现快速接入、快速计算、海量数据快速存储，为第三方应用的快速开发和部署提供支撑。

应用层面，除了为第三方应用开放网络、计算和存储能力外，还通过构建智能数据处理和分析能力，提供交通元素的精准识别和定位，以及对人、车等元素的精准追踪，交通事件的精准推送等个性化服务。

在以电信运营商为主导的商业模式下，电信运营商成为车载信息服务提供商（Telematics Services Provider，TSP），自行开发有关车联网服务的整套系统，包括搭建车联网服务运行平台、规划服务功能、内容的采购与发包、制定销售策略、定价与收费等有关运营的一切活动。在这种商业模式下，所有收入由通信运营商根据成本及各参与方的利润贡献率进行分配，通信运营商投入最大，所占收入份额也最高。

通信运营商作为TSP的优势在于它拥有巨大的网络平台优势，也有丰富的运营服务经验，还有现成规模巨大的呼叫中心，这些都为它发展车联网业务提供了坚实的基础。通信运营商作为TSP还能摆脱对汽车品牌的束缚，而且可以兼容不同的车载终端，丰富用户的选择，所以受众范围更广。

但通信运营商面临的最主要的问题是其对汽车行业了解不深，在汽车行业内没有市场渠道，无法精准把握汽车消费者的需求，因此在市场推广方面会遇到一定的阻碍。

汽车制造商和电信运营商各有优劣，于是催生出一种互补的合作模式。在这种模式中，通信运营商除了提供网络通道外，还负责TSP平台的建设、资源的整合、网络维护及呼叫中心的运营、收取费用，汽车制造商提供载体，设计个性化的服务功能，并负责营销和业务推广。整条产业链的收入来源于用户购买终端设备、支付服务费和流量费，平台广告收入和第三方应用分成。这种模式中通信运营商投入更大，贡献更多，是这种商业模式的核心，所以费用由通信运营商收取，支付给设备提供商和内容服务提供商之后，再按照之前与汽车制造商商定的利润分成，进行收入的二次分配。

这种模式的优势在于，汽车制造商更了解用户需求，可以设计出满足用户需求的车联网产品，而且具有自有品牌的市场渠道和多年的市场推广经验；而通信运营商一般都自建有呼叫中心，大大降低了运营的成本。缺点是TSP难免会受到汽车制造商的影响，提供Telematics服务的车型限于汽车制造商自有品牌，因此主要业务面向前装市场。

在我国，三大通信运营商纷纷与汽车制造商进行合作。中国电信搭建TSP平台，整合各方资源，为华泰汽车提供实时智能服务；中国移动也与长安汽车合作共同研发车载通信模块；中国联通则推出了车联网架构CUTP（China Unicom Telematics Pattern），与宝马共同推出互联驾驶业务。

5.5.4　5G车联网赋能电信运营商典型案例

案例1：中国联通首钢园区5G车联网系统

2018年中国联通与首钢集团签订战略协议，携手把首钢园区打造成5G示范园区，在远程办公、智慧场馆、移动安防、无人驾驶、高清视频等多个领域实现5G的广泛应用，为冬奥智慧应用提供重要参考。

5G智能车联网系统覆盖首钢园区100万平方米以上面积，可实现无人接驳摆渡、无人零售、无人配送等10大业务场景的示范运营。首钢园区内试点部署的支付手套、支付徽章、冬奥支付服装、冬奥自助售货机和无人超市，可以实现多场景下的"碰一碰"即时支付。

在5G示范园区中，无人驾驶车能及时做出各种避让动作，5G网络和AI技术让车辆行驶更流畅；路边的无人售货车则是"招手即停"，还可根据路况和人群聚集情况自己调整路线，随时满足游客需求。

案例2：中国移动合枢车联网C-V2X平台试点

合枢车联网C-V2X平台定位于面向辅助驾驶和自动驾驶的智慧交通大脑，是中国移动发展下一代车联网业务的重要基础和推动引擎。该平台旨在依托C-V2X技术，提供C-V2X数据、计算、管理、分析、预测及决策的全方位智慧交通基础共性能力，赋能智慧交通建设，助力交通强国国家战略的实施。

合枢车联网C-V2X平台可以支持各类场景的智慧交通应用，包括智慧港口、智慧园区、智慧高速以及智慧城市等。

合枢平台依托中国移动5G网络所具有的大带宽、低时延等通信能力，可以为港口提供智能理货、远程作业等功能，帮助港口强化运输安全，提升作业效率；在以园区为代表的封闭场景，可以支持基于车路协同的自动代客泊车、无人驾驶接驳、无人驾驶观光车等自动驾驶应用，提升园区的智能化管理水平；在高速公路场景下，可以为高速公路的驾驶员提供全方位的道路车辆等交通信息，大幅提升高速公路驾驶的安全性，同时降低监管部门的监管成本，打造一条智慧、安全、高效的高速公路；在智慧城市场景下，可以提供红绿灯车速引导、紧急车辆优先通行、交通事件提醒、绿色智能公交等功能，提升出行效率，减少能源消耗，助力城市智能化交通管理。

合枢车联网平台已经在全国多个城市率先开展示范应用，包括无锡、上海、北京、成都等。其中无锡示范区是全球规模最大的C-V2X城市级示范区和先导区。目前合枢平台在无锡已经拥有10万级终端用户，覆盖300多个交通路口，支持40多个V2X商用场景，超过200万次的接口调用。

参考文献

［1］亿欧智库．2021中国车险科技研究报告［R］．2021．
［2］艾瑞咨询．2021中国新能源车险生态共建白皮书［R］．2021．
［3］亿欧智库．2020中国车联网商业模式分析报告［R］．2020．
［4］中国信息通信研究院．车联网白皮书（C-V2X分册）［R］．2019．
［5］互联网保观．4大案例教你读懂UBI车险［N］．2016，9．
［6］时欣．UBI车险如何落地？来看意大利怎么做［N］．2018，8．
［7］极光．2021年Q3移动互联网行业数据研究报告［R］．2021．
［8］中国信通院．数字碳中和白皮书［R］．2021，2．
［9］亿欧智库．2021中国智能电动汽车竞争格局分析报告［R］．2021．
［10］赛迪智库．中国智能汽车电子软件产业发展趋势洞见［R］．2021．
［11］艾瑞咨询．2021互联网行业挑战与机遇白皮书［R］．2021．
［12］北京大学汇丰商学院商业模式研究中心，安信证券元宇宙研究院．元宇宙2022——蓄积的力量［R］．2022，1．

5G车联未来

5G车联网创新商业模式

第 6 章
5G车联网融合业务应用

5G车联网将和地图、定位、安全等技术深度融合,一方面赋能自动驾驶;另外一方面实现2G端、2C端、2B端的价值应用场景。

6.1 地图业务结合

6.1.1 地图和高精度地图现状

尤瓦尔·赫拉利在其畅销书《人类简史：从动物到上帝》中认为，认知革命让智人成为唯一可以大规模且灵活进行合作的物种，以此在物种竞争中得以统治世界。而支撑这个论断的其中一个理论是语言的灵活性能够更清晰地让人类了解周遭的世界，为了说明这个理论，作者举了一个形象的例子：青猴可以向同伴大叫"小心，有狮子！"，而人类却可以向同类讲清楚什么时间，在哪里，有几头狮子在干什么，以此其部落成员就可以制订更好的计划去捕猎狮子。

能够更清楚、详细地认知这个世界，让大规模的协作成为可能，而这个故事中的位置信息，即使在智人时期，也是基础且重要的信息。实际上，描述位置信息的地图是人类用于交流的最古老信息载体之一。根据谢菲尔德大学教授马尔科姆·刘易斯（G. Malcolm Lewis）的说法，当人类在4万年前的旧石器时代后期学会了用几何图形来交流时，地图便已经诞生，因为几何图形及其拓扑关系能够有效地传达地点、空间和方位等地理信息。

然而地图的编制并不容易，从人工带着准绳、规矩测量，到照相、航空遥测、卫星测量，经过了几千年的时间，地图测绘技术得到了极大发展。而20世纪50年代以来，电子技术在制图中的应用，提高了地图生产的机械化水平。1994年建成的全球卫星定位系统（GPS）将地图、定位、导航的应用推广到了一个新的阶段，结合了地理学、地图学、遥感技术、计算机科学的综合学科——地理信息系统（GIS）在环境、能源、城市管理等几乎所有领域都得到了应用，可以说是20世纪最伟大的地理技术发明。

而导航电子地图走入公众则要到21世纪，经历了3个阶段的发展[1]。

第一阶段是1992～2001年，主要应用是车载导航仪，这一阶段中，作为典型市场，日本的车载导航仪新车装配率从0.4%，提高到35%。

第二阶段是2002～2007年，车载导航仪扩展到手持导航仪，由于其成本低、安装使用简便，很快得到普及。2007年，欧洲市场手持导航仪的销量达到2000多万台，是车载导航仪的4倍多。前两个阶段，电子地图基本是以TF卡的形式存放在导航仪上，需要从网上下载或厂家提供升级服务。

第三阶段，随着移动互联网的发展，2005年谷歌推出谷歌地图服务，尤其是2007年，苹果推出第一代iPhone，智能手机成为风潮，导航电子地图逐渐成为手机的标配，进入了人们的日常生活，也作为移动互联网的基础服务，改变了消费、购物、出行等行业的形态，给人们的生活带来了极大的便利。比如可以在购物APP上实时看到所购商品的物流位置，选择最佳路径驾车到想去的地方，快速找到想去的店铺等。这个阶段的电子地图引入了云计算和大数据技术，数据量也大幅增长，全国电子地图的数据量为16GB左右，可以通过在线OTA的方式非常便捷地更新升级。这一时期，导航电子地图的主要使用者是人，其精度一般在5米左右。

随着应用范围的扩展，尤其是ADAS（高级驾驶辅助系统）、自动驾驶技术的提出，高精度地图的需求日趋迫切，2016年开始发展起高精度地图产业。高精度地图就是精度更高、数据维度更多的电子地图。精度更高体现在精确到厘米级别，数据维度更多体现在其包括了除道路信息之外的与交通相关的周围信息。

高精度地图将大量的行车辅助信息存储为结构化数据，这些信息可以分为两类：第一类是道路数据，比如车道线的位置、类型、宽度、坡度和曲率等车道信息；第二类是车道周边的固定对象信息，比如交通标志、交通信号灯等信息，车道限高、下水道口、障碍物及其他道路细节，还包括高架物体、防护栏、道路边缘类型、路边地标等基础设施信息。以上这些信息都有地理编码，导航系统可以准确定位地形、物体和道路轮廓，从而引导自动驾驶车辆行驶。其中最重要的是对路网精确的三维表征（厘米级精度），比如路面的几何结构、道路标示线的位置、周边道路环境的点云模型等。

有了这些高精度的三维表征，自动驾驶系统可以通过比对车载的GPS、IMU、LiDAR或摄像头的数据精确确认自己当前的位置。另外，高精度地图中包含有丰富的语义信息，比如交通信号灯的位置和类型、道路标示线的类型以及哪些路面是可以行驶等。

传统电子地图和高精度地图的对比如表6-1所示[2]。

表6-1 传统电子地图和高精度地图的对比

项目	传统电子地图	高精度地图
精度	绝对精度5米左右，误差10～15米，只描绘位置和形态，不含有细节信息	绝对精度优于1米，相对精度10～20厘米，包含车道边界线、中心线、车道限制信息等丰富信息
要素和属性	道路POI——涉密POI禁止表达，重点POI必须表达；背景——国界、省界等行政区划边界必须准确表达	详细车道模型——曲率、坡度航向、限高、限重、限宽；定位地物和特征图层
所属系统	信息娱乐系统	车载安全系统
用途	导航、搜索、目视	辅助环境感知、定位、车道级路径规划、车辆控制
使用者	人，有显示	计算机，无显示
显示要求	相对低，人可以良好应对	高，机器较难良好应对

续表

项目	传统电子地图	高精度地图
数据量	每公里的数据量约1kB	每公里的数据量约为100MB，是普通地图的100000倍且数据种类复杂多样
数据来源	主要为采集车	采集车+众包实时数据+云端信息

注：POI（Point Of Information）为信息点。

可见，高精度地图是随着车联网技术的发展而提出来的，是自动驾驶的基石。在车联网"新四跨"测试中，有大量的高精度地图提供商加入，主要包括四维图新、长地万方、中海庭、易图通等，此外提供高精度定位服务的有千寻位置、六分科技、华测导航、中国移动、百度网讯等。

大量企业加入高精度地图行业。但目前，高精度地图尚未有正式标准，这是企业面临的主要问题之一。较为公认的事实标准包括相对精度、逻辑一致性、数据正确性、点云属性、存储方式以及元素完备性六个方面。高精度地图具有定制化的特点，在产品"上车"之前，图商们面临的是不同车型的需求适配问题。另外，不同级别的自动驾驶对于高精度地图的精度、数据内容等的要求也不尽相同。究竟需要什么样的高精度地图，业内还没有可供参考的正式标准。

6.1.2　5G车联网和地图、高精度地图融合应用

高精度地图是伴随着网联自动驾驶需求而来的，自动驾驶分级从L0～L5，技术难度不断升级，从导航、ADAS这类应用，演进到有条件的自动驾驶，到更高级的自动驾驶，不同阶段自动驾驶对于地图的要求也是不一样的，如表6-2所示。

表6-2　L1～L4级阶段自动驾驶对高精度地图的要求

项目	阶段			
	L1	L2	L3	L4
概念	安全辅助驾驶	半自动驾驶	高度自动驾驶	全自动驾驶
精度	2～5米	0.5～1米	10～30厘米	10～30厘米
采集	GPS轨迹+IMU	图像提取或高精度POS	高精度POS+激光点云	高精度POS+激光点云
数据	传统地图+ADAS	车道模型+高精度ADAS	HAD Map	多源数据融合
静态/动态	静态地图	静态地图+动态地图	静态地图+动态时间	静态地图+动态时间实时传输融合地图

注：IMU（Inertial Measurement Unit），惯性测量单元；POS（Position and Orientation System），定位测姿系统；HAD Map（Highly Automated Driving Map），高度自动驾驶地图。

L0级不需要高精度地图；L1级采用普通电子地图就可以满足需求；L2级辅助驾驶对地图精度要求在0.5～1米，传统地图基本无法做到；而到了L3级及以上级别的自动驾驶功能，普通地图完全无法满足要求，高精度地图所能提供的实时、准确的自定位信息以及动态道路信息不可或缺。

车联网和高精度地图融合应用主要包括以下几类。

（1）辅助环境感知，提高安全性

自动驾驶车辆本身有多种传感器对环境进行感知，包括摄像机、激光雷达、毫米波雷达等，但摄像机在弱光及高对比度光线条件场景下很难捕捉足够的视觉信息；激光雷达在雾气/雨滴/雪花/汽车尾气/反射等场景下容易形成虚假点；毫米波雷达在通过隧道、大桥等场景下雷达探测可信度降低。一般通过多种传感器融合来提高安全性，但不能排除在某种复杂的驾驶环境下，存在所有传感器都失效的情况，此时地图作为智能驾驶唯一的超视距传感器，可以突破空间、时间的限制，提供更高程度的安全冗余。

高精度地图可以提供车道线的位置、类型、宽度、坡度和曲率等车道信息，这些信息不只用于数据导航，更多的是与其他传感器融合在一起，发挥环境感知的作用。例如，L3级应用场景之一的高速公路，且超出运行设计域（ODD）要求的驾驶员短时间内接管，要求地图精度达到1米以内；L4级应用场景之一的城郊和高速公路，且超出运行设计域（ODD）要求的长时间正常工作，要求地图要素较多且精度达到0.3米以内。

（2）车辆地理围栏判定，提高准确性

通过高精度地图的多维数据信息，提供交通标志、交通信号灯等信息，车道限高、下水道口、障碍物及其他道路细节，还包括高架物体、防护栏、道路边缘类型、路边地标等基础设施信息。

在L4级以上自动驾驶情况下，地图需提前较长距离发出非地理围栏提醒，因此对动态实时信息要求更高。由于存在各种定位误差，电子地图坐标上的移动车辆与周围地物并不能保持正确的位置关系。利用高精度地图匹配则可以将车辆位置精准地定位在车道上，从而提高车辆定位的精度。

（3）车道级路径规划，提升用户体验

一方面，无人驾驶车在行驶过程中需要及时、准确地对他车行为做出反应，保证行驶的舒适性与安全性；另一方面，提前规划好的最优路径，由于实时更新的交通信息，有可能会发生变化。因此，需要实现车道级路径规划，自动驾驶支持自动换道时，可自动完成道路和车道的变换，若不支持，系统需提醒驾驶员接管。

配置了高精地图的自动驾驶系统在车道级路径规划方面，可以实现自动切换车

道、自动超越行驶较慢的车辆、智能设定巡航车速、自动驶入和驶离匝道。比如在无人驾驶车经过一些坡道时，高精度地图里因为有坡道的信息，能让车辆尽早做好速度规划。或者，当要经过一个弯道时，高精度地图可提前为无人驾驶车提供弯道的曲率信息，让无人驾驶车可以规划好最适合弯道的拐弯速度，对于用户的体验提升起到非常重要的作用。

6.1.3　5G车联网和地图、高精度地图融合应用商业价值

随着对高精度地图在车联网中应用价值的认知逐渐深入，传统地图服务商百度、高德、四维图新呈现三足鼎立的局面。阿里巴巴于2014年收购高德剩余72%股份，高德成为其全资子公司，同年，腾讯入股四维图新。当时的三大互联网厂商BAT纷纷进入地图服务领域，依仗其在传统地图领域的技术领先和地图测绘资质，在高精度地图服务领域领先一步。

同时，作为自动驾驶的重要参与者，车企为了在高精度地图方面避免受到外人掣肘也不甘落后。上汽子公司中海庭拥有甲级电子导航地图制作资质，2017年起开发针对L4级别的高精度地图。

由于车联网服务相对于传统C端应用的差异性，地图服务和自动驾驶应用之间存在比较强的绑定关系，因此尽管互联网企业在技术上领先一步，但仍然离不开车企的配合。只有这样才能让整个产业健康发展。

车联网和高精度地图融合应用的商业价值整体上要看车联网的用户规模、自动驾驶的发展速度。随着智能汽车自动驾驶等级不断提升，高精度地图市场需求将进一步被打开。每有一辆汽车实现自动驾驶，就意味着有一辆车使用了高精度地图产品。

从各大车企的自动驾驶汽车生产计划来看，自动驾驶功能目前还是更多地配备在中高档车型上，普及率更高的是ADAS。根据各大车企的计划，ADAS将逐渐变得普遍和平民化。例如丰田公司计划未来让所有已有车型应用ADAS级地图。而未来随着技术的成熟、成本的降低，自动驾驶或将走进千家万户，成为越来越多人的选择。到那时高精度地图市场渗透率将达到100%，产业发展值得期待。

变现模式上，传统图商的盈利模式是销售离线的License（许可证），单车平均价格约为200元。高精度地图具有实时更新的特点，盈利模式逐渐转变为提供一系列基于高精度地图数据服务并收取服务费的形式，高精度地图厂商也逐渐从图商向地理信息服务型企业转变。

当前业内较为公认的收费模式是在车厂签下订单时支付一笔订单费用以供图商进行高精度地图的开发，后续在搭载车辆上收取一次性的License费用或按每车

每年收取服务费。License 与服务费分别对应汽车增量和存量。根据产业调研，订单费用大约为几千万元；License 费用约 1000 元/车，即传统地图的 5 倍，服务费为 100～500 元/（年·车）[3]。

此外还有一种商业可能，即基本的高精度地图费用由车企支付，随着车辆卖给用户，后续的高精度使用及更新地图部分的费用由用户支付。对于车企来说，不需要一开始付给图商大笔费用，节省车辆的成本。对于图商来说，可以通过提供优质的服务，获得持续的服务收费，可以充分激活图商提升服务质量的动力。

6.1.4　5G 车联网和地图、高精度地图融合应用典型案例

四维图新在车联网服务上分为商用车智能网联和乘用车智能网联。商用车智能网联的目标是依托云服务平台，以车联网技术、大数据、云计算等科技手段，为车主、物流企业、车厂、车后市场服务提供商等产业链参与者进行创新科技赋能，助力商用车行业迈向智能互联与大数据时代。

在商用车智能网联提供融合高精度地图业务方面，包括智能地平线业务、预见性巡航（Predictive Cruise Control，PCC）、智能副驾、智能分段限速路网地图、货车通、智能网联大数据产品、商用车自动驾驶等 11 类业务。

智能地平线可将丰富具体的 ADAS 地图数据，转化成车辆可理解的信息，并通过 ADASIS（Advanced Driver Assistant Systems Interface Specifications，高级驾驶辅助系统接口规范）协议更为主动地对车辆实现相应控制，从而实现更节能、更安全、更舒适的驾驶体验。在 ADAS 或自动驾驶场景下，智能地平线赋予车辆可靠的超视距地图数据，作为地图传感器，有效弥补了其他传感器的不足，让驾驶更加安全与智能。

其他如预见性巡航、智能副驾、智能分段限速路网地图等也是典型的高精度地图在车联网领域的融合应用服务。

6.2　LBS 位置业务结合

6.2.1　定位和高精度定位现状

如果说地图构建了地理环境的信息库，那么定位则是根据一些信息确定自己在地图上所处的位置，是人类探索世界需要掌握的基本技能，因此也就随着这一探索进程而快速发展。

由于语言导致的认知革命，智人可以从同伴处得到抵达某个地方的路径，并通

过该地实际环境的对照确定是否到了正确的位置。实际上，在很长的时间内，准确地定位和导航都是一个极大的挑战，历史上由于迷路导致的悲剧比比皆是，比如西汉名将李广就因为多次"失道"而错失战机。

随着人类对宇宙和地球自身认知的加深，仰望天空通过星象定位和俯视地球通过地磁定位的技术都发展起来，这在15世纪大航海时代中得到了广泛的应用，促进了地理大发现和全球的融合进程。

真正的现代导航技术是在人类发明了无线通信技术后，并在战争的刺激下快速发展起来。在第一次世界大战期间，飞机、舰船等新型军备投入战场。据统计，各国有超过10万架飞机参战，英德日德兰海战中，作战双方共有261艘各类战舰参战。为了准确地让飞机和舰船到达指定位置，建立了陆基无线电导航系统，通过接收信标发射的信号，计算与信标的相对方位和距离，确定自身的位置和航向。在随后的第二次世界大战中，陆基无线电导航系统得到极大发展，出现了罗兰-A（Loran-A）、罗兰-C（Loran-C）、台卡-A（Decca-A）、奥米伽系统、伏尔/测距仪（DME）、塔康（Tacan）等多种系统。整体上，无线电导航系统通过构建无线网络发射无线电信号，将地球网格化，需要导航的人和物体通过计算在此网格中的位置而进行定位和导航，相对于地磁的精度更高，是至今仍广泛使用的定位方式，大量的无线定位系统被开发出来，如利用公众移动通信系统的4G/5G定位、Wi-Fi定位、蓝牙定位、UWB定位、RFID定位等。

陆基无线电导航系统具有成本低、精度较高的优点，但需要依赖定位网络，利用空中传输的电磁波，在某些场景下，比如战争中容易受到敌方干扰，此时自主导航技术发展起来。比如惯性导航系统，是以陀螺仪和加速度计为传感元件，通过测量惯性空间的旋转角速度和线加速度，根据经典惯性力学原理建立空间三维运动方程，实时解算载体的速度、位置、姿态等全部运动参量。其优点是可以实现自主定位和导航，但同时也存在累积误差逐渐增大，需要定期校准的缺点。至今，惯性导航仍应用于手机、AGV（Automated Guided Vehicle，自动导航车）等各种设备中。

陆基无线电导航系统需要在地面建设无线网络，而要覆盖全球，不管是在政治、商业还是技术领域都存在较大的问题，毕竟个人手机的全球漫游都经历了漫长的过程，涉及地理位置敏感信息的全球合作则更难，也很难大量地应用在民用领域。

大规模民用定位技术的应用可以说是始于GPS（Global Positioning System，全球定位系统）——由美国发展起来的一个系统，可以看作是将用于定位的信标搭载在卫星上，发射到地球同步轨道中，地球上的任何一个终端通过接收卫星发射的信号就可以计算出位置。尽管这一系统最早的开发目的是军用，但转民用后推动了手机定位、车载导航、民用测绘等大量的应用场景,进入每个人的生活。

卫星导航系统始于GPS,但不只是GPS。欧盟的伽利略系统(GALILEO)在多次拖延后已经完成24+6卫星的组网部署。俄罗斯的格洛纳斯(GLONASS)也已实现全球覆盖。我国自主开发的北斗卫星导航系统(BDS),在2020年完成了收官卫星的发射,共30颗卫星,其中包括3颗地球静止轨道(GEO)卫星、3颗倾斜地球同步轨道(IGSO)卫星和24颗中圆地球轨道(MEO)卫星[4]。

全球卫星导航系统(GNSS)在全球范围内提供米级精度的定位服务,成为目前主要的基础定位技术。随着车联网的发展,对定位的精度提出了更高的要求,基于GNSS的高精度定位增强,常见的有RTK(Real Time Kinematic)、SBAS(Satellite-Based Augmentation System)。

RTK技术即载波相位差分技术,是实时处理两个测量站载波相位观测量的差分方法。即将基准站采集的载波相位发给用户接收机,进行求差解算坐标。载波相位差分可使定位精度达到厘米级。目前测量中常用的动态测量方法主要是RTK和连续运行参考站系统(Continuous Operational Reference Systems,CORS)。

SBAS即星基增强系统,通过地球静止轨道(GEO)卫星搭载卫星导航增强信号转发器,可以向用户播发星历误差、卫星钟差、电离层延迟等多种修正信息,实现对于原有卫星导航系统定位精度的改进,从而成为各航天大国竞相发展的方式。目前,全球已经建立起了多个SBAS,如美国的WAAS(Wide Area Augmentation System)、俄罗斯的SDCM(System for Differential Corrections and Monitoring)、欧洲的EGNOS(European Geostationary Navigation Overlay Service)、日本的MSAS(Multi-functional Satellite Augmentation System)以及印度的GAGAN(GPS Aided Geo Augmented Navigation)。

SBAS的工作原理大致相同。首先,由大量分布极广的差分站(位置已知)对导航卫星进行监测,获得原始定位数据(伪距、卫星播发的相位等)并送至中央处理设施(主控站),后者通过计算得到各卫星的各种定位修正信息,通过上行注入站发给GEO卫星,最后将修正信息播发给广大用户,从而达到提高定位精度的目的。SBAS服务可以免费使用,但部分地区没有信号覆盖。在定位板卡模块中以参数"DGPS"给出定位精度,一般精度为0.4米。

其他基于特定场景的高精度定位技术,如室内定位场景的UWB技术,摒弃了正弦波信号,而是以占空比很低的冲击脉冲作为信息载体的无载波扩谱技术,通过对具有很陡上升和下降时间的冲击脉冲进行直接调制,具有系统实现简单、数据传输速率高、功耗低、安全性高、多径分辨能力强、定位精度高的优点,可以实现10厘米的定位精度。

还有车载常用的惯性测量单元（IMU），可以通过传感器增强来提高定位精度，一种是利用光纤陀螺（FOG）实现，特点是精度高，但同时成本也高，一般应用于精度要求较高的地图采集车辆。另一种是基于微机电系统（MEMS）器件的IMU，它的特点是体积小，成本低，环境适应性强，但缺点是误差大。

其他可用于车联网高精度定位的技术还包括利用车载激光雷达、毫米波雷达，基于概率地图的点云匹配方式实现高精度定位；以及视觉定位方案，利用照相机提取的车道线与地图中车道线匹配以获取车辆的精确位置。

6.2.2　5G车联网和定位、高精度定位融合应用

定位是车联网的一个基本功能，车联网应用标准对定位提出了明确的要求，如表6-3所示[5]。

表6-3　车联网应用标准对定位的要求

应用场景类别	应用标准		
	第一阶段	第二阶段	车路协同高等级自动驾驶阶段
基本安全类应用	√	—	—
交通效率提升类应用	√	—	—
车辆编队	—	√	√
增强驾驶	—	√	√
协同式策略	—	√	√
扩展传感器数据共享	—	√	√
远程驾驶	—	√	√
协作式安全	—	√	√

车联网定位的目标主要是移动的车联网设备（如车载设备、弱势交通参与者设备等）。因此从场景角度来看，与常规的室内/室外场景存在差异，在有GNSS信号覆盖的室外场景，需要更高的精度，高速公路、城市快速路、居民区等大多数的开放环境属于这类场景。然而对于一些特殊环境，如城市峡谷、高架桥下、室内/地下停车场、隧道、地下交通、煤矿井下等，GNSS信号不可用或者不可靠，需要结合其他定位技术确保定位精度不降级。

在定位精度方面，第一阶段的应用标准中，大部分用例的定位指标为定位误差≤5米，前向碰撞预警/盲区预警/变道辅助、逆向超车预警、紧急制动预警、闯红灯预警定位误差≤1.5米。

第二阶段应用层标准中，细分了每个轴向的定位精度需求，纵向（车辆行驶方向）定位误差≤5米，垂直（车辆高度方向）定位误差≤3.5米，水平（车辆侧向）定位误差要求相对较高，且不同用例存在差异，例如车辆编队要求为亚米级、协作式车队管理为≤1米、车辆汇入/汇出控制为≤50厘米。随着车路协同应用从支持基本道路安全类到辅助自动驾驶、高级自动驾驶的演进，车联网定位的精度要求也不断提高。

相对于传统定位来说，自动驾驶车辆的位置和姿态有以下特点：一是厘米级别的精度，需要精确到车在车道线的具体位置，例如距离左右边线几厘米；二是高频低延迟，需要毫秒级别的时间延迟，实时传输车的位置，否则会出现安全事故。

前面介绍了定位和高精度定位的各种技术，各有其适用场景和优缺点。对于车联网来说，普遍采用融合定位的方式。最广泛的是GNSS、RTK和IMU的融合定位。GNSS/RTK定位精度高，动态测量下能达到厘米级精度，不存在累积误差问题，但其定位更新频率低，并且信号容易被遮挡；IMU更新频率高，但有累积误差问题。将其结合起来实现优势互补，在GNSS/RTK定位间隔中使用IMU进行位移和方向变量的累加，用户接收机在进行GNSS观测的同时，也接收到基准站发出的改正数，并对其定位结果进行改正，从而提高定位精度，实现低延迟、高精度、高频率的实时定位。

目前，我国地面道路正形成以5G+北斗（或GPS）卫星+地基增强系统为主的高精度定位系统，停车场则有可能形成以C-V2X（或UWB）为主的高精度定位支持系统。现状是高精度定位基础设施普遍不到位，用户群少且设备价格偏高。高精度定位终端成本的降低，一方面依赖于大规模的量产装车，另一方面依赖于定位基础设施早日建成。新基建的启动，加快了高精度定位基础设施的铺设步伐。

6.2.3　5G车联网和定位、高精度定位融合应用商业价值

如果说高精度地图为自动驾驶汽车提供了一条动态、智能、安全的"无形轨道"，那么高精度定位则是让车辆时刻知道、调整自己的位置，安全、平稳地行驶在这条轨道上，保证车辆不"出轨"。

高精度定位目前主要的四类技术包括卫星定位（GNSS）、惯性定位（IMU）、视觉定位、路侧定位。多种定位技术相融合有望成为未来车载导航发展的主流趋势。卫星-惯性组合定位导航凭借其精度高、稳定性强、成本友好等优势有望成为智能汽车导航领域的主要定位技术，但视觉定位和路侧定位亦有其优势适用场景。

车联网和定位、高精度定位融合应用的产业链主要包括GNSS卫星导航、IMU惯性导航、差分增强信号、GNSS接收天线四个部分。

卫星导航和惯性导航融合应用在使用及建设时均涉及硬件设备，包括增强基站、卫星导航产品、惯性导航产品等。因此在部署时需要在智能车辆内预装硬件，通常是在前装环节完成的。

目前国内已建成北斗卫星导航系统，极大地支撑了导航和定位市场的发展。而在增强服务方面，依赖于增强服务厂商。目前中国移动、千寻位置、六分科技、国家电网、南方电网等建设了地面增强基站，所拥有的基站数量（个）分别为>4000、>2800、>2300、>1000、>600。这些服务商也得到了大量投资，如千寻位置的主要股东为阿里巴巴、中兵北斗；六分科技的主要股东为腾讯、中国电信、四维图新（四维图新也是腾讯产业生态成员）；国家电网和南方电网基站以自用为主。除上述企业外，中海达、华测导航、司南导航等公司亦具备建站能力，承包中国移动、国家电网等企业大量建站项目。

根据差分定位信号播报方式的不同，增强系统分为地基和星基两种。地基增强系统主要通过通信网络传播，主要用在平原、城市等人口密集、通信服务信号覆盖较好的区域。星基增强系统则通过卫星网络播报差分定位信号，成本较高，主要覆盖海洋、高山、空中等通信服务信号覆盖盲区。两者在应用场景方面形成互补。

GNSS接收天线用于滤除杂波，强化、接收差分定位增强信号。GNSS天线可接收多个导航定位星座的多个频段的信号，具有高增益、宽波束、低仰角增益、广角圆极化、稳定相位中心等特点，在高精度定位设备中必不可缺。目前国内GNSS天线供应商主要为中海达等企业。

在上游零部件及服务供应领域中，北斗星通、中海达、千寻位置优势明显。其中，北斗星通旗下的和芯星通为高精度定位芯片的重要供应商；中海达在GNSS天线领域优势明显，市场占有率领先；千寻位置有中兵北斗和阿里巴巴两大股东，凭借自身先发优势，在差分信号服务市场份额占优。

产品集成领域，卫星导航与惯性导航相结合趋势明确。目前的集成商分为两类：卫星导航基础上融合惯性导航，惯性导航基础上融合卫星导航。第一类集成商以专业卫星导航厂商为主，如华测导航、中海达、北斗星通等；第二类集成商以惯性导航厂商为主，如导远电子等。

可见，车联网融合高精度定位已经形成了相对健康的产业链，那么从整体商业价值来看，呈现出汽车销量基数高，汽车智能化产业链空间巨大的特点。在不考虑存量汽车装配高精度导航定位设备的可能性下，预计到2025年，单纯由自动驾驶驱动的国内高精度导航定位设备市场空间约为86亿元,2021～2025年累计市场空间约为161亿元[6]。

伴随自动驾驶的推进,已有不少车企尝试推出带有高精度定位的车型。2020年是高精度定位车型集中量产上市的第一年,据不完全统计,共有6款车型搭载了厘米级、亚米级高精度定位产品。从目前来看,支持高精度定位的车型仍然较少,这主要是由于目前乘用车的自动驾驶功能大多仍为L3级以下。预计伴随自动驾驶的不断发展,未来搭载高精度定位将成为主流。

6.2.4　5G车联网和定位、高精度定位融合应用典型案例

案例1:千寻位置

千寻位置经过多年积累,完成了器件选型、系统集成、道路测试验证等多方面挑战,为车联网推出了可供量产的智能驾驶FindAUTO解决方案,涵盖千寻立见(FindNow)、千寻知寸(FindCM)等丰富的高精度定位产品及服务,专为汽车客户量身定制,如图6-1所示。

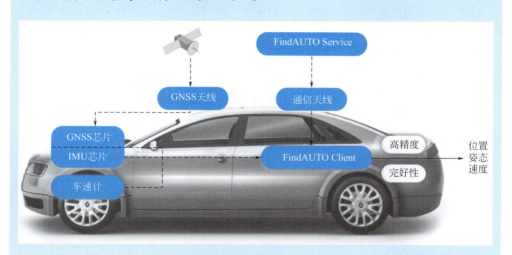

图6-1　智能驾驶FindAUTO解决方案

FindAUTO是千寻位置专为汽车行业打造的定位引擎+差分改正服务,通过集成在车载终端的定位引擎FindAUTO Client,结合千寻云端播发的差分改正数服务FindAUTO Service,可输出实时可靠的高精度位置、速度、时间、姿态等信息,符合/满足汽车行业标准。

FindAUTO可以实现最高2厘米的定位精度，并将首次定位时间缩短到3秒，路况上可实现高速公路100%全覆盖，服务可用率99.99%，在安全方面满足功能安全、SOTIF、TISAX三个标准的要求。同时，FindAUTO融合了IMU惯性导航，在卫星短暂失锁、隧道场景、上下高架道路时也能保证服务可用。

千寻位置的FindAUTO服务已经在广汽埃安V/埃安LX上得到应用，是国内首个搭载高精度定位技术的L3级自动驾驶量产车和5G-V2X量产车。在"世界最危险高速公路"四川雅西高速公路上，在FindAUTO指引下，驾驶员"脱手脱脚"完全依靠自动驾驶实现安全通行[7]。

案例2：高德地图

高德地图智能驾驶解决方案已在小鹏汽车上装载，该方案实现了车道级导航、车道级定位、精细化渲染、低级别辅助驾驶、导航路线辅助驾驶等。车道级定位支持车辆GNSS-RTK、IMU、车速、视觉语义等定位信息输入，结合车道级导航专用地图数据（Lane Navigation Data Standard，LNDS），利用多传感器融合输出车道级定位结果。通过与小鹏硬件结合，在量产车上实现了NGP自动导航辅助驾驶。

高德公司在融合定位上使用GPS、IMU、里程计等传感器，结合高德地图本身的优势，提出了一种结合地图匹配（Map Matching）的多传感器融合算法——GPS/IMU/MM融合的软件+硬件的解决方案，解决了车载应用中的几个关键问题。

① 在高架或城市峡谷，信号遮挡引起位置点漂移时的偏航重算。
② 在信号区域（停车场、隧道）推算的精度低，导致出口误差大。
③ 在主辅路、高架上下抓路错误。

不管是GNSS+MM，还是GNSS+IMU，均不能完全解决偏航重算、无法定位和抓路错误这三个问题，尤其是抓路错误。为此，在技术层面上，将两套通用方案进行融合，提出了一套软+硬（GNSS+MM+DR）方案，其中DR（Dead Reckoning）是指航位推算；在算法层面上，依靠高德公司的数据优势，以数据融合模块为核心，一方面提高定位结果的可靠性，弥补硬件性能上的不足，另一方面对抓路错误问题进行专门的算法设计，如图6-2所示。

图6-2 软+硬（GNSS+MM+DR）方案

通过GPS质量评估、器件补偿、DR算法、融合算法等模块和功能，较好地解决了这些问题，可实现主辅路识别、高架识别、停车场入口识别等特色功能[8]。

6.3 安全业务结合

6.3.1 安全现状

自智人以"认知革命"掌握了语言，大幅提升了协作水平，信息技术就进入了人类社会，而语言的出现也被认为是第一次信息技术革命。随后，文字、印刷术、现代通信、计算机通信、互联网等信息技术推动人类社会以加速度向前发展。从信息技术出现开始，信息安全就成为重点关注的问题，从防备"隔墙有耳"到"兵者，诡道也"，从周朝的"阴符""阴书"到宋朝的密写，都在提出和解决信息安全的问题。

现代通信和信息技术的发展及应用大幅度提升了信息传递的效率与范围，将人和人以前所未有的密切程度联系起来，推动人类社会走向全球化。在这个过程中，信息安全也经历了四个发展阶段[9]。

（1）通信安全时期

主要标志是1949年香农发表的《保密通信的信息理论》。在这个时期通信技术还不发达，计算机只是零散地位于不同的地点，信息系统的安全仅限于保证计算机的物理安全以及通过密码（主要是序列密码）解决通信安全的保密问题。把计算机安置在相对安全的地点，不允许非授权用户接近，就基本可以保证数据的安全性了。这个时期的安全性是指信息的保密性，对安全理论和技术的研究也仅限于密码学。这一阶段的信息安全可以简称为通信安全。它侧重于保证数据从一地传送到另一地时的安全性。

（2）计算机安全时期

以20世纪70～80年代《可信计算机评估准则》（TCSEC）为标志。在20世纪60年代后，半导体和集成电路技术的飞速发展推动了计算机软、硬件发展，计算机和网络技术的应用进入了实用化及规模化阶段，数据的传输已经可以通过计算机网络来完成。这时候的信息已经分成静态信息和动态信息。人们对安全的关注已经逐渐扩展为以保密性、完整性和可用性为目标的信息安全阶段，主要保证动态信息在传输过程中不被窃取，即使窃取了也不能读出正确的信息；还要保证数据在传输过程中不被篡改，让读取信息的人能够看到正确无误的信息。1977年美国国家标准局（NBS）公布的国家数据加密标准（DES）和1983年美国国防部公布的可信计算机系统评价准则（TCSEC-Trusted Computer System Evaluation Criteria，俗称橘皮书，1985年再版）标志着解决计算机信息系统保密性问题的研究和应用迈上了历史新台阶。

（3）20世纪90年代兴起的网络时代

从20世纪90年代开始，由于互联网技术的飞速发展，无论是企业内部信息还是外部信息都得到了极大的开放，而由此产生的信息安全问题跨越了时间和空间，信息安全的焦点已经从传统的保密性、完整性和可用性三个原则衍生为诸如可控性、抗抵赖性、真实性等其他的原则和目标。

（4）进入21世纪的信息安全保障时代

主要标志是《信息保障技术框架》（IATF）。如果说对信息的保护主要还是处于从传统安全理念到信息化安全理念的转变过程中，那么面向业务的安全保障就完全是从信息化的角度来考虑信息的安全了。体系性的安全保障理念，不仅是关注系统的漏洞，更是从业务的生命周期着手，对业务流程进行分析，找出流程中的关键控制点，从安全事件出现的前、中、后三个阶段进行安全保障。面向业务的安全保障不是只建立防护屏障，而是建立一个"深度防御体系"，通过更多的技术手段把安全管理与技术防护联系起来，不再是被动地保护自己，而是主动地防御攻击。也就是说，面向业务的安全防护已经从被动走向主动，安全保障理念从风险承受模式走向安全保障模式。信息安全阶段也转化为从整体角度考虑其体系建设的信息安全保障时代。

汽车作为工业革命时代最伟大的发明，起到了非常重要的作用，其安全性也是社会安全的重要组成部分之一，而事实上并不乐观。目前，全世界每年约有135万人死于交通事故，这些事故常见原因中的94%涉及人为错误。自动驾驶技术基于对路况的高度了解和独立于人的判断力，被认为可以有效减少交通事故，同时可以有效应对大规模城市化带来的交通效率挑战。

实际上，在引入自动驾驶和网联功能之前，汽车就存在很多可以利用的攻击面，只不过旧汽车架构依靠封闭网络，几乎没有外部通信，可以很好地保障其网络安全。而随着自动驾驶和网联功能引入，使汽车成为一个"轮子上的互联网终端"，而且由于其所具有的重要性，使得汽车成为比个人手机更具价值的攻击目标，车联网的信息安全成为一个重大挑战。从目前车联网的发展情况来看，安全挑战主要包括以下四个方面[10]。

① 自动驾驶和智能网联功能本身的设计漏洞，即一些特定的场景在设计时可能没有考虑到。自动驾驶和智能网联汽车所要面临的环境太过复杂，设计漏洞很难完全避免。

② 自动驾驶和智能网联功能实现不能完全符合设计。造成这些错误的原因包括软件错误，以及随机硬件错误等。

③ 驾驶员或是乘客可能会发生的误操作（针对L2级及L3级的系统）。

④ 人为的恶意行为。

不止技术分析上的安全挑战，实际发生的数据也在提示PC时代的安全风险可能会在汽车上重演。在2016～2020年，汽车被攻击的次数增长了20倍，"黑客"对智能汽车的攻击快速增加，其中27.6%的攻击涉及车辆控制。当汽车与PC（计算机）一样成为移动互联网的载体，车联网和智能驾驶功能成为车辆标配，汽车网络安全的底线也将成为最大的安全隐患。按照目前的发展趋势，随着汽车联网率的不断提升，预计未来此类安全问题将更加突出。

因此车联网安全成为标准和政策法规制定的重要方向。国内外车联网V2X信息安全标准、法规全面开展。

国际上，目前美国、欧洲、日本等世界汽车交通强国和地区陆续出台车联网网络安全及与自动驾驶相关的政策法规，力图从国家层面细化涉及汽车全生命周期各参与体的网络安全责任，加强对车联网安全的重视程度。ISO等国际标准组织也积极推动车联网安全的研究和标准化工作，设立专门的安全工作组开展车联网安全标准的制定工作，为车联网安全的发展提供必要的理论依据。相关国际标准包括ISO和SAE合作制定的ISO/SAE 21434等，详细见表6-4。

我国高度重视车联网安全问题。2021年6月，为落实《中华人民共和国网络安全法》等法律法规要求，加强车联网（智能网联汽车）网络安全标准化工作顶层设计，工信部组织编制了《车联网（智能网联汽车）网络安全标准体系建设指南》，主要包括终端与设施安全、网联通信安全、数据安全、应用服务安全等方面。车联网（智能网联汽车）网络安全技术架构如图6-3所示。

表6-4　国际车联网网络安全标准

组织机构	标准研究	主要内容
国际标准化组织（ISO）和美国汽车工程师协会（SAE）	《道路车辆网络安全工程》（ISO 21434）	该标准旨在定义整个车联网产业链中使用的通用术语，明确车联网中关键网络安全问题，设定车辆网络安全工程的最低标准，并为相关监管机构提供参考
信息安全、网络空间安全和隐私保护技术委员会（ISO/IECJTC1/SC27）	基于ISO/IEC 15408的网联汽车信息安全测评准则	旨在基于ISO/IEC 15408标准，分析网联汽车面临的安全威胁和安全目标，提出安全要求和安全功能组件
国际电信联盟（ITU-T）SG17	V2X通信系统的安全指南，用于确定V2X通信中分类数据的安全要求和互联车辆中的安全威胁	主要围绕V2X面临的安全威胁和安全要求，提出相应的安全指南，该标准已经被冻结
3GPP SA3	3GPP TS 33.185LTE支持车辆到一切（V2X）服务的安全方面	规定了LTE-V2X的安全架构以及安全机制

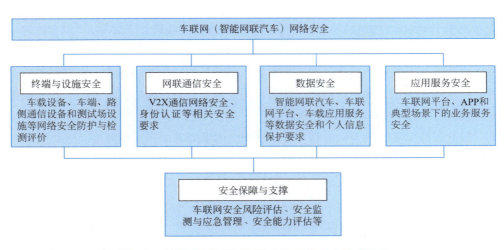

图6-3　车联网（智能网联汽车）网络安全技术架构

终端与设施安全风险是指面临非法接入、权限滥用、运行环境风险、不安全升级以及部署维护风险等；网络通信安全风险包括车辆内部网络通信安全和车辆外部网络通信安全，存在假冒终端、假冒网络、消息伪造/篡改/重放、隐私泄露等风险；数据安全风险是指车联网数据在生成、传输、存储、使用、丢弃或者销毁等各个阶段均存在着非法访问、非法篡改及数据泄露等问题，数据的安全性直接影响到车联网体系的安全；应用服务安全风险是指面临假冒用户、假冒业务服务器、非授权访问、伪造/篡改/窃听信息、用户隐私数据泄露等问题，以及云端控制平台可以进行远程控制，如果对平台进行网络攻击，则可以直接延伸到对车本身的攻击。

除此之外，我国还出台了众多车联网安全相关规定。

2021年5月，国家互联网信息办公室发布《汽车数据安全管理若干规定（征求意见稿）》，运营者在中华人民共和国境内设计、生产、销售、运维、管理汽车过程中，收集、分析、存储、传输、查询、利用、删除以及向境外提供个人信息或重要数据，应当遵守相关法律法规和本规定的要求。

2021年6月，工信部发布《关于开展车联网身份认证和安全信任试点工作的通知》，加快推进车联网网络安全保障能力建设，构建车联网身份认证和安全信任体系，推动商用密码应用，保障C-V2X通信安全，开展车联网身份认证和安全信任试点工作。

2021年6月，工信部发布《2021年汽车标准化工作要点》，其中智能网联汽车领域，适应新技术发展趋势，加快推进整车信息安全、软件升级、自动驾驶数据记录系统等强制性国家标准的立项和制定工作。国家标准委对《汽车整车信息安全技术要求》《智能网联汽车　自动驾驶数据记录系统》《汽车软件升级　通用技术要求》3项拟立项强制性国家标准项目征求意见。

2021年9月，工信部发布《关于加强车联网网络安全和数据安全工作的通知》，从网络安全和数据安全基本要求、加强智能网联汽车安全防护、加强车联网网络安全防护、加强车联网服务平台安全防护、加强数据安全保护、健全安全标准体系6个方面做出部署。

2021年9月，工信部发布《关于加强车联网卡实名登记管理的通知》，启动车联网卡实名登记工作。从夯实管理职责、强化实名登记、加强个人信息保护、组织监督检查等方面提出了12项工作举措，进一步规范细化车联网卡实名登记要求。

在产业实践层面，车联网C-V2X"新四跨"暨大规模先导应用示范活动成功举行，进行了跨整车企业、跨芯片模组、跨终端厂商、跨安全平台的C-V2X测试与规模演示，有效地验证了新的通信安全技术标准，促进C-V2X产业相关芯片模组、终端、整车、安全、地图、定位等企业的进一步协同，明显地加快了车联网安全的步伐。通过测试，各家厂商验证了本身的解决方案，比如在加密算法、高精度地图定位辅助下，"新四跨"演示场景触发是否精准，存在哪些安全风险，是否影响后续方案落地等，这些都极大地促进了C-V2X商业化的进程，为其打下了一定的安全基础。

6.3.2 车联网和安全的融合应用

由于信息安全在车联网中的显著重要性,安全应用成为车联网运营服务的重要组成部分。车联网系统包含云、管、边、端四个方面,车联网系统面临的安全风险如下[21]。

(1)车载终端风险

车载终端风险包括系统漏洞暴露风险、固件逆向风险、OTA升级风险、应用软件风险以及数据泄露风险等。"黑客"可通过控制设备生成或发送错误的V2X消息或者警告,从而误导周边的车辆做出错误的判断,导致交通事故的发生。另外车载终端在物理上会有多个访问接口,攻击者可能通过访问接口近场进行入侵,植入恶意代码,控制车载终端。

(2)路侧设备风险

路侧设备风险包括终端环境风险、系统漏洞风险、OTA升级风险、非法接入风险等。

(3)网络通信安全风险

网络通信安全风险包括蜂窝通信网络安全风险、PC5直连通信接口安全风险、5G网络切片安全风险等。

① 蜂窝通信网络安全风险是指由于无线环境中的外部不可控因素引发的安全风险。针对蜂窝网络面临的主要风险包括:信息窃听和篡改、信令重放、伪基站等风险。"黑客"可通过伪基站干扰无线信号,让终端通信降级,连接至不安全的2G/3G/4G网络中。可通过仿冒合法终端身份接入系统占用网络资源,伪造业务数据,影响系统运行。"黑客"可通过中间人攻击方式窃取传输中的网络数据,获取用户隐私信息,造成信息泄露。"黑客"可通过篡改或重放网络传输中的数据造成资源耗尽、业务中断,甚至造成重大网络交通事故。

② PC5直连通信接口安全风险是指PC5直连通信作为车路协同场景下车-车通信和车-路通信的主要通信方式,面临着隐私泄露、信息窃取、信息篡改等安全风险。"黑客"可利用PC5通信接口广播和开放性,入侵合法的终端或者伪造终端发送虚假恶意信息造成网络阻塞,影响车联网业务正常运行。"黑客"可通过PC5接口窃取业务信息,获取用户位置等个人隐私信息,造成隐私泄露。

③ 5G网络切片安全风险是指5G网络切片存在潜在的安全风险点,体现在切片中共享的通用网络接口、管理接口、切片之间的接口、切片的选择与管理,这些接口存在被非法调用的风险,一旦非法的攻击者通过这些接口访问业务功能服务器,滥用网络设备,非法获取包括用户标识在内的隐私数据,就会给用户标识安全性、

数据机密性与完性、网络功能可用性带来影响。

（4）V2X云控平台安全

与传统云服务平台相比，V2X云控平台安全面临更多的攻击面，遭到的攻击危害也更严重，如暴力破解、拒绝服务、信息泄露、SQL（Structured Query Language，结构化查询语言）注入等网络安全风险。

为防范以上安全风险，有以下安全防护策略。

（1）通过基于PKI的车联网通信安全身份认证机制实现设备间的安全认证和安全通信

采用基于公钥基础设施（PKI）的安全系统所提供的数字证书并应用数字签名技术，可以防止非法身份车辆发送虚假、伪造消息。基于数字证书技术可以对消息的真实性进行保护；使用基于非对称加密体系的数字证书和数字签名技术可以对抗针对直连端口传送消息的伪造、篡改和重放等攻击，如图6-4所示。

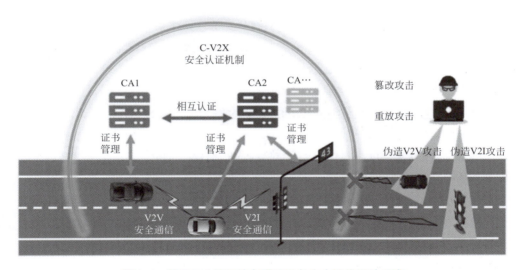

图6-4　基于PKI认证的车联网设备安全通信系统示意

（2）通过假名证书和加密算法保护用户的隐私

为避免泄露车辆行驶轨迹，车辆在发送车辆安全信息（BSM）消息时使用假名证书（PC）提供数字签名的保护，并利用密码技术隐藏车载终端（OBU）或车辆的身份信息，以保护用户的隐私。为了进一步确保假名证书注册机构无法关联用户身份信息，可由认证授权机构（AAA）完成相应的认证与授权操作，V2X设备通过认证授权机构（AAA）签发的授权凭证（如令牌等）向假名证书机构（PCA）申请假名证书（PC）。假名证书机构（PCA）还会向车载终端（OBU）签发多个有效期相同的假名证书；车载终端（OBU）依据假名证书（PC）使用策略，定期更换用于消息签名的证书。

（3）通过异常行为检测和证书撤销机制确保车联网应用安全

构建异常行为终端管理机制，设置异常行为管理机构（MA）用于接收车辆异常行为报告并进行过滤、分类分级、关联分析，最终判定所采取的解决措施。对于危害性较大的车辆，将其证书添加到证书撤销列表，撤销该设备参与V2X通信的凭证，限制其造成进一步危害的能力。

（4）建立与汽车电子标识相关联的车联网设备身份标识体系实现车辆管理

车联网设备身份标识应具备唯一、不易篡改/伪造、方便公安部门进行管理和识读等特征。而汽车电子标识是由国家公安部制定并予以推广，用于全国车辆真实身份识别的系统。该系统实现统一标准、统一推行、统一管理，与汽车车辆号牌并存，并且法律效力等同于车辆号牌，是汽车的电子身份证，具备防伪、防篡改、防拆、识读速度快、可多标签同时读写等特性。

建立与汽车电子标识相关联的车联网设备身份标识体系不仅方便公安部门实现对V2X车辆的智能管理，还可以借助汽车电子标识辅助完成对车辆身份的认证，简化V2X车辆/设备厂商的出厂初始化配置。借助汽车电子标识可实现V2X设备、车辆、车主的绑定，更有利于实现对车辆及责任人的管理。

（5）建立对车联网系统组成单元的安全检测

安全检测是指综合运用安全分析、模拟环境搭建、检测评估技术等方式针对车联网终端（TBOX/RSU/GW/MEC等）、网络通信、OTA、APP、云端平台等开展车联网安全的检测。

车联网终端检测包括硬件检测、系统安全、第三方库、应用安全、固件检测、代码检测、恶意代码防护、内存防护、存储安全等；网络通信测试包括对通信协议、传输加密、设备识别等进行安全检测；OTA检测包括数据包加密、完整性校验等；APP检测包括反调试保护、防逆向、越狱检测、非法应用安装防护等；云端平台检测包括跨站脚本、SQL注入、指令注入、越权访问、日志安全、主机安全、抗DDOS（Distributed Denial of Service，分布式拒绝服务）等。

（6）利用区块链技术为车联网行业提供身份认证和信任机制

区块链集分布式存储、点对点传输、共识机制、智能合约、加密算法等技术为一体，具备分布式、数据防篡改、可追溯、柔性监管等特点，是一种在数据协作场景下建立多方互信的分布式账本技术。区块链自诞生起就与基础设施这个概念紧密关联，能够作为车联网的底层数字基础设施，对车联网数据进行共识计算、冗余存储和可信验证,以此保障车联网系统的一致性、可用性和安全性。

区块链通过共识机制在车联网设备之间建立信任基础,实现点对点的数据传递;通过智能合约实现链上数据真实性验证和审计,加强车联网应用和数据安全管理;通过安全硬件(HSM等)来确保数据可信上链,对链上和链下交通数据进行交叉核验,进一步提升车联网的服务质量;通过激励机制来优化车联网中数据质量和资源调度,从而促进汽车行业数据开放与数据协作。

区块链技术可以为车联网行业提供身份认证和信任机制,基于数字身份管理,可为车联网系统带来"元素"级别的可信唯一身份标识,就像是为人体的细胞进行标定一样,将设备的全生命周期信息存储在分布式账本上,并在链上完成证书申请、证书颁发、签名验签、证书吊销等流程的关键信息记录,实现车辆生产、车辆登记、产权管理、车主身份认证、车联网设备认证等环节可控、可追溯。

在可信身份认证和安全机制的基础上,车联网系统可融合多源传感设备的采集信息,对交通环境进行实时更新,给自动驾驶车辆提供更加准确和实时的信息。而且驾驶员可以不用担心个人隐私的问题,因为区块链通过结合隐私增强协议,可在车辆发送数据时提供匿名性和不可追踪性,保护交通参与者的隐私。在此之上,可信的身份认证和安全隐私,也将为脱敏后的车联网大数据二次利用提供法律和道德的基础。

基于以上安全风险和防护策略,车联网安全应用和服务范围,从系统分层上包括云、管、边、端多个维度,从服务层面包括安全检测服务和安全运营服务。

6.3.3 车联网安全的商业价值

伴随着车联网的发展,频发的安全事故让消费者产生顾虑,这成为车企与相关车联网技术厂商不得不攻克的问题。据估计,目前85%的车联网关键部件存在着安全漏洞,近六成企业缺乏自动化的网络安全监测能力,存在隐私泄露、平台盗用、远程监视、通信隐患等风险。

涉车安全事件频发,最著名的无疑是2015年克莱斯勒公司的吉普切诺基"黑客"攻击演示,在演示中Charlie Miller和Chris Valasek成功夺取了汽车控制权,对其做出减速、关闭引擎、突然制动或者制动失灵等操控,为此克莱斯勒公司不得不在全球召回了140万辆车。工信部车联网动态监测情况显示,2020年以来针对整车企业、车联网信息服务提供商等相关企业和平台的恶意攻击,达到280万余次。车联网数据全生命周期都存在不同程度的威胁,包括采集、传输、存储、使用、迁移、销毁等多个阶段都存在安全风险。

问题即机遇,正是由于信息安全是车联网健康发展的重要保障,安全失守带来的损失和后果将非常严重，因此车联网安全市场价值得到行业的普遍关注和认可，并逐渐获得行业重视。

主要的信息安全公司，以及关注车联网服务的公司，都纷纷投入车联网安全领域。据搜狐汽车研究室统计，13家车载信息服务龙头企业中，有6家提供车联网安全解决服务，包括华为、百度、腾讯、东软集团、博泰、360[12]。

车联网安全应该从终端、通信、云端、数据、服务等角度进行布局，涉及的关键技术包括安全可信、安全检测、安全防护、安全测评等。

要保证车联网安全，首先要保证外界交互接点是可信的，可信的身份是安全防护的首要问题，通过对车联网通信设备进行安全认证，采用数字证书通过数字签名/验签的方式来对车联网业务消息进行保护；可基于车联网安全管理系统对车联网终端设备进行证书的安全发放、使用和撤销，当检测到恶意的车联网设备或者检测到车联网设备出现异常行为问题时，可对其颁发证书进行撤销[13]。

当解决了车联网关键组件的可信身份问题以后，需要针对类似恶意报警、异常行为、拒绝服务等网络攻击问题进行入侵检测，通过对终端、平台和云端等的入侵攻击事件进行联动整合分析，可以增强自身检测能力[14]。

安全防护技术是指通过安全审计技术、安全防御等技术来有效展开安全防护[15]，车联网的安全防护工作除了应用传统防护手段外，还需要达到"主动安全防御"的目标，即建立车联网威胁态势感知系统[16]。

车联网安全测评需要对云端安全、传输安全、APP安全、车内关键组件安全、车内通信安全这些方面进行综合分析与关联，才能对车联网安全分析进行有效的检测与防护[15]。

而对于车联网数据安全问题，一方面可以建立车联网数据分类分级标准，完善数据安全管理制度，另一方面可以探索基于区块链技术，实现数据防篡改和可溯源的车联网安全体系结构[17]。

6.3.4　车联网安全典型案例

案例：国汽智联V2X-CA运营管理系统

国汽智联在中国智能网联汽车产业创新联盟2021年度会议上发布了"国汽智联V2X-CA运营管理系统"。

C-V2X直连通信面临着消息伪造、篡改、重放、车辆隐私泄露等多种安全威胁，针对上述威胁，国内智能网联汽车产业界已达成共识：建立基于公钥基础设施（PKI）的车联网身份认证体系，为各类通信设备和系统颁发数字证书，C-V2X设备则使用安全证书管理系统，即V2X-CA发放的通信证书，保护消息的真实性、完整性。

同时，C-V2X车辆向周围车辆、RSU广播直连通信消息时，无法控制接收方是否收集记录本车包括速度、位置、行驶轨迹以及使用的证书等信息，需要通过有效的手段加强隐私信息方面自我保护的能力。因此，为了保护车辆、车主隐私，通信证书内不应含有车辆长期标识等信息，并且需要从证书池的多张证书中随机选择、定期更换，即假名证书的随机变更使用机制。此隐私保护机制旨在阻止攻击者根据记录的直连通信消息对车辆进行长期跟踪。

国汽智联自成立伊始就开始推动我国V2X-CA的标准建设、技术验证，建立基于国产商用密码SM2/SM3/SM4的专用短证书体系，保护C-V2X直连通信中的信息安全，为企业提供完整的解决方案。国汽智联于2019年5月，在国内首次发布了"V2X通信安全认证防护体系"，针对V2X通信安全提出了身份认证解决方案，最早实现了与IEEE、ETSI等国际标准的接轨。其后持续迭代升级V2X-CA系统，2.0系统自2020年7月上线至今，为C-V2X"新四跨"先导应用示范、亦庄示范区等持续提供服务，累计接入客户20余家，服务C-V2X终端2000余台，支持最多的C-V2X直连通信应用场景，全面适配各种C-V2X终端设备。国汽智联还大力建设电子认证服务能力，于2020年12月获得了国家密码管理局颁发的"电子认证服务使用密码许可证"，并加入国家电子认证根CA。

国汽智联发布了下列产品和服务[18]。

① V2X通信安全总体解决方案：综合以下②~⑦项产品及服务，为整车企业、地方示范区提供一揽子的直连通信安全解决方案。

② 行业级V2X-CA根信任节点：通过下级CA子系统接入国汽智联的根CA，解决整车企业、示范区面临的车辆、RSU证书链更新、跨根互信等应用难题。

③ V2X-CA软件开发：根据客户的定制化需求，开发V2X安全证书管理系统的软件。

④ V2X安全证书服务：直接从国汽智联V2X-CA获取通信证书发放及管理服务，保障V2X直连通信安全。

⑤ V2X-CA的托管代维服务：将V2X安全证书管理系统部署并运维在国汽智联的专业电子认证机房，保证V2X-CA合法合规运行。

⑥ V2X终端安全层协议栈：通过与V2X终端配合，实现消息签名、消息验签、证书申请、密码运算I/O等功能。

⑦ 相关测试验证、开发支持：针对V2X-CA、V2X终端的功能、性能、协议一致性等开展测试及联合调试。

参考文献

[1] 姜德荣. 导航电子地图发展现状与趋势研究 [M]. 北京：社会科学文献出版社，2010：321-334.

[2] 北斗产业资讯平台. 深度：高精度定位与地图产业分析 [N]. 2021，3.

[3] 深智联SFITIC. 一文读懂高精度地图产业的现状与未来 [N]. 2021，5.

[4] 刘艳亮，张海平，徐彦，等. 全球卫星导航系统的现状与进展 [J]. 导航定位学报，2019，7（1）：18-21.

[5] 李晨鑫，胡金玲，赵锐，等. 车联网定位技术现状及展望 [J]. 移动通信. 2020，44（11）：70-75.

[6] 长江证券. 高精度定位产业专题研究：领航自动驾驶大时代 [R]. 2021.

[7] 智驾网. 千寻位置FindAUTO：已成为智能汽车高精度定位标配 [N]. 2021，2.

[8] 高德技术. 车载多传感器融合定位方案：GPS+IMU+MM [N]. 2019，8.

[9] 雷万云. 信息安全保卫战：企业信息安全建设策略与实践 [M]. 北京：清华大学出版社，2013.

[10] 吴冬升. 标准解读系列之六：车联网网络安全标准进展 [N]. 5G行业应用，2021，7.

[11] 吴冬升，郑廷钊. 5G车联网安全技术的应用探讨 [J]. 安全&自动化CHINA版249期. 2021，11.

[12] 搜狐汽车研究室. 国内车联网领域头部企业大盘点 [N]. 2020，12.

[13] 中国通信学会. 车联网安全技术与标准发展态势前沿报告 [R]. 2019.

[14] 周巍，朱雪田，夏旭. 面向5G的车联网安全业务研究 [J]. 电子技术应用，2019，45（12）：34-37.

[15] 杨斌. 软件定义汽车时代——车联网安全关键技术与未来趋势 [R]. 第三届中国汽车安全与召回技术论坛. 2020.

[16] 常玲，赵蓓，薛姗，等. 车联网信息安全威胁分析及防护思路 [J]. 移动通信，2019，43（11）：47-50.

[17] 万子龙，匡芬. 基于区块链技术的车联网安全体系结构探究 [J]. 网络信息安全，2019.

[18] 太平洋汽车网. 国汽智联发布V2X-CA运营管理系统 [N]. 2021，5.

车联
未来

5G车联网创新商业模式

第 7 章
5G车联网建设核心评价指标

5G车联网建设已取得一定进展，工信部、公安部、交通运输部在全国各地先后支持建设了16个国家级智能网联汽车测试示范区，另外还有几十个城市和众多高速公路在开展智能网联试点示范工作。当然，5G车联网建设依然面临诸多挑战，包括商业模式不清晰、政策法规待健全、技术工程不完善等方面。

各地5G车联网建设是否优良，需要有一套可行的评价指标。本章对5G车联网建设的核心评价指标进行探讨，主要分为要素指标和价值指标两大类。要素指标是评价各地5G车联网建设具备的条件优劣；价值指标是评价该地5G车联网建设后带来的价值高低。

7.1 现有的评价指标体系

住建部提出加强新型基础设施和新型城镇化建设，加快推进基于信息化、数字化、智能化的新型城市基础设施建设，简称"新城建"。"新城建"试点任务中包括协同发展智慧城市与智能网联汽车。以支撑智能网联汽车应用和改善城市出行为切入点，建设城市道路、建筑、公共设施融合感知体系，打造智慧出行平台"车城网"，推动智慧城市与智能网联汽车协同发展。因此，可以参考智慧城市评价指标体系。

另外，汽车加速朝着智能化、网联化、电动化、共享化、绿色化方向发展，对于城市建筑、道路、设施等数字化、智能化的要求也越来越高。因此，还可以参考自动驾驶车辆成熟度指数。

各个城市加速智能网联汽车产业布局，但也面临在城市顶层设计、科技人才、基础设施水平、新业态商业模式实践等方面的挑战。此外，城市智能网联汽车发展涉及大量新技术，与多个新兴产业深度融合，体系复杂，涉及多部门协同，没有成熟的先例可以参考。因此，2021年12月，国家智能网联汽车创新中心、中国汽车工程学会提出一套全新的城市智能网联汽车发展评价模型。

7.1.1 智慧城市评价体系

德勤发布《超级智能城市2.0，人工智能引领新风向》报告，给出超级智能城市评价指标体系[1]，主要包括智能战略、技术能力、领域渗透、创新能力四大部分。

（1）智能战略

智能战略包括战略全面性、战略执行力、战略前瞻性、投资金额、在线政府指数。战略全面性指的是城市建立的智慧建设规划和配套政策在六大领域（经济、安防、生活、交通、教育、环境）的覆盖比例；战略执行力指的是城市政府、城规部门以及城市管理者对智慧城市建设规划和各项事务的执行力度、政策时效性和跟进程度；战略前瞻性指的是城市所建立的智慧城市建设跨时间协调程度，通过建立短、中、长期不同时间维度的城市规划提升智慧建设水平和管理水平；投资金额指的是城市智慧城市建设市场化投融资机制完善性及成果；在线政府指数指的是政府网站提供信息公开、在线办事、网络问政、政民互动、科学决策的绩效。

（2）技术能力

技术能力包括物联网、人工智能、云计算、宽带网络、大数据。即包括城市物联网建设产业规模，人工智能产业及技术发展程度，城市云计算中心数目、政府云计算中心建设情况，全市宽带用户普及程度，大数据相关政策环境、投资热度、产业发展、人才状况、网民信心5项平均。

（3）领域渗透

领域渗透包括经济、安防、生活、交通、教育、环境。经济包括智能物流、智能零售、智能产业（农业、工业、服务业领域内10余项重点行业）移动支付和移动设备应用情况；安防包括城市摄像头分布密度，城市安防监控系统建设情况；生活包括城市居民获取社区公共服务设施和信息医疗系统的普及程度，居民电子健康档案建成情况；交通包括智能交通信号灯系统，公交车实时到站信息全覆盖等各种交通出行场景；教育包括城市学校、家庭和公共场所智慧学习环境和服务资源的便捷性和水平；环境包括城市环境信息集成系统、环境质量公共检测系统和环境管理公共服务系统建设水平及应用成效，城市单位GDP能耗降低水平。

（4）创新能力

创新能力包括创新基础、创新可持续性、创新人才。

7.1.2 自动驾驶车辆成熟度指数

毕马威发布《2020自动驾驶成熟度指数》报告[2]。自动驾驶车辆成熟度指数（Autonomous Vehicles Readiness Index，AVRI）是一种工具，将来自一系列来源的28个单独指标组合成一个分数。这些指标分为政策和立法、技术和创新、基础设施、消费者接受度四大部分，如表7-1所示。AVRI的预期核心受众是负责交通和基础设施的公共部门组织。参与或利用道路运输的其他公共和私营部门组织也应对此感兴趣。

表7-1 自动驾驶车辆成熟度指数体系

政策和立法	AV（Autonomous Vehicle，自动驾驶汽车）法规，政府资助的AV试点，AV重点机构，政府准备做出改变，政府的未来定位，法律体系在挑战监管方面的效率，数据共享环境
技术和创新	行业伙伴关系，AV技术公司总部，AV相关专利，AV行业投资，最新技术的可用性，创新能力，网络安全，云计算、人工智能和物联网，电动汽车的市场份额
基础设施	电动汽车充电站，4G覆盖范围，道路质量，技术基础设施变革准备，移动连接速度，宽带
消费者接受度	居住在试验区附近的人口，民间社会技术使用，消费者采用信息和通信技术，数字技能，个人准备度，在线打车市场渗透率

（1）政策和立法

由七个同等权重的指标构成。

① **AV法规**：拥有支持AV使用法规且对AV测试的时间、地点和方式几乎没有

限制的国家得分较高，而对测试施加较大限制的国家得分较低。

② **政府资助的 AV 试点**：和 AV 法规类似。

③ **AV 重点机构**：将 AV 责任分散到大量政府实体的政府得分较低；那些采取最常见的方法，将责任交给现有机构的人，得分中等；而那些建立了 AV 或交通技术和创新中心并全权负责机构的得分最高。这种关注不仅为创新者提供了一个单一的联系点，也表明了政府的承诺。

④ **政府准备做出改变**：分数基于毕马威国际 2019 年变革准备指数。这是一个综合指数，评估监管、政府战略规划和法治等措施。

⑤ **政府的未来定位**：来自世界经济论坛 2019 年全球竞争力指数。由每个国家的企业高管判断。政府的未来方向将以政策稳定性、政府对变化的反应能力、国家法律框架对变化的适应性以及政府的长期愿景等方面的平均措施为基础，取代不再公布的关于立法过程有效性的措施。

⑥ **法律体系在挑战监管方面的效率**：来自世界经济论坛 2019 年全球竞争力指数。通过法律制度挑战法规的措施，包括评估 AV 制造商等挑战不利政府法规的能力。

⑦ **数据共享环境**：该指标基于 2019 年版中使用的数据，该数据来自 2016 年万维网基金会的开放数据晴雨表，该晴雨表涵盖了本版中的 29 个国家。采用开放和共享数据方法的国家得分更高，因为这使得政府和私营行业能够更好地合作，以鼓励 AV 发展。

（2）技术和创新

由九个同等权重的指标构成。

① **行业伙伴关系**：根据对本地和全球媒体的新闻报道、咨询公司的研究以及 AV 行业专家博客的回顾。AV 技术的快速性和破坏性使得汽车制造商和技术供应商之间的合作关系至关重要，而且最近已经形成了许多合作关系。那些拥有大量合作伙伴关系的公司的国家得分较高。

② **AV 技术公司总部**：基于 Topio Networks 和 Crunchbase Pro 发布的 AV 相关技术公司名单，更新自上一版 AVRI 以来成立的 AV 公司。美国总部数量最多，为 420 家，其次是以色列 84 家，英国 72 家。这些数字是按国家人口来衡量的。

③ **AV 相关专利**：这项措施使用 PatSeer 提供的 2019 年底前所有 AV 相关专利和专利申请的数据。专利申请数量最多的是日本，有 8037 件，美国有 5995 件，德国有 4291 件。这些数字是按国家人口来衡量的。

④ **AV 行业投资**：使用 Topio Networks 和 Crunchbase Pro 列出的所有 AV 相关投资，这一衡量标准基于投资组织所在国家，而不是投资地点。同样，这是由国家人

口来衡量的。

⑤ **最新技术的可用性**：取自世界经济论坛2016～2017年执行意见调查，发表在普图兰斯研究所2019年网络就绪指数上。

⑥ **创新能力**：在世界经济论坛2019年全球竞争力指数中使用这一名称，根据各国企业高管判断。

⑦ **网络安全**：来自2018年发布的国际电信联盟全球网络安全指数。

⑧ **云计算、人工智能和物联网**：这一新指标来自华为发布的2019年全球连通性指数（2019 Global Connectivity Index）中四个"技术使能器"指标中三个指标的平均值。

⑨ **电动汽车的市场份额**：该指标使用了瑞典数据和咨询公司EV Volumes.com提供的2019年完全使用电池或插电式混合动力车的乘用车市场份额数据。考虑到大多数电动汽车将是电动的，各国的评分基于电动汽车市场份额的大小。

（3）**基础设施**

由六项指标构成，其中移动连接速度和宽带的权重只有其他四项指标的一半。

① **电动汽车充电站**：18个国家的数据来自国际能源署2019年全球电动汽车展望，而其他国家的信息则来自欧洲替代燃料观测站和特定国家的数据。充电器的数量按人口进行缩放（与以前版本中按道路长度不同）。人均充电站越多的国家得分越高。

② **4G覆盖范围**：根据2019年5月发布的研究人员OpenSignal数据，反映广泛接入移动数据网络对AV的重要性。

③ **道路质量**：来自世界经济论坛的全球竞争力报告，由每个国家的企业高管进行评估。AV将在高质量道路上发挥更好的作用，糟糕的公路限制了一个国家采用AV。

④ **技术基础设施变革准备**：分数基于毕马威国际2019年变革准备指数。这衡量了国家技术基础设施的质量，使用了一些指标来提供技术基础设施的额外衡量标准，这将有助于支持AV的使用。

⑤ **移动连接速度**：这项新措施利用了美国网络测试公司Ookla发布的移动连接速度数据，作为其2020年3月Speedtest服务的一部分。

⑥ **宽带**：本版新增的这一指标使用了华为发布的2019年全球连通性指数中的宽带技术启用指标。

（4）**消费者接受度**

由六个同等权重的指标构成。

① **居住在试验区附近的人口**：这项措施使用了彭博慈善机构和阿斯彭研究所收集的进行AV测试的城市数据。然后，根据麦肯锡全球研究所的城市世界应用程序中

的城市人口计算居住在试验区的人口比例。居住在AV试验区的人口比例较高，得分最高。

② **民间社会技术使用：** 分数基于毕马威国际2019年变革准备指数的人员和民间社会技术使用子指标。这包括在使用其他类型的消费者技术时，表明消费者有可能接受AV。

③ **消费者采用信息和通信技术：** 来自世界经济论坛的全球竞争力报告，ICT采用度包括移动电话和宽带订阅、宽带和光纤互联网订阅，以及总体互联网用户。

④ **数字技能：** 本版新增了一项衡量活跃人群数字技能的指标，该指标来自世界经济论坛对高管进行的一项调查。

⑤ **个人准备度：** 使用了国际电信联盟（International Telecommunication Union）关于互联网用户和移动宽带订阅等来源的数据。

⑥ **在线打车市场渗透率：** 使用德国统计数据平台 Statista 的数据，统计每个国家使用出租车服务的人数比例（%）。

7.1.3 城市智能网联汽车发展评价模型

国家智能网联汽车创新中心、中国汽车工程学会发布《中国城市智能网联汽车产业发展综合评价指数和发展指南（智能网联汽车城市发展指南）》[3]。城市智能网联汽车发展评价模型具体包含6个一级指标和26个二级指标，如图7-1所示。

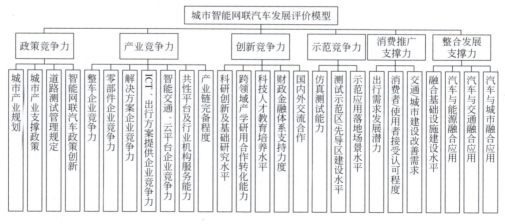

图7-1 城市智能网联汽车发展评价模型

以城市维度，从一个产业技术所处的城市宏观政策环境出发（政策竞争力），结合其现有的产业基础和区位优势（产业竞争力），对一个产业技术从基础研发（创新竞争力）、测试验证示范（示范竞争力），到应用推广（消费推广支撑力）的各个环节，及其最终带来的对整个城市交通、社会发展（融合发展支撑力）的促进作用，形成6个一级指标。

① **政策竞争力**是指智能网联汽车发展所处的由城市提供的政策环境。任何一个产业的发展壮大，都离不开良好的政策环境指引，对于智能网联汽车，包容开放的创新政策环境则更加重要。具体包括城市产业规划、城市产业支撑政策、道路测试管理规定、智能网联汽车政策法规创新。

② **产业竞争力**是指从上下游产业链角度出发，一个城市在与智能网联汽车产业相关的上下游所有基础、辅助产业所具备的优势和潜力。鉴于智能网联汽车跨技术融合的新特性，在传统汽车整车、零部件的基础上，增加跨界融合产业相关指标，同时对产业链的完备程度进行评估。具体包括整车企业竞争力、零部件企业竞争力、解决方案企业竞争力、ICT和出行方案提供企业竞争力、共性平台及行业机构服务能力、产业链完备程度。

③ **创新竞争力**是指从生产要素角度出发，一个城市所能提供的科研、人才、资金、土地等生产要素以及城市创新机制对智能网联汽车发展所起的支撑作用。具体包括科研创新及基础研究水平、跨领域产学研用合作转化能力、科技人才教育培养水平、财政金融体系支持力度、国内外交流合作。

④ **示范竞争力**是指城市在智能网联汽车道路测试、示范应用和商业化探索方面的发展水平，由于智能网联汽车的技术尚不成熟，同时其对安全性的要求程度又较高，因此大规模的测试、示范是现阶段发展必不可少的技术环节，也是加快推广应用的重要路径。具体包括仿真测试能力、测试示范区/先导区建设水平、示范应用落地场景水平。

⑤ **消费推广支撑力**是指从城市需求潜力角度出发，城市终端消费和使用的潜在市场规模能够给产业发展提供的支持力度，也是智能网联汽车未来走向大规模推广应用的重要驱动因素。具体包括出行需求发展潜力、消费者和使用者接受认可程度、交通/城市建设改善需求。

⑥ **融合发展支撑力**是指城市智能网联汽车与信息通信、智能交通、智慧出行、智慧城市等的融合发展需求，也反映了产业的跨界融合特征。在我国人民生活水平的不断提高及整个社会的不断进步的背景下，该指标也匹配人民对环保、交通拥堵的日益重视及整个社会朝着智能化、网联化、低碳化方向发展的要求。将智能网联汽车、智能交通、智慧城市作为整体来考虑，从城市级别的感知、融合、决策、执行、信息安全保障等角度设计指标体系。具体包括融合基础设施建设水平、汽车与能源融合应用、汽车与交通融合应用、汽车与城市融合应用。

7.2 5G车联网建设核心评价指标

7.2.1 要素指标

要素指标主要包括政策、基础设施和产业三大部分，如图7-2所示。

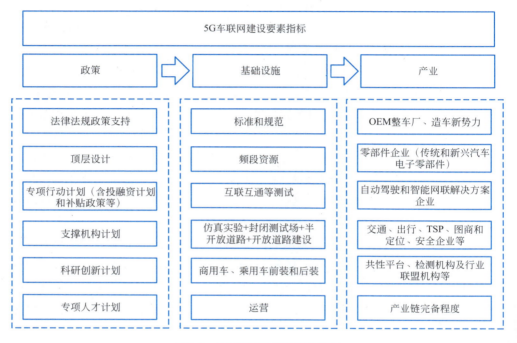

图7-2　5G车联网建设要素指标

（1）政策

政策主要包括法律法规政策支持、顶层设计、专项行动计划（含投融资计划和补贴政策等）、支撑机构计划、科研创新计划、专项人才计划。

法律法规政策支持可以分为道路测试、产品管理、交通管理和基础支撑四方面。道路测试主要涉及开放道路测试、示范应用、商业应用等；产品管理包括产品准入、生产、销售、检验、升级、召回、回收利用等；道路交通管理包括通行主体、交通责任与车辆保险、交通执法、营运资质等；基础支撑涉及网络安全、地理测绘、数字基础设施、信息通信等诸多领域。其中最为重要的是开放道路测试、示范应用、商业应用相关法律法规政策。

顶层设计是依据国家战略规划，结合本地产业基础与特色，明确地方5G车联网发展指导思想与发展目标，分解实施路径与关键任务。

专项行动计划从智能网联汽车研发、设计、制造、示范、使用、基础设施等全环节全链条，形成完善的5G车联网产业发展行动计划和实施方案。其中尤其重要的是通过投融资计划筹措专项建设和运营资金；以及专项补贴政策，一方面，针对自动驾驶载人/载物场景，提供示范项目和商业化运营补贴，加速技术迭代与未来商业模式探索，另一方面，针对量产车型，对前装C-V2X的车辆可以提供消费补贴、置换补贴、降低购置税等方式，促进相关功能普及。

支撑机构计划是建立"领导小组+运营公司+投资平台"铁三角，如图7-3所示。领导小组或工作专班或联席会议通常下设若干工作组，具体负责配套政策、资金筹措、宣传推介、人才引进和安置、土地审批等的组织协调工作；运营公司负责智能网联示范区和先导区的运营工作，既包括道路测试和示范审批、产品准入、混行试点等的行政审批，也包括社会化和商业化运营职责；投资平台（通常是国有投资平台）使用一般财政预算、政府性资金、类政府债券、贷款和社会资本等进行智能网联投入。

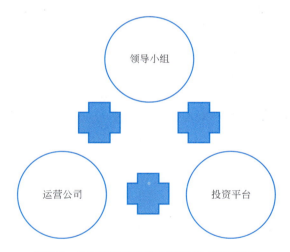

图7-3　5G车联网建设支撑机构"铁三角"

科研创新计划和专项人才计划可以设立重大科技专项，并提供多元化立体式人才保障。

（2）基础设施

基础设施主要包括标准和规范、频段资源、互联互通等测试、"仿真实验+封闭测试场+半开放道路+开放道路建设"、商用车和乘用车前装及后装、运营。

标准和规范是制定相关5G车联网国标、行标、地标、团标等。频段资源是分配相关频段给LTE-V2X和NR-V2X，并指定相关机构获得该频段运营权。互联互通等测试是5G车联网商用化之前必不可少的环节。

"仿真实验+封闭测试场+半开放道路+开放道路建设"是各地示范建设的主要内容，建设路径一般是"小规模试点示范-规模试点示范-局部区域全覆盖-全城覆盖"。车联网"覆盖率"指的是智慧化道路建设面积和长度。解决5G车联网"覆盖率"问题，主要依托于国家新基建和新城建，建议以政府投资为主。

商用车、乘用车前装和后装需要实现前装量产方案与后装改造方案共存。通过搭载C-V2X功能车辆的使用效果及优惠政策，推动C-V2X前装渗透率；推动在公共领域车辆及存量车C-V2X应用，制定鼓励公共领域车辆（公交车、出租车、网约车、物流车、公务车、作业车等）率先装配C-V2X车载终端的政策。车联网"渗透率"指的是汽车联网比例。

运营既包括道路测试、示范应用和商业应用、产品准入、混行试点等的行政审批，也包括社会化运营职责，可以开展各种2C/2B/2G的商业化运营和各种应用场景的探索。

（3）产业

产业主要包括OEM整车厂、造车新势力、零部件企业（传统和新兴汽车电子零部件）、自动驾驶和智能网联解决方案企业、交通企业、出行企业、TSP、图商和定位企业、安全企业、共性平台、检测机构及行业联盟机构等。产业链完备程度是重要指标之一。

在5G车联网建设要素指标中，最核心的是顶层规划、路侧和车端建设、运营。其中顶层规划最核心的是"科学"；路侧和车端建设最核心的是"规模"，应该鼓励快速上量，产业规模效应将带来真正的边际效应；运营最核心的是实现"价值闭环"，既包括经济价值商业闭环，也包括社会价值闭环，如图7-4所示。

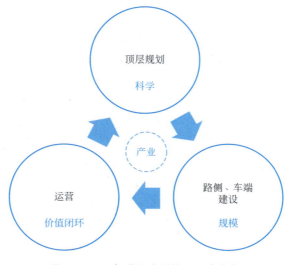

图7-4　5G车联网建设核心要素指标

7.2.2 价值指标

价值指标主要包括惠民、善政、兴业、商业价值四大部分，如图7-5所示。

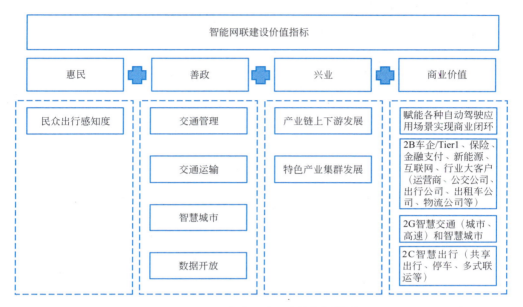

图7-5　5G车联网建设价值指标模型

① **惠民**是让民众在出行中能获得5G车联网感知度，让民众真正感受到信息娱乐、安全、效率、协同、自动驾驶等各种5G车联网应用服务。当然，民众出行感知度需要依靠车端"渗透率"。前装依托于车企5G+V2X量产车型能够真正上量，后装一方面依靠各类商用车（客车、货车）和特种车辆的5G+V2X装载率上量，另一方面依靠多种触达方式来提升乘用车的后装车联网比率，比如导航地图、微信小程序、APP等。

② **善政**是通过5G车联网赋能智慧交通（交管、交运等）和智慧城市（新城建），并且通过数据开放，充分运用5G车联网产生的大量有价值数据，还可以实现跨系统的数据融合和应用。

③ **兴业**是打造"人-车-路-网-云-图"5G车联网产业生态链，推动整车、芯片、零部件、营销服务等产业链上下游协同发展；另外，对于二三线城市，不应过于追求构建完整的5G车联网产业链，而是结合当地产业基础，打造5G车联网特色产业集群。

④ **商业价值**包括赋能各种自动驾驶应用场景实现商业闭环，2B端的车企/Tier1、保险、金融支付、新能源、互联网、行业大客户（运营商、公交公司、出行公司、

出租车公司、物流公司等），2G智慧交通（城市、高速）和智慧城市，2C智慧出行（停车、共享出行、多式联运等）。

5G车联网赋能自动驾驶，一方面通过车路协同助力自动驾驶的技术实现，另一方面在成本优化、效率提升等方面助力自动驾驶本身的商业闭环。这里包括赋能Robotaxi、自动接驳车、公交车、环卫车、干线物流车、末端物流车、矿卡、港口车辆、机场车辆等。

5G车联网将为2B端的车企（例如传统车企、造车新势力、自动驾驶初创公司等）/Tier1、保险公司、金融公司、能源公司、互联网公司、行业大客户（例如运营商、公交公司、出行公司、出租车公司和物流公司等）提供各种应用，带来经济价值。

5G车联网将为2G端的智慧交通和智慧城市管理者提供各种应用，带来经济价值。

5G车联网将为2C端的车主、非机动车用户和行人等提供各种应用，例如智慧出行中的共享出行、智慧停车、多式联运等，带来经济价值。

参考文献

[1] 德勤. 超级智能城市2.0，人工智能引领新风向 [R]. 2019.
[2] 毕马威. 2020自动驾驶成熟度指数 [R]. 2020.
[3] 国家智能网联汽车创新中心，中国汽车工程学会. 中国城市智能网联汽车产业发展综合评价指数和发展指南（智能网联汽车城市发展指南）[R]. 2021.